U0488842

纪晓岚全集 第七卷

刘金柱
杨　钧　主编

中原出版传媒集团
中原传媒股份公司
大象出版社
·郑州·

目 录

纪评苏轼诗集(下)

卷二十六　古今体诗五十一首 ……………………………… 3

送穆越州 …………………………………………………… 3

小饮公瑾舟中 ……………………………………………… 3

金山妙高台 ………………………………………………… 3

赠杜介 ……………………………………………………… 3

余将赴文登,过广陵,而择老移住石塔,相送竹西亭下,留诗为别
………………………………………………………………… 4

别公择 ……………………………………………………… 4

赠葛苇 ……………………………………………………… 4

赠王寂 ……………………………………………………… 4

次韵孙莘老斗野亭寄子由,在邵伯堰 ……………………………… 4
送杨杰 …………………………………………………………………… 5
次韵送徐大正 …………………………………………………………… 5
杨康功有石,状如醉道士,为赋此诗 ………………………………… 5
追作《淮口遇风诗》,戏用其韵 ……………………………………… 6
过泗上喜见张嘉父二首 ………………………………………………… 6
次韵徐积 ………………………………………………………………… 6
元丰七年,有诏京东、淮南筑高丽亭馆,密、海二州,骚然有逃亡者。
　　明年,轼过之,叹其壮丽,留一绝云 ……………………………… 6
怀仁令陈德任新作占山亭二绝 ………………………………………… 6
过密州次韵赵明叔、乔禹功 …………………………………………… 7
再过常山和昔年留别诗 ………………………………………………… 7
再过超然台赠太守霍翔 ………………………………………………… 7
常山赠刘镃 ……………………………………………………………… 7
登州海市 ………………………………………………………………… 7
奉和陈贤良 ……………………………………………………………… 8
登州孙氏万松堂 ………………………………………………………… 8
过莱州雪后望三山 ……………………………………………………… 8
遗直坊 …………………………………………………………………… 9
鳆鱼行 …………………………………………………………………… 9
留别登州举人 …………………………………………………………… 9
次韵赵令铄 ……………………………………………………………… 9
次韵王定国得颍倅二首 ………………………………………………… 10

次韵赵令铄惠酒 …… 10

送范纯粹守庆州 …… 10

送范德孺 …… 10

次韵王震 …… 10

喜王定国北归第五桥 …… 11

次韵王定国谢韩子华过饮 …… 11

次韵马元宾 …… 11

惠崇春江晚景二首 …… 11

次韵周邠 …… 12

次韵胡完夫 …… 12

次韵钱穆父 …… 12

次韵完夫再赠之什，某已卜居毗陵，与完夫有庐里之约云 …… 12

次韵穆父舍人再赠之什 …… 12

次韵答李端叔 …… 13

次韵答完夫、穆父 …… 13

次韵答满思复 …… 13

送戴蒙赴成都玉局观将老焉 …… 13

卷二十七　古今体诗三十八首 …… 14

送陈睦知潭州 …… 14

用前韵答西掖诸公见和 …… 14

次韵王觌正言喜雪 …… 14

和蒋发运 …… 15

送表弟程六知楚州 …………………………………… 15

碣石庵戏赠湛庵主 …………………………………… 15

元祐元年二月八日，朝退，独在起居院读《汉书·儒林传》，感申公
　　故事，作小诗一绝 …………………………………… 15

和人假山 …………………………………… 16

送王伯敭守虢 …………………………………… 16

道者院池上作 …………………………………… 16

次韵子由送千之侄 …………………………………… 16

书文与可墨竹 …………………………………… 16

次韵钱舍人病起 …………………………………… 17

次韵和王巩 …………………………………… 17

用定国韵赠二十侄震 …………………………………… 17

用王巩韵，送其侄震知蔡州 …………………………………… 17

虢国夫人夜游图 …………………………………… 18

用旧韵送鲁元翰知洺州 …………………………………… 18

次韵朱光庭初夏 …………………………………… 18

次韵朱光庭喜雨 …………………………………… 18

奉敕祭西太一和韩川韵四首 …………………………………… 19

西太一见王荆公旧诗，偶次其韵二首 …………………………………… 19

次韵子由送陈侗知陕州 …………………………………… 19

送贾讷倅眉二首 …………………………………… 19

送程建用 …………………………………… 20

次韵李修孺留别二首 …………………………………… 20

黄鲁直以诗馈双井茶,次韵为谢 ……… 20

次韵黄鲁直赤目 ……… 21

武昌西山 ……… 21

西山诗和者三十余人,再用前韵为谢 ……… 21

狄咏石屏 ……… 22

雪林砚屏率鲁直同赋 ……… 22

卷二十八　古今体诗四十二首 ……… 23

和周正孺坠马伤手 ……… 23

戏周正孺二绝 ……… 23

题文与可墨竹 ……… 23

潘推官母李氏挽词 ……… 23

玉堂栽花,周正孺有诗,次韵 ……… 24

杜介送鱼 ……… 24

送杜介归扬州 ……… 24

和黄鲁直烧香二首 ……… 24

再和二首 ……… 24

送杨孟容 ……… 24

见子由与孔常父唱和诗,辄次其韵。余昔在馆中同舍出入,辄相聚饮酒赋诗。近岁不复讲,故终篇及之,庶几诸公稍复其旧,亦太平盛事也 ……… 25

赵令晏崔白大图幅径三丈 ……… 25

次韵张昌言给事省宿 ……… 25

次韵三舍人省上	25
送钱承制赴广西路分都监	26
次韵曾子开从驾二首	26
再和二首	26
次韵刘贡父省上	26
再　和	27
送顾子敦奉使河朔	27
次韵子由送家退翁知怀安军	27
诸公饯子敦，轼以病不往，复次前韵	27
走笔谢吕行甫惠子鱼	28
送吕行甫司门倅河阳	28
和张昌言喜雨	28
次韵刘贡父西省种竹	28
偶与客饮，孔常父见访，方设席延请，忽上马驰去，已而有诗，戏用其韵答之	29
次韵子由书李伯时所藏韩幹马	29
次韵刘贡父独直省中	29
轼以去岁春夏侍立迩英，而秋冬之交，子由相继入侍，次韵绝句四首，各述所怀	29
送宋构朝散知彭州迎侍二亲	30
郭熙画《秋山平远》	30
次韵张昌言喜雨	30
章质夫寄惠《崔徽真》	30

卷二十九　古今体诗四十七首 …… 32

和穆父新凉 …… 32

书晁补之所藏与可画竹三首 …… 32

戏用晁补之韵 …… 32

书皇亲画扇 …… 33

书李世南所画秋景二首 …… 33

书鄢陵王主簿所画折枝二首 …… 33

昨见韩丞相言王定国，今日玉堂独坐，有怀其人 …… 33

和张耒高丽松扇 …… 34

故李诚之待制六丈挽词 …… 34

次韵孔常父送张天觉河东提刑 …… 34

送张天觉得山字 …… 34

次韵王定国倅扬州 …… 35

赠李道士 …… 35

次韵张舜民自御史出倅虢州留别 …… 35

次韵米黻二王书跋尾二首 …… 35

次韵宋肇惠澄心纸二首 …… 36

郭熙《秋山平远》二首 …… 36

获果庄二十韵 …… 36

送欧阳辩监澶州酒 …… 37

九月十五日，迩英讲《论语》终篇，赐执政讲读史官燕于东宫。又遣中使就赐御书诗各一首，臣轼得《紫微花绝句》，其词云："丝纶阁

下文书静,钟鼓楼中刻漏长。独坐黄昏谁是伴?紫微花对紫微郎。"翌日各以表谢,又进诗一篇。臣轼诗云 …………… 37

和王晋卿 …………………………………………………… 38

谢王泽州寄长松兼简张天觉二首 ………………………… 38

次韵刘贡父所和韩康公忆持国二首 ……………………… 39

上韩持国 …………………………………………………… 39

次韵刘贡父叔侄扈驾 ……………………………………… 39

次韵韩康公置酒见留 ……………………………………… 39

韩康公坐上侍儿求书扇上二首 …………………………… 39

杂　诗 ……………………………………………………… 40

次韵王都尉偶得耳疾 ……………………………………… 40

送乔仝寄贺君六首 ………………………………………… 40

送家安国教授归成都 ……………………………………… 41

和吴安持使者迎驾 ………………………………………… 41

卷三十　古今体诗五十七首 ……………………………… 42

和子由除夜元日省宿致斋三首 …………………………… 42

次韵答张天觉二首 ………………………………………… 42

次韵黄鲁直画马试院中作 ………………………………… 42

余与李廌方叔相知久矣,领贡举事,而李不得第,愧甚,作诗送之
　　………………………………………………………… 42

和宋肇游西池次韵 ………………………………………… 43

仆领贡举未出,钱穆父雪中作诗见及,三月二十日同游金明池,始见

其诗,次韵为答 …………………………………… 43

书艾宣画四首 ……………………………………… 43

  竹　鹤 ……………………………………………… 43

  黄精鹿 ……………………………………………… 43

  杏花白鹇 …………………………………………… 43

  莲　龟 ……………………………………………… 44

次韵子由五月一日同转对 …………………………… 44

韩康公挽词三首 …………………………………… 44

次韵子由题《憩寂图》后 …………………………… 44

庆源宣义王丈以累举得官,为洪雅主簿,雅州户掾。遇吏民如家人,人安乐之。既谢事,居眉之青神瑞草桥,放怀自得。有书来求红带,既以遗之,且作诗为戏,请黄鲁直、秦少游各为赋一首,为老人光华 …………………………………………… 44

次韵许冲元送成都高士敦钤辖 …………………… 45

次前韵送程六表弟 ………………………………… 45

虚飘飘 ……………………………………………… 45

题李伯时《渊明东篱图》 …………………………… 45

次韵黄鲁直书伯时画王摩诘 ……………………… 46

和王晋卿题李伯时画马 …………………………… 46

送钱穆父出守越州二首 …………………………… 46

戏书李伯时画御马好头赤 ………………………… 46

送程七表弟知泗州 ………………………………… 46

送曹辅赴闽漕 ……………………………………… 47

次韵王郎子立风雨有感 …………………………………… 47

次韵黄鲁直嘲小德。小德,鲁直子,其母微。故其诗云:"解著《潜
　　夫论》,不妨无外家。" ……………………………………… 47

书《黄庭内景经》尾 …………………………………………… 47

送蹇道士归庐山 ………………………………………………… 48

次韵黄鲁直戏赠 ………………………………………………… 48

书林次中所得李伯时《归去来》《阳关》二图后 …………… 48

次韵王夷仲茶磨 ………………………………………………… 48

卧病逾月,请郡不许,复直玉堂。十一月一日锁院,是日苦寒,诏赐宫
　　烛法酒,书呈同院 …………………………………………… 49

送周朝议守汉州 ………………………………………………… 49

木　　山 ………………………………………………………… 49

送千乘、千能两侄还乡 ………………………………………… 49

送周正孺知东川 ………………………………………………… 50

题李伯时画《赵景仁琴鹤图》二首 …………………………… 50

次前韵再送周正孺 ……………………………………………… 50

书王定国所藏《烟江叠嶂图》 ………………………………… 51

王晋卿作《烟江叠嶂图》,仆赋诗十四韵,晋卿和之,语特奇丽。因
　　复次韵,不独纪其诗画之美,亦为道其出处契阔之故,而终之以不
　　忘在莒之戒,亦朋友忠爱之义也 …………………………… 51

次韵王定国会饮清虚堂 ………………………………………… 52

兴龙节侍宴前一日,微雪,与子由同访王定国,小饮清虚堂。定国出
　　数诗皆佳,而五言尤奇。子由又言:昔与孙巨源同过定国,感念存

殁,悲叹久之。夜归稍醒,各赋一篇,明日朝中以示定国也 …… 52

王晋卿所藏《著色山》二首 …… 52

次韵黄鲁直效进士作二首 …… 52

    岁寒知松柏 …… 52

    款塞来享 …… 53

夜直玉堂,携李之仪端叔诗百余首,读至夜半,书其后 …… 53

次韵王定国得晋卿酒相留夜饮 …… 53

范景仁和赐酒烛诗复次韵谢之 …… 53

卷三十一　古今体诗四十九首 …… 54

次韵刘贡父春日赐幡胜 …… 54

再　和 …… 54

叶公秉、王仲至见和,次韵答之 …… 54

再　和 …… 54

和王晋卿送梅花次韵 …… 55

次韵王晋卿惠花栽,栽所寓张退傅第中 …… 55

次韵王晋卿上元侍宴端门 …… 55

王郑州挽词 …… 55

书王定国所藏王晋卿画《著色山》二首 …… 55

呈定国 …… 55

寄傲轩 …… 56

送吕昌朝知嘉州 …… 56

次韵黄鲁直寄题郭明父府推颍州西斋二首 …… 56

次韵秦少章和钱蒙仲 …………………………………… 56

次韵钱越州 …………………………………………………… 56

同秦仲二子雨中游宝山 ……………………………… 57

去杭州十五年，复游西湖，用欧阳察判韵 ……… 57

与莫同年雨中饮湖上 ………………………………… 57

送子由使契丹 ……………………………………………… 57

次韵答刘景文左藏 ……………………………………… 57

坐上复借韵送岢岚军通判叶朝奉 ………………… 57

始于文登海上得白石数升，如芡实，可作枕。闻梅丈嗜石，故以遗其
　子子明学士。子明有诗，次其韵 ……………… 58

次韵钱越州见寄 ………………………………………… 58

文登蓬莱阁下石壁千丈，为海浪所战，时有碎裂，淘洒岁久，皆圆熟
　可爱，主人谓此弹子涡也。取数百枚，以养石菖蒲，且作诗遗垂慈
　堂老人 ………………………………………………… 58

次韵毛滂法曹感雨 ……………………………………… 58

送邓宗古还乡 ……………………………………………… 59

参寥上人初得智果院，会者十六人分韵赋诗，轼得心字 ……… 59

哭王子立，次儿子迨韵三首 ………………………… 59

异　鹊 …………………………………………………………… 60

次韵詹适宣德小饮巽亭 ……………………………… 60

东川清丝寄鲁冀州，戏赠 …………………………… 60

怡然以垂云新茶见饷，报以大龙团，仍戏作小诗 ……… 61

次韵王忠玉游虎丘三首 ……………………………… 61

寄蔡子华 …… 61

和钱四寄其弟龢 …… 61

故周茂叔先生濂溪 …… 61

次周焘韵 …… 62

送南屏谦师 …… 62

次韵子由使契丹至涿州见寄四首 …… 62

卷三十二　古今体诗七十二首 …… 63

卧病弥月，闻垂云花开，顺阇黎以诗见招，次韵答之 …… 63

雪后便欲与同僚寻春，一病弥月，杂花都尽，独牡丹在尔。刘景文左藏和顺阇黎诗见赠，次韵答之 …… 63

病后醉中 …… 63

次韵刘景文、周次元寒食同游西湖 …… 63

连日与王忠玉、张全翁游西湖，访北山清顺、道潜二诗僧，登垂云亭，饮参寥泉，最后过唐州陈使君夜饮，忠玉有诗，次韵答之 …… 64

谢曹子方惠新茶 …… 64

新茶送签判程朝奉，以馈其母，有诗相谢，次韵答之 …… 64

次韵送张山人归彭城 …… 64

次韵林子中、王彦祖唱酬 …… 64

寿星院寒碧轩 …… 65

书刘景文左藏所藏王子敬帖 …… 65

书刘景文所藏宗少文《一笔画》 …… 65

真觉院有洛花，花时不暇往，四月十八日，与刘景文同往赏枇杷 …… 65

又和景文韵 …………………………………………………… 65

西湖寿星院此君轩 …………………………………………… 65

此君轩 ………………………………………………………… 66

观　台 ………………………………………………………… 66

游中峰杯泉 …………………………………………………… 66

仲天贶、王元直自眉山来，见余钱塘，留半岁，既行，作绝句五首送
之 ……………………………………………………………… 66

赠善相程杰 …………………………………………………… 66

参寥惠杨梅 …………………………………………………… 67

次韵林子中蒜山亭见寄 ……………………………………… 67

再和并答杨次公 ……………………………………………… 67

次韵刘景文送钱蒙仲三首 …………………………………… 67

菩提寺南漪堂杜鹃花 ………………………………………… 67

寒　具 ………………………………………………………… 67

题杨次公春兰 ………………………………………………… 68

题次公蕙 ……………………………………………………… 68

次韵曹辅寄壑源试焙新芽 …………………………………… 68

次韵袁公济谢芎椒 …………………………………………… 68

次韵杨次公惠径山龙井水 …………………………………… 68

次韵刘景文登介亭 …………………………………………… 69

袁公济和刘景文登介亭诗，复次韵答之 …………………… 69

介亭饯杨杰次公 ……………………………………………… 69

次京师韵送表弟程懿叔赴夔州运判 ………………………… 70

叶教授和溽字韵诗,复次韵为戏,记龙井之游 …………… 70
次韵林子中见寄 …………………………………………… 70
安州老人食蜜歌 …………………………………………… 71
次韵钱穆父紫薇花二首 …………………………………… 71
送张嘉州 …………………………………………………… 71
绝　句 ……………………………………………………… 72
次韵苏伯固主簿重九 ……………………………………… 72
九日袁公济有诗,次其韵 ………………………………… 72
和公济饮湖上 ……………………………………………… 72
次韵景文山堂听筝三首 …………………………………… 72
秋晚客兴 …………………………………………………… 72
秋兴三首 …………………………………………………… 73
赠刘景文 …………………………………………………… 73
送李陶通直赴清溪 ………………………………………… 73
辩才老师退居龙井,不复出入。余往见之,尝出至风篁岭。左右惊曰:"远公复过虎溪矣。"辩才笑曰:"杜子美不云乎?与子成二老,来往亦风流。"因作亭岭上,名曰过溪,亦曰二老,谨次辩才韵 ……………………………………………………… 73
问渊明 ……………………………………………………… 74
偶于龙井辩才处得歙砚,甚奇,作小诗 ………………… 74
书辩才白云堂壁 …………………………………………… 74
送程之邵签判赴阙 ………………………………………… 74
寄题梅宣义园亭 …………………………………………… 75

观湖二首 ··· 75

醉题信夫方丈 ··· 75

元祐五年十二月十二日，同景文、义伯、圣途、次元、伯固、蒙仲游七宝
寺，题竹上 ··· 75

熙宁中，轼通守此郡。除夜，直都厅，囚系皆满，日暮不得返舍，因题
一诗于壁，今二十年矣。衰病之余复忝郡寄，再经除夜，庭事萧然，
三圄皆空。盖同僚之力，非拙朽所致。因和前篇，呈公济、子侔二
通守 ··· 76

  前　诗 ··· 76

  今　诗 ··· 76

卷三十三　古今体诗六十四首 ··· 77

次韵杨公济奉议梅花十首 ··· 77

谢关景仁送红梅栽二首 ··· 77

次韵刘景文路分上元 ··· 78

游宝云寺，得唐彦猷为杭州日送客舟中手书一绝句云："山雨霏微不
满空，画船来往疾轻鸿。谁知独卧朱帘里，一榻无尘四面风。"明
日，送彦猷之子坰赴鄂州，舟中遇微雨，感叹前事，因和其韵作两
首送之，且归其书唐氏 ··· 78

送江公著知吉州 ··· 78

闻钱道士与越守穆父饮酒，送二壶 ··· 79

再和杨公济梅花十绝 ··· 79

次韵曹子方运判雪中同游西湖 ··· 79

次韵仲殊雪中游西湖二首 …………………………………………… 80

次韵参寥全前 …………………………………………………………… 80

与叶淳老、侯敦夫、张秉道同相视新河，秉道有诗，次韵二首 ……… 80

棕　笋 …………………………………………………………………… 81

次韵曹子方龙山真觉院瑞香花 ………………………………………… 81

送小本禅师赴法云 ……………………………………………………… 81

书《浑令公燕鱼朝恩图》 ……………………………………………… 81

庞　公 …………………………………………………………………… 82

戏　书 …………………………………………………………………… 82

次韵刘景文西湖席上 …………………………………………………… 82

次韵答马忠玉 …………………………………………………………… 82

三萼牡丹 ………………………………………………………………… 82

予去杭十六年而复来，留二年而去。平日自觉出处老少粗似乐天，
　　虽才名相远，而安分寡求亦庶几焉。三月六日，来别南北山诸
　　道人，而下天竺惠净师以丑石赠行，作三绝句 …………………… 83

和林子中待制 …………………………………………………………… 83

次韵答黄安中兼简林子中 ……………………………………………… 83

留别蹇道士拱辰 ………………………………………………………… 83

次韵子由书王晋卿画山水一首，而晋卿和二首 ……………………… 83

次韵子由书王晋卿画山水二首 ………………………………………… 84

又书王晋卿画四首 ……………………………………………………… 84

　　山阴陈迹 …………………………………………………………… 84

　　雪溪乘兴 …………………………………………………………… 84

四明狂客 84

　　西塞风雨 84

破琴诗 84

书破琴诗后 85

题王晋卿画后 85

听武道士弹贺若 85

元祐六年六月自杭州召还,汶公馆我于东堂,阅旧诗卷,次诸公韵
　　三首 85

感旧诗 86

卷三十四　古今体诗六十七首 87

西湖秋潦,东池鱼窘甚。因会客,呼网师迁之西池,为一笑之乐。夜
　　归,被酒不能寐,戏作放鱼一首 87

复次放鱼韵,答赵承议、陈教授 87

九月十五日,观月听琴西湖示坐客 87

复次韵谢赵景贶、陈履常见和,兼简欧阳叔弼兄弟 88

送欧阳主簿赴官韦城四首 88

美哉一首送韦城主簿欧阳君 88

泛　颍 88

六观堂老人草书 89

次韵刘景文见寄 89

赠朱逊之 89

次韵赵景贶督两欧阳诗,破陈酒戒 90

叔弼云：履常不饮，故不作诗，劝履常饮 …………………………… 90

臂痛谒告，作三绝句示四君子 …………………………………………… 90

到颍未几公帑已竭，斋厨索然，戏作 …………………………………… 90

景贶、履常屡有诗，督叔弼、季默唱和，已许诺矣，复以此句挑之 … 91

赠月长老 ……………………………………………………………………… 91

次韵答钱穆父，穆父以仆得汝阴，用杭越酬唱韵作诗见寄 ………… 91

韩退之《孟郊墓铭》云：以昌其诗。举此问王定国：当昌其身耶？
　抑昌其诗也？来诗下语未契，作此答之 …………………………… 91

送欧阳推官赴华州监酒 …………………………………………………… 92

十月十四日以病在告独酌 ………………………………………………… 92

独酌试药玉滑盏，有怀诸君子。明日望夜，月庭佳景不可失，作诗
　招之 ………………………………………………………………………… 92

欧阳季默以油烟墨二丸见饷，各长寸许，戏作小诗 ………………… 93

明日复以大鱼为馈，重二十斤，且求诗，故复戏之 …………………… 93

和赵景贶栽桧 ……………………………………………………………… 93

叶待制求先坟永慕亭诗 …………………………………………………… 93

与赵、陈同过欧阳叔弼新治小斋，戏作 ………………………………… 93

聚星堂雪 ……………………………………………………………………… 94

欧阳叔弼见访，诵陶渊明事，叹其绝识。既去，感慨不已，而赋此诗
　 ……………………………………………………………………………… 94

喜刘景文至 ………………………………………………………………… 94

祷雨张龙公既应，刘景文有诗，次韵 …………………………………… 95

刘景文家藏乐天《身心问答三首》，戏书一绝其后 …………………… 95

西湖戏作 ··· 95

送欧阳季默赴阙 ································· 95

用前韵作雪诗留景文 ····························· 96

和刘景文见赠 ····································· 96

和刘景文雪 ······································· 96

次前韵送刘景文 ································· 96

以屏山赠欧阳叔弼 ······························· 97

新渡寺席上,次赵景贶、陈履常韵送欧阳叔弼。比来诸君唱和,叔
  弼但袖手傍睨而已,临别忽出一篇,颇有渊明风致,坐皆惊叹
  ··· 97

次韵赵景贶《春思》,且怀吴越山水 ·········· 97

次韵陈履常张公龙潭 ···························· 98

小饮西湖,怀欧阳叔弼兄弟,赠赵景贶、陈履常 ·· 98

蜡梅一首赠赵景贶 ······························· 98

送王竦朝散赴阙 ································· 98

次韵致政张朝奉仍招晚饮 ······················· 99

阎立本《职贡图》 ······························· 99

次韵王滁州见寄 ································· 99

赵景贶以诗求东斋榜铭。昨日闻都下寄酒来,戏和其韵,求分一壶
  作润笔也 ···································· 100

洞庭春色 ·· 100

送路都曹 ·· 100

次韵陈履常雪中 ································ 101

二鲜于君以诗文见寄,作诗为谢 …………………………… 101

次韵赵德麟雪中惜梅,且饷柑酒三首 ………………………… 101

和陈传道雪中观灯 ……………………………………………… 101

阅世堂诗赠任仲微 ……………………………………………… 102

新渡寺送任仲微 ………………………………………………… 102

送运判朱朝奉入蜀 ……………………………………………… 102

病中夜读朱博士诗 ……………………………………………… 102

赵德麟饯饮湖上舟中对月 ……………………………………… 103

和赵德麟送陈传道 ……………………………………………… 103

卷三十五　古今体诗五十三首 ………………………………… 104

上巳日,与二子迨、过游涂山、荆山,记所见 ……………… 104

淮上早发 ………………………………………………………… 104

次韵徐仲车 ……………………………………………………… 104

次韵林子中春日新堤书事见寄 ………………………………… 105

送陈伯修察院赴阙 ……………………………………………… 105

送张嘉父长官 …………………………………………………… 105

轼在颍州,与赵德麟同治西湖,未成,改扬州。三月十六日湖成,
　　德麟有诗见怀,次其韵 …………………………………… 105

次韵德麟西湖新成见怀绝句 …………………………………… 106

再次韵德麟新开西湖 …………………………………………… 106

到官病倦未尝会客,毛正仲惠茶,乃以端午小集石塔,戏作一诗为
　　谢 ………………………………………………………… 106

双　石 …………………………………………………… 106

和陶饮酒二十首 …………………………………………… 107

次韵晁无咎学士相迎 ……………………………………… 109

次韵范淳父送秦少章 ……………………………………… 110

闻林夫当徙灵隐寺寓居，戏作灵隐前一首 ……………… 110

滕达道挽词二首 …………………………………………… 110

次韵苏伯固游蜀冈，送李孝博奉使岭表 ………………… 111

太夫人以无咎生日置酒，书壁一绝 ……………………… 111

石塔寺 ……………………………………………………… 111

送晁美叔发运右司年兄赴阙 ……………………………… 111

王文玉挽词 ………………………………………………… 112

山光寺送客回，次芝上人韵 ……………………………… 112

送芝上人游庐山 …………………………………………… 112

送程德林赴真州 …………………………………………… 112

古别离送苏伯固 …………………………………………… 112

谷林堂 ……………………………………………………… 113

云师无著自金陵来，见予广陵，且遗予支遁鹰马图，将归，以诗送
　　之，且还其画 ………………………………………… 113

予少年颇知种松，手植数万株皆中梁柱矣。都梁山中见杜舆秀才，
　　求学其法，戏赠两首 ………………………………… 113

行宿、泗间，见徐州张天骥，次旧韵 …………………… 113

次韵刘景文赠傅羲秀才 …………………………………… 114

在彭城日，与定国为九日黄楼之会，今复以是日相遇于宋。凡十五

年，忧乐出处有不可胜言者。而定国学道有得，百念灰冷，而颜益壮，顾余衰病心形俱瘁，感之作诗 …………………… 114

九日次定国韵 ……………………………………………… 114

卷三十六　古今体诗六十五首 …………………………… 115

召还至都门先寄子由 ……………………………………… 115

次韵定国见寄 ……………………………………………… 115

次韵蒋颖叔、钱穆父从驾景灵宫二首 …………………… 115

忆江南寄纯如五首 ………………………………………… 116

轼近以月石砚屏献子功中书，公复以涵星砚献纯父侍讲，子功有诗，纯父未也。复以月石风林屏赠之，谨和子功诗，并求纯父数句 …………………………………………………… 116

次韵范纯父涵星砚月石风林屏诗 ………………………… 116

次韵钱穆父会饮 …………………………………………… 117

次韵穆父尚书侍祠郊丘，瞻望天光，退而相庆引满醉吟 …… 117

郊祀庆成诗 ………………………………………………… 117

次韵王仲至喜雪御筵 ……………………………………… 117

次韵奉和钱穆父、蒋颖叔、王仲至诗四首 ……………… 118

　　见和西湖月下听琴 …………………………………… 118

　　见和仇池 ……………………………………………… 118

　　玉津园 ………………………………………………… 118

　　耤　田 ………………………………………………… 118

顷年杨康功使高丽还，奏乞立海神庙于板桥。仆嫌其地湫隘，移书

使迁之文登,因古庙而新之,杨竟不从。不知定国何从见此书,作诗称道不已。仆不能记其云何也,次韵答之 …………… 118

沐浴启圣僧舍,与赵德麟邂逅 ………………………… 119

余旧在钱塘,伯固开西湖,今方请越,戏谓伯固可复来开镜湖。伯固有诗,因次韵 ………………………………… 119

仆所藏仇池石,希代之宝也,王晋卿以小诗借观,意在于夺。仆不敢不借,然以此诗先之 ……………………… 119

次天字韵答岑岩起 ……………………………………… 119

次韵蒋颖叔二首 ………………………………………… 120

　扈从景灵宫 ………………………………………… 120

　凝祥池 ……………………………………………… 120

和叔盎画马 ……………………………………………… 120

王晋卿示诗欲夺海石,钱穆父、王仲至、蒋颖叔皆次韵。穆、至二公以为不可许,独颖叔不然。今日颖叔见访,亲睹此石之妙,遂悔前语。仆以为晋卿岂可终闭不予者,若能以韩干二散马易之者,盖可许也。复次前韵 ……………………………………… 120

轼欲以石易画,晋卿难之。穆父欲兼取二物,颖叔欲焚画碎石,乃复次前韵,并解二诗之意 ……………………… 121

生日蒙刘景文以古画松鹤为寿,且贶佳篇,次韵为谢 …… 121

程德孺惠海中柏石,兼辱佳篇,辄复和谢 ……………… 121

次秦少游韵赠姚安世 …………………………………… 121

次丹元姚先生韵二首 …………………………………… 122

次韵秦少游、王仲至元日立春三首 ……………………… 122

上元侍饮楼上三首呈同列 …………………………………… 122

戏答王都尉传柑 ……………………………………………… 123

送蒋颖叔帅熙河 ……………………………………………… 123

再送二首 ……………………………………………………… 123

次韵颖叔观灯 ………………………………………………… 123

次韵王晋卿奉诏押高丽宴射 ………………………………… 123

次韵钱穆父、王仲至同赏田曹梅花 ………………………… 124

送襄阳从事李友谅归钱塘 …………………………………… 124

次韵吴传正枯木歌 …………………………………………… 124

送黄师是赴两浙宪 …………………………………………… 124

送范中济经略侍郎，分韵赋诗，轼得"先"字，且赠以鱼枕杯四，马
　　棰一，以"元戎十乘以先启行"为韵 ………………………… 125

书晁说之《考牧图》后 ……………………………………… 125

吕与叔学士挽词 ……………………………………………… 125

丹元子示诗，飘飘然有谪仙风气，吴传正继作，复次其韵 ………… 125

次韵王定国书丹元子宁极斋 ………………………………… 126

王仲至侍郎见惠稚桧，种之礼曹北垣下，今百余日矣，蔚然有生意，
　　喜而作诗 ……………………………………………………… 126

次韵钱穆父马上寄蒋颖叔二首 ……………………………… 126

表弟程德孺生日 ……………………………………………… 127

七年九月自广陵召还，复馆于浴室东堂。八年六月乞会稽，将去，
　　汶公乞诗，乃复用前韵三首 ………………………………… 127

吴子野将出家，赠以扇山枕屏 ……………………………… 127

闻潮阳吴子野出家 …………………………………… 127

赠王覯 ……………………………………………… 128

卷三十七　古今体诗五十一首 ………………… 129

东府雨中别子由 …………………………………… 129

谢运使仲适座上送王敏仲北使 …………………… 129

书丹元子所示《李太白真》 ……………………… 129

次韵曾仲锡承议食蜜渍生荔支 …………………… 130

大行太皇太后高氏挽词二首 ……………………… 130

再次韵曾仲锡荔支 ………………………………… 130

次韵滕大夫三首 …………………………………… 130

　　雪浪石 ………………………………………… 130

　　同　前 ………………………………………… 131

　　沉香石 ………………………………………… 131

石　芝 ……………………………………………… 131

鹤　叹 ……………………………………………… 132

送曾仲锡通判如京师 ……………………………… 132

和钱穆父送别，并求顿递酒 ……………………… 132

刘丑厮诗 …………………………………………… 132

题《毛女真》 ……………………………………… 133

寄馏合刷瓶与子由 ………………………………… 133

次韵子由清汶老龙珠丹 …………………………… 133

次韵子由书清汶老所传《秦湘二女图》 ………… 133

紫团参寄王定国 …………………………………………… 133

次韵刘焘抚勾蜜渍荔支 …………………………………… 134

立春日小集戏李端叔 ……………………………………… 134

次韵曾仲锡元日见寄 ……………………………………… 134

子由生日,以檀香观音像及新合印香银篆盘为寿一首 …… 134

次韵李端叔送保倅翟安常赴阙,兼寄子由 ……………… 135

中山松醪寄雄州守王引进 ………………………………… 135

次韵李端叔谢送牛戬《鸳鸯竹石图》 …………………… 135

次韵聪上人见寄 …………………………………………… 135

次韵王雄州还朝留别 ……………………………………… 136

三月二十日多叶杏盛开 …………………………………… 136

三月二十日开园三首 ……………………………………… 136

次韵王雄州送侍其泾州 …………………………………… 136

初贬英州,过杞赠马梦得 ………………………………… 137

临城道中作 ………………………………………………… 137

过汤阴市得豌豆大麦粥,示三儿子 ……………………… 137

被命南迁途中寄定武同僚 ………………………………… 137

子由新修汝州龙兴寺吴画壁 ……………………………… 137

过高邮寄孙君孚 …………………………………………… 138

仆所至未尝出游。过长芦,闻复禅师病甚,不可不一问。既见,则有间矣。明日阻风,复留见之。作三绝句呈闻复,并请转呈参寥子,各赋数首 ……………………………………… 138

六月七日泊金陵阻风,得钟山泉公书,寄诗为谢 ……… 138

赠清凉寺和长老 ………………………………………………… 139

予前后守倅余杭凡五年，秋夏之间蒸热不可过，独中和堂东南颊，
　　下瞰海门，洞视万里，三伏常萧然也。绍圣元年六月，舟行赴岭外，
　　热甚。忽忆此处，而作是诗 ……………………………………… 139

慈湖夹阻风五首 ……………………………………………………… 139

卷三十八　古今体诗四十四首 ……………………………… 140

过庐山下 …………………………………………………………… 140

壶中九华诗 ………………………………………………………… 140

南康望湖亭 ………………………………………………………… 140

江西一首 …………………………………………………………… 141

秧马歌 ……………………………………………………………… 141

八月七日初入赣，过惶恐滩 ……………………………………… 141

郁孤台 ……………………………………………………………… 142

廉　泉 ……………………………………………………………… 142

尘外亭 ……………………………………………………………… 142

天竺寺 ……………………………………………………………… 142

过大庾岭 …………………………………………………………… 143

宿建封寺，晓登尽善亭望韶石三首 ……………………………… 143

月华寺 ……………………………………………………………… 143

南华寺 ……………………………………………………………… 144

碧落洞 ……………………………………………………………… 144

何公桥诗 …………………………………………………………… 144

峡山寺	145
散郎亭	145
柏家渡	145
清远舟中寄耘老	145
舟行至清远县,见顾秀才,极谈惠州风物之美	146
广州蒲涧寺	146
赠蒲涧信长老	146
发广州	146
浴日亭	146
游罗浮山一首示儿子过	147
十月二日初到惠州	147
寓居合江楼	147
惠州灵惠院壁间画一仰面向天醉僧,云是蜀僧隐峦所作,题诗于其下	148
白水山佛迹岩	148
咏汤泉	148
自笑一首	149
无　题	149
朝云诗	149
寄虎儿	149
十一月二十六日,松风亭下梅花盛开	149
再用前韵	150
新酿桂酒	150

惠守詹君见和,复次韵 …………………………………………… 150

花落复次前韵 …………………………………………………… 150

江　郊 …………………………………………………………… 151

詹守携酒见过,用前韵作诗,聊复和之 ………………………… 151

卷三十九　古今体诗七十四首 …………………………… 152

寄邓道士 ………………………………………………………… 152

上元夜 …………………………………………………………… 152

正月二十四日,与儿子过、赖仙芝、王原秀才、僧昙颖、行全、道士何
　　宗一同游罗浮道院及栖禅精舍,过作诗,和其韵,寄迈、迨一首
　　……………………………………………………………… 153

正月二十六日,偶与数客野步嘉祐僧舍东南野人家,杂花盛开,扣
　　门求观。主人林氏媪出应,白发青裙,少寡独居三十年矣。感
　　叹之余,作诗记之 ……………………………………… 153

龙尾石砚寄犹子远 ……………………………………………… 153

赠王子直秀才 …………………………………………………… 153

惠州近城数小山,类蜀道。春与进士许毅野步,会意处饮之且醉,
　　作诗以记。适参寥专使欲归,使持此以示西湖之上诸友,庶使
　　知予未尝一日忘湖山也………………………………… 154

真一酒 …………………………………………………………… 154

游博罗香积寺 …………………………………………………… 154

二月十九日,携白酒、鲈鱼过詹使君,食槐叶冷淘 …………… 155

赠陈守道 ………………………………………………………… 155

辨道歌 …… 155

江涨用过韵 …… 156

连雨江涨二首 …… 156

赠昙秀 …… 156

和郭功甫韵送芝道人游隐静 …… 157

次韵定慧钦长老见寄八首 …… 157

和陶归园田居六首 …… 158

闻正辅表兄将至，以诗迎之 …… 159

正辅既见和，复次前韵，慰鼓盆，劝学佛 …… 159

同正辅表兄游白水山 …… 159

与正辅游香积寺 …… 160

次韵正辅同游白水山 …… 160

次韵程正辅游碧落洞 …… 161

次韵正辅表兄江行见桃花 …… 161

追饯正辅表兄至博罗，赋诗为别 …… 161

再用前韵 …… 162

戏和正辅一字韵 …… 162

桄榔杖寄张文潜一首，时初闻黄鲁直迁黔南、范淳父九疑也 …… 162

四月十一日初食荔支 …… 162

答周循州 …… 163

荔支叹 …… 163

六月十二日，酒醒步月，理发而寝 …… 163

和子由次月中梳头韵 …… 164

和陶贫士七首 …… 164

食槟榔 …… 165

送惠州押监 …… 166

江月五首 …… 166

送佛面杖与罗浮长老 …… 166

十一月九日，夜梦与人论神仙道术，因作一诗八句。既觉，颇记其语，录呈子由弟。后四句不甚明了，今足成之耳 …… 167

章质夫送酒六壶，书至而酒不达，戏作小诗问之 …… 167

小圃五咏 …… 167

    人　参 …… 167

    地　黄 …… 167

    枸　杞 …… 167

    甘　菊 …… 168

    薏　苡 …… 168

雨后行菜圃 …… 168

残腊独出二首 …… 168

赠包安静先生茶二首 …… 169

卷四十　古今体诗七十首 …… 170

新年五首 …… 170

和陶形赠影 …… 170

和陶影答形 …… 171

和陶神释 …… 171

和陶咏二疏 …………………………………………… 171

和陶咏三良 …………………………………………… 171

和陶咏荆轲 …………………………………………… 172

二月八日，与黄焘、僧昙颖过逍遥堂，何道士宗一问疾 …… 172

次韵高要令刘湜峡山寺见寄 ………………………… 172

食荔支二首 …………………………………………… 173

寄高令 ………………………………………………… 173

迁　居 ………………………………………………… 173

和子由盆中石菖蒲忽生九花 ………………………… 174

和陶读《山海经》 …………………………………… 174

两桥诗 ………………………………………………… 175

　东新桥 ……………………………………………… 175

　西新桥 ……………………………………………… 176

悼朝云 ………………………………………………… 176

纵　笔 ………………………………………………… 177

丙子重九二首 ………………………………………… 177

次韵子由所居六咏 …………………………………… 177

吴子野绝粒不睡，过作诗戏之，芝上人、陆道士皆和，予亦次其韵
　………………………………………………………… 178

撷　菜 ………………………………………………… 178

和陶岁暮作和张常侍 ………………………………… 178

海上道人传以神守气诀 ……………………………… 178

和陶移居二首 ………………………………………… 179

白鹤峰新居欲成,夜过西邻翟秀才二首 ………… 179

和陶时运 ………… 179

和陶东方有一士 ………… 180

次韵惠循二守相会 ………… 180

又次韵二守许过新居 ………… 180

又次韵二守同访新居 ………… 181

循守临行出小鬟,复用前韵 ………… 181

和陶答庞参军 ………… 181

种　茶 ………… 182

白鹤山新居,凿井四十尺遇盘石,石尽乃得泉 ………… 182

三月二十九日二首 ………… 182

卷四十一　古今体诗四十三首 ………… 183

吾谪海南,子由雷州,被命即行,了不相知。至梧乃闻尚在藤也,旦夕当追及,作此诗示之 ………… 183

和陶止酒 ………… 183

行琼、儋间,肩舆坐睡,梦中得句云:"千山动鳞甲,万谷酣笙钟。"觉而遇清风急雨,戏作此数句 ………… 183

次前韵寄子由 ………… 184

过海得子由书 ………… 184

安期生 ………… 184

儋耳山 ………… 185

夜　梦 ………… 185

迁居之夕,闻邻舍儿诵书,欣然而作 …………………………… 185

和陶还旧居 ……………………………………………………… 186

和陶和刘柴桑 …………………………………………………… 186

和陶酬刘柴桑 …………………………………………………… 186

和陶劝农 ………………………………………………………… 186

和陶九日闲居 …………………………………………………… 187

闻子由瘦 ………………………………………………………… 187

客俎经旬无肉,又子由劝不读书,萧然清坐,乃无一事 …… 188

去岁与子野游逍遥堂,日欲没,因并西山叩罗浮道院,至已三鼓矣,
　　遂宿于西堂。今岁索居儋耳,子野复来相见,作诗赠之 ……… 188

和陶停云 ………………………………………………………… 188

过子忽出新意,以山芋作玉糁羹,色香味皆奇绝。天上酥酏则不可知,
　　人间决无此味也 ……………………………………………… 189

和陶己酉岁九月九日 …………………………………………… 189

宥老楮 …………………………………………………………… 189

观　棋 …………………………………………………………… 189

籴　米 …………………………………………………………… 190

入　寺 …………………………………………………………… 190

次韵子由三首 …………………………………………………… 190

　东　亭 ………………………………………………………… 190

　东　楼 ………………………………………………………… 190

　椰子冠 ………………………………………………………… 190

次韵子由月季花再生 …………………………………………… 191

次韵子由浴罢 ··· 191

借前韵贺子由生第四孙斗老 ·································· 191

独　觉 ··· 192

十二月十七日夜坐达晓，寄子由 ····························· 192

谪居三适 ·· 192
  旦起理发 ··· 192
  午窗坐睡 ··· 192
  夜卧濯足 ··· 193

卷四十二　古今体诗五十一首 ·························· 194

和陶游斜川 ·· 194

子由生日 ·· 194

以黄子木拄杖为子由生日之寿 ································ 194

上元夜过赴儋守召，独坐有感 ································ 195

过于海舶，得迈寄书、酒。作诗，远和之，皆粲然可观。子由有书相
  庆也，因用其韵赋一篇，并寄诸子侄 ··················· 195

和陶郭主簿 ·· 195

海南人不作寒食，而以上巳上冢。予携一瓢酒寻诸生，皆出矣。独
  老符秀才在，因与饮至醉。符盖儋人之安贫守静者也 ······ 196

往年宿瓜步，梦中得小绝，录示谢民师 ··················· 196

五色雀 ··· 196

和陶乞食 ·· 196

和陶和胡西曹示顾贼曹 ··· 197

和陶乙巳岁三月为建威参军使都经钱溪 …… 197

和陶拟古九首 …… 197

和陶癸卯岁始春怀古田舍二首 …… 198

和陶辛丑七月赴假还江陵,夜行途中作口号 …… 199

和陶庚戌岁九月中于西田获早稻 …… 199

和陶丙辰岁八月中于下潠田舍获 …… 199

答海上翁 …… 200

贫家净扫地 …… 200

新　居 …… 200

和陶与殷晋安别 …… 200

和陶王抚军座送客 …… 200

和陶答庞参军 …… 201

次韵子由赠吴子野先生二绝句 …… 201

被酒独行,遍至子云、威、徽、先觉四黎之舍三首 …… 201

过黎君郊居 …… 202

和陶示周续之祖企谢景夷三郎 …… 202

和陶连雨独饮 …… 202

和陶赠羊长史 …… 202

和陶五月旦日作和戴主簿 …… 203

和陶怨诗楚调,示庞主簿、邓治中 …… 203

倦　夜 …… 203

用过韵,冬至与诸生饮酒 …… 204

纵笔三首 …… 204

夜烧松明火 ………………………………………………… 204

卷四十三　古今体诗五十二首 ………………………… 205

庚辰岁人日作，时闻黄河已复北流，老臣旧数论此，今斯言乃验二
　　首 ………………………………………………………… 205

庚辰岁正月十二日，天门冬酒熟，予自漉之，且漉且尝，遂以大醉二
　　首 ………………………………………………………… 205

追和戊寅岁上元 …………………………………………… 205

和陶杂诗十一首 …………………………………………… 206

和陶始作镇军参军经曲阿 ………………………………… 207

和陶桃花源 ………………………………………………… 207

和陶归去来兮辞 …………………………………………… 208

归去来集字十首 …………………………………………… 209

题过所画枯木竹石三首 …………………………………… 210

真一酒歌 …………………………………………………… 210

汲江煎茶 …………………………………………………… 210

赠李兕彦威秀才 …………………………………………… 211

戏赠孙公素 ………………………………………………… 211

儋　耳 ……………………………………………………… 211

余来儋耳，得吠狗曰乌觜，甚猛而驯。随予迁合浦，过澄迈，泅而济，
　　路人皆惊，戏为作此诗 ……………………………… 211

澄迈驿通潮阁二首 ………………………………………… 211

洞酌亭 ……………………………………………………… 212

六月二十日夜渡海 212

自雷适廉，宿于兴廉村净行院 212

雨夜宿净行院 212

廉州龙眼质味殊绝，可敌荔支 212

合浦愈上人以诗名岭外，将访道南岳，留诗壁上云："闲伴孤云自在飞。"东坡居士过其精舍，戏和其韵 213

梅圣俞之客欧阳晦夫，使工画茅庵，已居其中，一琴横床而已。曹子方作诗四韵，仆和之云 213

欧阳晦夫惠琴枕 213

琴　　枕 213

留别廉守 213

瓶　　笙 214

欧阳晦夫遗接䍦琴枕，戏作此诗谢之 214

卷四十四　古今体诗四十三首 215

次韵王郁林 215

藤州江上夜起对月，赠邵道士 215

徐元用使君与其子端，常邀仆与小儿过同游东山浮金堂，戏作此诗
.... 215

送鲜于都曹归蜀灌口旧居 215

书堂屿 216

送邵道士彦肃还都峤 216

书韩幹二马 216

观大水望朝阳岩作 …………………………………………………… 216

将至广州，用过韵寄迈、迨二子 …………………………………… 216

赠郑清叟秀才 …………………………………………………………… 217

和孙叔静兄弟李端叔唱和 …………………………………………… 217

广倅萧大夫借前韵见赠，复和答之二首 ………………………… 217

周教授索枸杞，因以诗赠，录呈广倅萧大夫 …………………… 217

跋王进叔所藏画 ………………………………………………………… 218

    徐熙杏花 …………………………………………………………… 218

    赵昌四季 …………………………………………………………… 218

和黄秀才鉴空阁 ………………………………………………………… 218

韦偃《牧马图》 ………………………………………………………… 218

题灵峰寺壁 ……………………………………………………………… 219

广州何道士众妙堂 ……………………………………………………… 219

题冯通直明月湖诗后 …………………………………………………… 219

次韵郑介夫二首 ………………………………………………………… 219

昔在九江与苏伯固唱和。其略曰："我梦扁舟浮震泽，雪浪横江千顷白。觉来满眼是庐山，倚天无数开青壁。"盖实梦也。昨日又梦伯固手持乳香婴儿示予，觉而思之，盖南华赐物也。岂复与伯固相见于此耶？今得来书，知已在南华相待数日矣。感叹不已，故先寄此诗 …………………………………………………… 220

追和沈辽赠南华诗 ……………………………………………………… 220

曹溪夜观《传灯录》，灯花落一僧字上，口占 ………………… 220

南华老师示四韵，事忙，姑以一偈答之 ………………………… 220

次韵韶守狄大夫见赠二首 ………………………………………… 220

次韵韶倅李通直二首 ……………………………………………… 221

狄韶州煮蔓菁芦菔羹 ……………………………………………… 221

李伯时画其弟亮工《旧隐宅图》 ………………………………… 221

东坡居士过龙光,求大竹作肩舆,得两竿。南华珪首座方受请为此山长老,乃留一偈院中,须其至授之,以为他时语录中第一问 ………………………………………………………………… 221

赠岭上老人 ………………………………………………………… 221

赠岭上梅 …………………………………………………………… 222

余昔过岭而南,题诗龙泉钟上,今复过而北,次前韵 …………… 222

过岭二首 …………………………………………………………… 222

过岭寄子由 ………………………………………………………… 222

卷四十五　古今体诗四十二首 ……………………………… 223

留题显圣寺 ………………………………………………………… 223

予初谪岭南,过田氏水阁,东南一峰丰下锐上,里人谓之鸡笼山,予更名独秀峰。今复过之,戏留一绝 …………………………… 223

寄题潭州徐氏春晖亭 ……………………………………………… 223

乞数珠赠南禅湜老 ………………………………………………… 223

郁孤台 ……………………………………………………………… 224

虔守霍大夫、监郡许朝奉见和,复次前韵 ……………………… 224

赠虔州术士谢晋臣 ………………………………………………… 224

虔州景德寺荣师湛然堂 …………………………………………… 224

次韵阳行先 ·· 224

再用数珠韵赠湜老 ·· 225

和犹子迟赠孙志举 ·· 225

南禅长老和诗不已，故作《六虫篇》答之 ············ 225

明日，南禅和诗不到，故重赋数珠篇以督之二首 ··· 225

用前韵再和霍大夫 ·· 226

用前韵再和许朝奉 ·· 226

用前韵再和孙志举 ·· 226

崔文学甲携文见过，萧然有出尘之姿，问之，则孙介夫之甥也。故
　　复用前韵赋一篇示志举 ····························· 227

戏赠虔州慈云寺鉴老 ····································· 227

画车二首 ··· 227

虔州吕倚承事年八十三，读书作诗不已，好收古今帖，贫甚至食不
　　足 ·· 227

王子直去岁送子由北归，往返百舍，今又相逢赣上，戏用旧韵作诗
　　留别 ··· 228

次韵江晦叔二首 ··· 228

次韵江晦叔兼呈器之 ····································· 228

寒食与器之游南塔寺寂照堂 ··························· 228

器之好谈禅，不喜游山，山中笋出，戏语器之可同参玉版长老，作
　　此诗 ··· 228

永和清都观道士童颜鬒发，问其年，生于丙子，盖与予同，求此诗
　　·· 229

赠诗僧道通 · 229

张竞辰永康所居万卷堂 · 229

刘壮舆长官是是堂 · 229

绝　　句 · 230

梦中绝句 · 230

予昔作《壶中九华》诗，其后八年复过湖口，则石已为好事者取去，乃
　　和前韵以自解云 · 230

次韵郭功甫观予画雪雀有感二首 · 230

次韵法芝举旧诗一首 · 230

次旧韵赠清凉长老 · 231

睡起，闻米元章冒热到东园送麦门冬饮子 · · · · · · · · · · · · · 231

梦中作寄朱行中 · 231

答径山琳长老 · 231

卷四十六　今体诗六十五首 · 232

春帖子词 · 232

　　皇帝阁六首 · 232

　　太皇太后阁六首 · 232

　　皇太后阁六首 · 232

　　皇太妃阁五首 · 233

　　夫人阁四首 · 233

端午帖子词 · 233

　　皇帝阁六首 · 233

太皇太后阁六首 …… 233

皇太后阁六首 …… 234

皇太妃阁五首 …… 234

夫人阁四首 …… 234

兴龙节集英殿宴口号 …… 235

又兴龙节集英殿宴口号 …… 235

坤成节集英殿宴口号 …… 235

斋日口号 …… 236

集英殿春宴口号 …… 236

紫宸殿正旦口号 …… 237

集英殿秋宴口号 …… 237

黄楼口号 …… 238

赵倅成伯母生日口号 …… 238

王氏生子口号 …… 238

寒食宴提刑口号 …… 239

卷四十七 古今体诗六十二首 …… 240

戏足柳公权联句 …… 240

送别 …… 240

寄周安孺茶 …… 240

颜阖 …… 241

梦雪 …… 242

戏赠田辨之琴姬 …… 242

书黄筌画《翎毛花蝶图》二首 …………………………… 242

寒食夜 …………………………………………………… 242

和寄天选长官 …………………………………………… 242

次韵张甥棠美昼眠 ……………………………………… 243

陆莲庵 …………………………………………………… 243

书寄韵 …………………………………………………… 243

谒敦诗先生因留一绝 …………………………………… 243

绝句二首 ………………………………………………… 243

春　夜 …………………………………………………… 243

醉睡者 …………………………………………………… 243

数日前梦人示余一卷文字，大略若谕马者用"吃蹶"两字，梦中甚赏
　　之，觉而忘其余，戏作数语足之 ……………………… 244

村醪二尊献张平阳三首 ………………………………… 244

失　题 …………………………………………………… 244

题王维画 ………………………………………………… 244

安平泉 …………………………………………………… 245

和张均题峡山 …………………………………………… 245

题女唱驿 ………………………………………………… 245

溪堂留题 ………………………………………………… 245

新葺小园二首 …………………………………………… 245

与李彭年同送崔岐归二曲，马上口占 ………………… 246

二月十六日，与张、李二君游南溪，醉后相与解衣濯足，因咏韩公
　　《山石》之篇，慨然知其所以乐，而忘其在数百年之外也，次其

韵	246
送虢令赵荐	246
亡伯提刑郎中挽诗二首,甲辰十二月八日凤翔官舍书	246
谢张太原送蒲桃	247
读《晋史》	247
读《王衍传》	247
读后魏《贺狄干传》	247
入馆	247
赠蔡茂先	247
送司勋子才丈赴梓州	248
送宋君用游辇下	248
咏怪石	249
题西湖楼	249
题双竹堂壁	250
风水洞闻二禽	250
法惠小饮,以诗索周开祖所作	250
次韵陈时发太博双竹	250
周夫人挽词	250
天圣二僧皆蜀人,不见留二绝	250
会饮有美堂,答周开祖湖上见寄	250
和吴少卿绝句	251
题沈氏天隐楼	251
和人登海表亭	251

会双竹席上奉答开祖长官 ………………………………… 251

次韵答开祖 ………………………………………………… 251

北山广智大师回自都下,过期而归。时率开祖、无悔同访之,因留
渌净堂竹鹤二绝 …………………………………………… 251

欲往湖州见孙莘老,别公辅、希元、彦远、醇之、穆仲 ……… 251

富阳道中 …………………………………………………… 252

赠青潍将谢承制 …………………………………………… 252

过潍州驿,见蔡君谟题诗壁上云"绰约新娇生眼底,逡巡旧事上眉
尖。春来试问愁多少,得似春潮夜夜添",不知为谁而作也,和
一首 ………………………………………………………… 252

卷四十八　古今体诗九十首 …………………………… 253

黄州春日杂书四绝 ………………………………………… 253

晚游城西开善院,泛舟暮归二首 ………………………… 253

和人雪晴书事 ……………………………………………… 253

奉酬仲闵食新面汤饼,仍闻籴麦甚盛,因以戏之 ………… 253

读仲闵诗卷,因成长句 …………………………………… 254

送酒与崔诚老 ……………………………………………… 254

与郭生游寒溪,主簿吴亮置酒,郭生喜作挽歌,酒酣发声,坐为凄然。
郭生言吾恨无佳词,因为略改乐天《寒食》诗歌之,坐客有泣者。
其词曰 ……………………………………………………… 254

戏作切语竹诗 ……………………………………………… 254

山行见月四言 ……………………………………………… 254

忆黄州梅花五绝 254
访散老不遇 255
和王定国 255
试院观伯时画马绝句 255
出局偶书 255
觅俞俊笔 255
鼠须笔 255
琴　枕 256
书李宗晟《水帘图》 256
书《龙马图》 256
皎然禅师《赠吴凭处士》诗云："世人不知心是道，只言道在西方妙。
　　还如瞽者望长安，长安在东向西笑。"东坡居士代答云 256
灯花一首赠王十六 256
王晋卿得破墨三昧，又尝闻祖师第一义，故画邢和璞、房次律《论前
　　生图》，以寄其高趣。东坡居士既作《破琴诗》以记异梦矣，复说偈云
　　.. 256
和芝上人竹轩 256
戏赠秀老 257
和晁美叔老兄 257
暮　归 257
待　旦 257
约吴远游与姜君弼吃蕈馒头 257
除夕访子野食烧芋戏作 257

北归度岭寄子由 ………………………………………… 258

《鸣泉思》,思君子也。君子抱道且殆,而时弗与,民咸思之。鸣泉故
　　基堙圮殆尽,眉山苏轼搔首踟蹰,作《鸣泉思》以思之 ………… 258

丰年有高廪诗 …………………………………………… 258

万菊轩 …………………………………………………… 258

韩幹马 …………………………………………………… 258

送煮菜赠包安静先生 …………………………………… 259

沿流馆中得二绝句 ……………………………………… 259

梦中赋裙带 ……………………………………………… 259

王定国自彭城往南都,时子由在宋幕,求家书,仆醉不能作,独以一
　　绝句与之 ……………………………………………… 259

司命宫杨道士息轩 ……………………………………… 259

赠黄州官妓 ……………………………………………… 259

六言乐语 ………………………………………………… 259

题领巾绝句 ……………………………………………… 260

书裙带绝句 ……………………………………………… 260

虎跑泉 …………………………………………………… 260

端砚诗 …………………………………………………… 260

张无尽过黄州,徐君猷为守。有四侍人,姓为孙、姜、阎、齐。适张
　　夫人携其一往婿家,既暮复还,乃阎姬也,最为徐所宠,因书绝句
　　云 ……………………………………………………… 260

铜陵县陈公园双池二首 ………………………………… 261

咏槟榔 …………………………………………………… 261

正月八日招王子高饮 ················· 261

醉中题鲛绡诗 ··················· 261

无　题 ······················ 261

葛延之赠龟冠 ··················· 261

别海南黎民表 ··················· 261

雅安人日次旧韵二首 ················ 262

和代器之 ····················· 262

自题金山画像 ··················· 262

《归来引》送王子立归筠州 ············· 262

黄泥坂词 ····················· 263

清溪词 ······················ 263

上清词 ······················ 263

山坡陀行 ····················· 264

醉翁操 ······················ 265

次韵借观《睢阳五老图》 ·············· 265

题金山寺回文体 ·················· 265

赠姜唐佐 ····················· 265

水月寺 ······················ 266

半月泉。苏轼、曹辅、刘季孙、鲍朝懋、郑嘉会、苏固同游，元祐六年
　　三月十一日 ·················· 266

游何山 ······················ 266

自题临文与可画竹 ················· 266

宝墨亭 ······················ 266

双井白龙 ·· 266

瑞金东明观 ·· 267

题清淮楼 ·· 267

西湖绝句 ·· 267

戏答佛印 ·· 267

失题三首 ·· 267

来鹤亭 ·· 267

卷四十九　古今体诗四十七首 ·············· 268

老翁井 ·· 268

送蜀僧去尘 ·· 268

和人回文五首 ·· 268

送淡公二首 ·· 268

黄　州 ·· 269

古　风 ·· 269

无　题 ·· 269

古　意 ·· 269

雷州八首 ·· 269

申王画马图 ·· 270

老人行 ·· 270

又赠老谦 ·· 271

送公为游淮南 ·· 271

池上二首 ·· 271

赠仲素寺丞致仕归隐潜山 …………………………………… 271

扬州以土物寄少游 ………………………………………… 272

再过泗上二首 ……………………………………………… 272

骊　山 ……………………………………………………… 272

次韵谢子高读《渊明传》 …………………………………… 272

沧洲亭怀古 ………………………………………………… 273

戏咏子舟画两竹两鹡鸰 …………………………………… 273

赠山谷子 …………………………………………………… 273

昭陵六马，唐文皇战马也，琢石象之，立昭陵前。客有持此石本示
　予，为赋之 ……………………………………………… 273

题卢鸿一《学士堂图》 ……………………………………… 273

李白谪仙诗 ………………………………………………… 274

饮酒四首 …………………………………………………… 274

游山呈通判承议写寄参寥师 ……………………………… 274

辘轳歌 ……………………………………………………… 275

白鹤吟留钟山觉海 ………………………………………… 275

次韵张甥棠美述志 ………………………………………… 275

卷五十　古今体诗四十二首 …………………………… 276

观开西湖，次吴左丞韵 ……………………………………… 276

戏题巫山县用杜子美韵 …………………………………… 276

答晁以道索书 ……………………………………………… 276

陈伯比和回字复次韵 ……………………………………… 276

与道源游西庄遇齐道人，同往草堂，为齐书此 …………………… 276

答子勉三首 ……………………………………………………… 277

和子由次王巩韵，"如囊"之句可为一噱 ……………………… 277

元祐癸酉八月二十七日，于建隆章净馆书赠王靓 …………… 277

东　园 …………………………………………………………… 277

藏春坞 …………………………………………………………… 277

次韵参寥寄少游 ………………………………………………… 277

赠仲勉子文 ……………………………………………………… 278

讲武台南有感 …………………………………………………… 278

移合浦郭功甫见寄 ……………………………………………… 278

题怀素草帖 ……………………………………………………… 278

仆年三十九在润州道上过除夜，作此诗。又二十年在惠州，追录之
　　以付过二首 ………………………………………………… 278

万州太守高公宿约游岑公洞，而夜雨连明，戏赠二小诗 …… 278

送柳宜归 ………………………………………………………… 279

谢都事惠米 ……………………………………………………… 279

绝句三首 ………………………………………………………… 279

睡　起 …………………………………………………………… 279

秋思寄子由 ……………………………………………………… 279

侯　滩 …………………………………………………………… 279

火星岩 …………………………………………………………… 279

谢惠猫儿头笋 …………………………………………………… 279

题净因壁 ………………………………………………………… 280

题净因院 ·· 280

同景文咏莲塘 ······································ 280

竹枝词 ·· 280

寄欧叔弼 ·· 280

和黄龙清老三首 ······································ 280

过土山寨 ·· 280

跋姜君弼课册 ·· 280

惠崇芦雁 ·· 281

后山集钞

编校说明 ·· 284

序 ·· 285

卷 一 ··· 287

诗 ··· 287

妾薄命二首 ····································· 287

送 内 ··· 287

送苏公知杭州 ··································· 287

寄参寥 ··· 287

还 里 ··· 288

和魏衍元夜同登黄楼 ····························· 288

送魏衍移沛 ····································· 288

寄黄充 ··· 289

和寇十一同登寺山 ······························· 289

山口阻风	289
登冥山	289
次韵答秦少章	290
次韵答子实、少章二首	290
寄邢和叔	290
春酬应物	290
次韵苏公独酌	291
次韵德麟植桧	291
龙　潭	291
赠二苏公	291
次韵苏公西湖徙鱼三首	292
舟中二首(录第一首)	292
古墨行有序	292
蝇　虎	293
和魏衍闻莺	293
登凤凰山怀子瞻	293
寄外舅郭大夫	294
秋怀示黄预	294
送杨侍禁兼寄颜黄二公二首(录第二首)	294
次韵春怀	294
十五夜月	294
晚　出	294
智宝院后楼怀胡元茂	295
元　日	295

放　　怀 …………………………………………………… 295

后湖晚坐 …………………………………………………… 295

送孝忠二首 ………………………………………………… 295

次韵无斁雪后二首（录第一首）………………………… 295

河　　上 …………………………………………………… 296

宿深明阁二首 ……………………………………………… 296

登快哉亭 …………………………………………………… 296

秋怀四首（录第二首）…………………………………… 296

元日雪二首（录第二首）………………………………… 296

寄张大夫 …………………………………………………… 296

怀　　远 …………………………………………………… 297

雪中寄魏衍 ………………………………………………… 297

早　　春 …………………………………………………… 297

元符三年七月蒙恩复除棣学,喜而成诗 ………………… 297

别乡旧 ……………………………………………………… 297

住　　雁 …………………………………………………… 297

寒　　夜 …………………………………………………… 297

山　　口 …………………………………………………… 298

宿合清口 …………………………………………………… 298

颜市阻风二首（录第一首）……………………………… 298

晚　　坐 …………………………………………………… 298

寒　　夜 …………………………………………………… 298

宿齐河 ……………………………………………………… 298

次韵夜雨 …………………………………………………… 299

晦　日	299
登城楼	299
和王子安至日三首	299
除夜对酒赠少章	299
湖上晚归寄诗友四首	299
寄答颜长道二首	300
夏日书事	300
钱塘寓居	300
还江山	300
杂题二首	301
再赠寇司户	301
钜野泊触事	301
和董判官寺居作	301
和贾明叔秋晚见怀	301
夏　杪	301
和彦詹题远轩	302
送张芝卿	302
送晁奉议高邮判官	302
独　坐	302
九日寄秦观	302
次韵李节推九日登南山	302
寄侍读苏尚书	303
别黄徐州	303
次韵春怀	303

次韵黄生 …………………………………………… 303

东山谒外大父墓 …………………………………… 303

次韵晁无斁冬夜见寄 ……………………………… 303

次韵晁无斁春怀 …………………………………… 303

和颜生同游南山 …………………………………… 304

寄泰州曾侍郎肇 …………………………………… 304

和黄预七夕 ………………………………………… 304

九日不出，魏衍见过 ……………………………… 304

寄答泰州曾侍郎 …………………………………… 304

送提刑李学士移使东路 …………………………… 304

寄曹州晁大夫 ……………………………………… 305

早　起 ……………………………………………… 305

和黄充小雪 ………………………………………… 305

春怀示邻里 ………………………………………… 305

和寇十一晚登白门 ………………………………… 305

再和寇十一二首(录第一首) ……………………… 305

和李使君九日登戏马台 …………………………… 306

寄寇十一 …………………………………………… 306

送郑祠部 …………………………………………… 306

送晁尧民守徐 ……………………………………… 306

寄文潜、无咎、少游三学士 ……………………… 306

次韵敬酬元弼三兄 ………………………………… 306

和贾耘老春晚 ……………………………………… 306

陈询秀才归徐 ……………………………………… 307

登彭祖楼 307

谢赟阁黎见访 307

和蒲左丞有美堂座上观雪二首 307

和秦太虚湖上野步 307

和刘元乐月夜寄贾耘老 307

和王明之见寄 308

和酬施和叟宣德 308

送泽之过维扬 308

次韵秦少游《春江秋野图》二首 308

夜句三首(录第二首、第三首) 308

双　樱 308

江湖堂 308

拟李义山柳枝词五首 309

晚游九曲院 309

即　事 309

斋　居 309

题柱并序 309

绝句二首(录第一首) 309

谢赵生惠芍药 310

绝　句 310

拟汉宫词三首 310

卷　二 311

文 311

上苏公书	311
答李端叔书	312
与秦少游书	313
答张文潜书	313
答江端礼书	314
答秦观书	314
答晁深之书	315
与黄预书	316
与鲁直书(第三首)	316
《茶经》序	317
《王平甫文集》后序	317
送邢居实序	318
仁宗御书后序	319
颜长道诗序	319
徐州学记	320
彭城县令石记	321
披云楼记	322
汳水新渠记	323
是是亭记	324
观音院修满净佛殿记	325
御书记	326
忘归亭记	326

卷　三 ……………………………………………… 328

文 ………………………………………………… 328

学试策问四首 ………………………………… 328
京东转运司试进士策 ………………………… 329
策问十五首 …………………………………… 329
宋处士墓铭 …………………………………… 331
李夫人墓铭 …………………………………… 332
魏嘉州墓铭 …………………………………… 333
朝奉郎魏君墓铭 ……………………………… 334
比丘埋公塔铭 ………………………………… 335
昌乐县君刘氏墓铭 …………………………… 335
仲父陈君墓铭 ………………………………… 336
季父通直郎陈君墓铭 ………………………… 336
魏府君墓表 …………………………………… 337
先君事状 ……………………………………… 337
先夫人行状 …………………………………… 339
光禄曾公神道碑 ……………………………… 340
贺水部传 ……………………………………… 341
刘道原画像赞 ………………………………… 342
黄楼铭并序 …………………………………… 343

诗　余 ……………………………………………… 344

木兰花 ………………………………………… 344
木兰花减字 …………………………………… 344

南乡子 …………………………………………………… 344

　　清平乐二首 ………………………………………………… 344

　　木兰花减字 ………………………………………………… 344

　　清平乐二首 ………………………………………………… 345

魏衍《陈后山集记》 ……………………………………… 346

纪评苏轼诗集(下)

〔宋〕苏轼 撰
〔清〕纪昀 评点

卷二十六

古今体诗五十一首

送穆越州

江海相忘十五年,羡公松柏蔚苍颜。四朝耆旧冰霜后,两郡风流水石间。旧政犹传蜀父老,先声已振越溪山。尊前俱是蓬莱守,莫放高楼雪月闲。

小饮公瑾舟中

青泥赤日午相烘,走访船窗柳影中。辍我东坡无限睡,赏君南浦不赀风。坐观邸报谈迂叟,闲说滁山忆醉翁。自注:邓,滁人也。是日坐中观邸报云,叟押入门下省。此去澄江三万顷,只应明月照还空。

金山妙高台

(眉批:虽不深厚,而颇恣逸。)

我欲乘飞车,东访赤城子。伏了元。蓬莱不可到,弱水三万里。不如金山去,清风半帆耳。中有妙高台,云峰自孤起。仰观初无路,谁信平如砥。台中老比丘,碧眼照窗几。巉巉玉为骨,凛凛霜入齿。机锋不可触,千偈如翻水。何须寻德云,即此比丘是。长生未可学,请学长不死。(眉批:"长生"句缴起四句,"请学"句缴了元一段。)

赠杜介

元丰八年七月二十五日,杜几先自浙东还,与余相遇于金山,话天台之异,以诗赠之。

我梦游天台，横空石桥小。秋风吹菌露，翠湿香袅袅。应真飞锡过，绝涧度云鸟。举意欲从之，翛然已松杪。微言粲珠玉，未说意先了。觉来如堕空，耿耿窗户晓。群生陷迷网，独达从古少。杜叟子何人，长啸万物表。妻孥空四壁，振策念轻矫。遂为赤城游，飞步凌缥缈。问禅不归舍，屡为瓠壶绕。何人识此志，佛眼自照瞭。我梦君见之，卓尔非魔娆。仙葩发茗碗，篆刻分葵蓼。从今更不出，闭户闲骙骙。时从佛顶岩，驰下双莲沼。（眉批：为文造情，凭空布局，善于掉弄笔锋。）

余将赴文登，过广陵，而择老移住石塔，相送竹西亭下，留诗为别

竹西失却上方老，石塔还逢惠照诗。我亦化身东海去，姓名莫遣世人知。（眉批：殊浅。）

别公择

黍离不复闵宗周，何暇雷塘吊一丘。若问西来祖师意，竹西歌吹是扬州。

赠葛苇

竹椽茅屋半摧倾，肯向蜂窠寄此生。长恐波头卷室去，欲将船尾载君行。小诗试拟孟东野，大草闲临张伯英。消遣百年须底物，故应怜我不归耕。

赠王寂

与君暂别不须嗟，俯仰归来鬓未华。记取江南烟雨里，青山断处是吾家。（眉批：偶作妩媚，亦自宜人。）

次韵孙莘老斗野亭寄子由，在邵伯堰

落帆谢公渚，日脚东西平。孤亭得小憩，暮景含余清。坐待斗与牛，错落挂南甍。老僧如凤昔，一笑意已倾。新诗出故人，旧事疑前生。吾生七往来，

送老海上城。逢人辄自哂，得鱼不忍烹。似闻绩溪老，复作东都行。小诗如秋菊，艳艳霜中明。过此感我言，长篇发春荣。（眉批：结少促。）

送杨杰

　　无为子尝奉使登太山绝顶，鸡一鸣，见日出。又尝以事过华山，重九日饮酒莲华峰上。今乃奉诏与高丽僧统游钱塘。皆以王事，而从方外之乐，善哉未曾有也。作是诗以送之。

天门夜上宾出日，万里红波半天赤。归来平地看跳丸，一点黄金铸秋橘。太华峰头作重九，天风吹滟黄花酒。浩歌驰下腰带鞓，醉舞崩崖一挥手。（眉批：笔墨横恣。）神游八极万缘虚，下视蚊雷隐污渠。大千一息八十返，笑厉东海骑鲸鱼。三韩王子西求法，凿齿弥天两勍敌。过江风急浪如山，寄语舟人好看客。（眉批：结亦波峭。）

次韵送徐大正

　　自注：尝与余约，卜邻于江淮间。将赴登州，同舟至山阳，以诗见送，留别。

别时酒盏照灯花，知我归期渐有涯。去岁渡江萍似斗，今年并海枣如瓜。（眉批：用事不切。）多情明月邀君共，无价青山为我赊。千首新诗一竿竹，不应空钓汉江槎。

杨康功有石，状如醉道士，为赋此诗

　　（眉批：终是野调，不入正格，不得循声赞叹。）

楚山固多猿，青者黠而寿。化为狂道士，山谷恣腾蹂。误入华阳洞，窃饮茅君酒。君命囚岩间，岩石为械杻。松根络其足，藤蔓缚其肘。苍苔眯其目，丛棘哽其口。三年化为石，坚瘦敌琼玖。无复号云声，空余舞杯手。樵夫见之笑，抱卖易升斗。杨公海中仙，世俗那得友。海边逢姑射，一笑微俯首。胡不载之归,用此顽且丑。求诗纪其异,本末得细剖。吾言岂妄云,得之亡是叟。
(眉批:惟假说太多,所以反有传奇气。如以此意炼作数语,如松石屏风诗之用毕宏、韦偃、崔白,大幅诗之用天女掷梭,原是奇语。)

追作《淮口遇风诗》,戏用其韵

我诗如病骥,悲鸣向衰草。有儿真骥子,一喷群马倒。养气勿吟哦,声名忌太早。(眉批:前后皆作誉词,而以"养气"二句横插,规诫于其中,脉络都不相贯,此亦牵于韵脚故也。)风涛借笔力,势逐孤云扫。何如陶家儿,绕舍觅梨枣。君看押强韵,已胜郊与岛。

过泗上喜见张嘉父二首

眉间冰雪照淮明,笔下波澜老欲平。直得全生如许妙,不知形谍已多名。空翠娱人意自还,明窗一榻共秋闲。会知名利不到处,定把清觞属此山。

次韵徐积

杀鸡未肯邀季路,裹饭先须问子来。(眉批:起二句东坡习径,不必效之。)但见中年隐槐市,岂知平日赋兰台。海山入梦方东去,风雨留人得暂陪。若说峨眉眼前是,故乡何处不堪回。

元丰七年,有诏京东、淮南筑高丽亭馆,密、海二州,骚然有逃亡者。明年,轼过之,叹其壮丽,留一绝云

檐楹飞舞垣墙外,桑柘萧条斤斧余。尽赐昆邪作奴婢,不知偿得此人无?
(眉批:太直致。)

怀仁令陈德任新作占山亭二绝

(眉批:掉弄笔墨之作,却嫌其浅。)

尚父提封海岱间，南征惟到穆陵关。谁知海上诗狂客，占得胶西一半山。我是胶西旧使君，此山仍合与君分。故应窃比山中相，时作新诗寄白云。

过密州次韵赵明叔、乔禹功

先生依旧广文贫，老守时遭醉尉嗔。汝辈何曾堪一笑，（眉批："汝辈"句太激。）吾侪相对复三人。黄鸡唱晓凄凉曲，白发惊秋见在身。一别胶西旧朋友，扁舟归钓五湖春。

再过常山和昔年留别诗

伛偻山前叟，迎我如迎新。那知梦幻躯，念念非昔人。江湖久放浪，朝市谁相亲。却寻泉源去，桃花应避秦。（眉批：用避秦事欠的。）

再过超然台赠太守霍翔

昔饮雩泉别常山，天寒岁在龙蛇间。（眉批：平叙中自饶老洁之致。）山中儿童拍手笑，问我西去何当还。十年不赴竹马约，扁舟独与渔蓑闲。重来父老喜我在，扶挈老幼相遮攀。当时襁褓皆七尺，而今安得留朱颜。问今太守为谁欤，护羌充国鬓未斑。自注：翔自言，在熙河作屯田有功。（眉批："护羌"句伏结四句之根。）躬持牛酒劳行役，无复杞菊嘲寒悭。超然置酒寻旧迹，尚有诗赋镵坚顽。孤云落日在马耳，照耀金碧开烟鬟。郑淇自古北流水，跳波下濑鸣玦环。愿君谈笑作石埭，坐使城郭生溪湾。（眉批：化出一意作结，是对屯田有功人语，是旧官对现在官语。）

常山赠刘镃

刘侯年少日，骏马拊便面。援弓雁自落，不待白羽贯。（眉批：似非完篇。）

登州海市

予闻登州海市旧矣。父老云：尝出于春夏，今岁晚不复见矣。予到官五日而去，以不见为恨，祷于海神广德王之庙，明日见焉，乃作此诗。

东方云海空复空，群仙出没空明中。荡摇浮世生万象，岂有贝阙藏珠宫。心知所见皆幻影，敢以耳目烦神工。岁寒水冷天地闭，为我起蛰鞭鱼龙。重楼翠阜出霜晓，异事惊倒百岁翁。（眉批：查云：只"重楼翠阜"一语正写，此外全用议论，亦避实击虚法也。若将幻影挥写，纵摹拟尽情，终属拙手。）人间所得容力取，世外无物谁为雄。率然有请不我拒，信我人厄非天穷。潮阳太守南迁归，喜见石廪堆祝融。自言正直动山鬼，岂知造物哀龙钟。伸眉一笑岂易得，神之报汝亦已丰。斜阳万里孤鸟没，但见碧海磨青铜。（眉批：海市只是"重楼翠阜"，此正不尽形容，亦正不能形容也。从未见之前，既见之后，与岁晚得见之，实结撰成篇。炜炜精光欲夺目。）新诗绮语亦安用，相与变灭随东风。（眉批：是海市结语，不是观海结语。）

奉和陈贤良

不学孙吴与《六韬》，敢将驽马并英豪。望穷海表天还远，倾尽葵心日愈高。身外浮名休琐琐，梦中归思已滔滔。三山旧是神仙地，引手东来一钓鳌。

登州孙氏万松堂

万松谁种已狓狓，半岭苍云映此邦。露重珠缨蒙翠盖，风来石齿碎寒江。浮空两竹横南阁，倒景扶桑射北窗。坐待夕烽传海峤，重城归去踏逢逢。（眉批：言俟鼓动而归也，然"踏逢逢"复成何语？）

过莱州雪后望三山

东海如碧环，西北卷登莱。云光与天色，直到三山回。写得出。我行适冬仲，薄雪收浮埃。黄昏风絮定，半夜扶桑开。参差太华顶，出没云涛堆。安期与羡门，乘龙安在哉。茂陵秋风客，劝尔麾一杯。帝乡不可期，楚些招归来。

（眉批：不失古格，然是恒意。）

遗直坊

富公之客李君讳常,登人也。故太守李公讳师中,榜其间曰遗直。而其子大方,求诗于轼,为赋一首。

使君不浪出,羔雁亲扣门。先生但清坐,薤水已多言。当时邦人化,市无晨饮豚。岁月曾几何,客主皆九原。鲁经有遗叹,(眉批:何至比之孔子?)楚些无归魂。我作遗直诗,过者式其藩。

鳆鱼行

渐台人散长弓射,初啖鳆鱼人未识。(眉批:步步努力,不见兴会之妙。)西陵衰老穗帐空,肯向北河亲馈食。两雄一律盗汉家,嗜好亦若肩相差。自注:莽、操皆嗜鳆鱼。食每对之先太息,不因噎呕缘疮痂。(眉批:"不因"句费解。)中间霸据关梁隔,一枚何啻千金直。百年南北鲑菜通,往往残余饱臧获。东随海舶号倭螺,异方珍宝来更多。磨沙瀹沈成大胾,剖蚌作脯分余波。君不闻蓬莱阁下驼棋岛,八月边风备胡獠。舳舻跋浪鼋鼍震,长镵铲处崖谷倒。膳夫善治荐华堂,坐令雕俎生辉光。肉芝石耳不足数,醋芼鱼皮真倚墙。中都贵人珍此味,糟浥油藏能远致。割肥方厌万钱厨,决眦可醒千日醉。三韩使者金鼎来,方奁馈送烦舆台。辽东太守远自献,临淄掾吏谁为材。吾生东归收一斛,苞苴未肯钻华屋。分送羹材作眼明,却取细书防老读。

留别登州举人

身世相忘久自知,此行闲看古黄陲。自非北海孔文举,谁识东莱太史慈。落笔已吞云梦客,抱琴欲访水仙师。莫嫌五日匆匆守,归去先传《乐职》诗。

次韵赵令铄

东坡已报六年穰,惆怅红尘白首郎。枕上溪山犹可见,门前冠盖已相望。

故人年少真琼树，落笔风生战堵墙。端向瓮间寻吏部，老来专以醉为乡。

次韵王定国得颖倅二首

仙风入骨已凌云，秋水为文不受尘。一噫固应号地籁，余波犹足挂天绅。买牛但自捐三尺，射鼠何劳挽六钧。（眉批：中四句太雕琢。）莫向百花潭上去，醉翁不见与谁亲。

滔滔四海我知津，每愧先生植杖芸。自少多言晚闻道，从今闭口不论文。滟翻白兽尊中酒，归煮青泥坊底芹。要识老僧无尽处，床头牛蚁不曾闻。

次韵赵令铄惠酒

神山无石髓，生世悲暂寓。（眉批：起得迂远。）坐待玉膏流，千载真旦暮。青州老从事，鬲上非所部。惠然肯见从，知我憎市酤。开瓶自洗盏，肴核谁与具。门前听剥啄，烹鱼得尺素。（眉批：收得少味。）

送范纯粹守庆州

才大古难用，论高常近迂。君看赵魏老，乃为滕大夫。浮云无根蒂，黄潦能须臾。知经几成败，得见真贤愚。羽旄照城阙，谈笑安边隅。当年老使君，赤手降於菟。诸郎更何事，折棰鞭其雏。吾知邓平叔，不斗月支胡。（眉批：理足，而失之太质直。）

送范德孺

（眉批：太落送行窠臼，此真一首可赠遍天下人者。）

渐觉东风料峭寒，青蒿黄韭试春盘。遥想庆州千嶂里，暮云衰草雪漫漫。（眉批：前已有诗送德孺矣。此首施氏不收。恐是他人之作，误入笔墨，凡近亦不类东坡。）

次韵王震

携文过我治平间，雾豹当时始一斑。闻道吹嘘借余论，故教流落得生还。

清篇带月来霜夜,妙语先春发病颜。诗酒暮年犹足用,竹木高会许时攀。

喜王定国北归第五桥

白露凄风洗瘴烟,梦回相对两凄然。雀罗廷尉非当日,鸠杖先生愈少年。世事饱谙思缩手,主恩未报耻归田。（眉批：五、六和平。得第六句并第五句,亦只算顿挫语。）谁怜第五桥边水,独照台州老郑虔。

次韵王定国谢韩子华过饮

楚有孙叔敖,长城隐千里。哀哉练裙子,负薪蹑破履。岂无故交亲,逝去如覆水。不如老优孟,谈笑托谐美。（眉批："美"字强押。）世家不可恃,如倚折足几。祥符有贤相,手握天下砥。（眉批："砥"字强押。）懿敏亦名公,三贵德爵齿。盖棺今几日,公子谁料理。谁要卿料理,欲说且止止。（眉批：太率易。）宅相开府公,久为苍生起。如何垂老别,冰盘馈苍耳。亲嫌妨鹗荐,相对发微泚。新诗如弹丸,脱手不移晷。我亦老宾客,苦语落纨绮。莫辞三上章,有道贫贱耻。

次韵马元宾

流落江湖万里归,相逢自慰已差池。初闻好句惊人倒,（眉批：三字粗。）悔过东庭识面迟。握手宁知无贺监,结交谁复许袁丝。塞鸿正欲摩天去,垂老追攀岂可知。

惠崇春江晚景二首

竹外桃花三两枝,春江水暖鸭先知。蒌蒿满地芦芽短,正是河豚欲上时。（眉批：此是名篇,兴象实为深妙。）

两两归鸿欲破群,依依还似北归人。遥知朔漠多风雪,更待江南半月春。（眉批：亦有情韵。）

次韵周邠

南迁欲举力田科,(眉批:首句强押。)三径初成乐事多。岂意残年踏朝市,有如疲马畏陵坡。羡君同甲心方壮,笑我无聊鬓已皤。何日西湖寻旧赏,淡烟疏雨暗渔蓑。

次韵胡完夫

青衫别泪尚斓斑,十载江湖困抱关。老去上书还北阙,朝来挂笏看西山。相从杯酒形骸外,笑说平生醉梦间。万事会须咨伯始,白头容我占清闲。(眉批:此却不嫌小巧,以其恰答来语也。)

次韵钱穆父

(眉批:以下数首,皆词馆应酬之作,毫无佳兴。昌黎云:欢娱之词难工,信矣。)

老入明光踏旧班,染须那复唱阳关。故人飞上金銮殿,迁客来从饭颗山。大笔推君西汉手,一言置我老刘间。自注:公行,赋告词引董仲舒、刘向事。便须置酒呼同舍,看赐飞龙出帝闲。(眉批:"间""闲"字别,不宜借押。)

次韵完夫再赠之什,某已卜居毗陵,与完夫有庐里之约云

柳絮飞时笋箨斑,(眉批:"班""斑"字别,不宜借押。)风流二老对开关。雪芽我为求阳羡,乳水君应饷惠山。竹簟凉风眠昼永,玉堂制草落人间。应容缓急烦闾里,桑柘聊同十亩闲。

次韵穆父舍人再赠之什

诏语春温昨夜班,屋头鸣鸠便关关。游仙梦觉月临幌,贺雨诗成云满山。怜我白头来仗下,看君黄气发眉间。凤池故事同机务,火急开尊及尚闲。

次韵答李端叔

若人如马亦如班,笑履壶头出玉关。已入西羌度沙碛,又从东海看涛山。识君小异千人里,慰我长思十载间。西省邻居时邂逅,相逢有味是偷闲。

次韵答完夫、穆父

自注：二公自言,先世同在西掖。

掖垣老吏识郎君,并辔天街两绝尘。汗血固应生有种,夜光那复困无因。岂知西省深严地,也著东坡病瘦身。免使谪仙明月下,狂歌对影只三人。

次韵答满思复

自甘茅屋老三间,岂意彤庭缀两班。纸落云烟供醉后,诗成珠玉看朝还。谁言载酒山无贺,记取啼乌巷有颜。但恐跛牂随赤骥,青云飞步不容攀。

送戴蒙赴成都玉局观将老焉

拾遗被酒行歌处,野梅官柳西郊路。闻道华阳版籍中,至今尚有城南杜。我欲归寻万里桥,水花风叶暮萧萧。芋魁径尺谁能尽,桤木三年已足烧。百岁风狂定何有,羡君今作峨眉叟。纵未家生执戟郎,也应世出埋轮守。莫欺老病未归身,玉局他年第几人。会待子猷清兴发,还须雪夜去寻君。（眉批：亦是应酬之作,尚不失风调。）

卷二十七

古今体诗三十八首

送陈睦知潭州

华清缥缈浮高栋,上有缵林藏石瓮。(眉批:窄韵巧押,绰有余力。)一杯此地初识君,千岩夜上同飞鞚。君时年少面如玉,一饮百觚嫌未痛。白鹿泉头山月出,寒光泼眼如流汞。朝元阁上酒醒时,卧听风鸾鸣铁凤。(眉批:淋漓飞动,曲折自如。)旧游空在人何处,二十三年真一梦。我得生还雪鬓满,君亦老嫌金带重。有如社燕与秋鸿,相逢未稳还相送。洞庭青草渺无际,天柱紫盖森欲动。湖南万古一长嗟,付与骚人发嘲弄。(眉批:以上从陈睦生情,末四句以潭州作结,章法清老。)

用前韵答西掖诸公见和

(眉批:无所取义,却说得精彩。此种纯以笔力胜,不以性情胜矣。)

双猊蟠础龙缠栋,金井辘轳鸣晓瓮。小殿垂帘白玉钩,大宛立仗朱丝鞚。风驭宾天云雨隔,孤臣忍泪肝肠痛。羡君意气风生座,落笔纵横盘走汞。上尊日日泻黄封,赐茗时时开小凤。闭门怜我老太玄,给札看君赋云梦。金奏不知江海眩,木瓜屡费瑶琼重。岂惟蹇步困追攀,已觉侍史疲奔送。春还宫柳腰支活,水入御沟鳞甲动。借君妙语发春容,顾我风琴不成弄。(眉批:中幅少露不合之意。)

次韵王觌正言喜雪

圣人与天通,有诏宽狱市。好语夜喧街,湿云朝覆砌。纷然退朝后,色映宫槐媚。欲夸剪刻工,故上朱蓝袂。我方执笔侍,未敢书上瑞。君犹伏阁争,高论亦少慰。(眉批:"高论"句不醒豁。)霏霏止还作,盎盎风与气。神龙久潜伏,一怒势必倍。行当见三白,拜舞欢万岁。归来饮君家,酣咏追《既醉》。(眉批:后半纯寓时事,盖其时局渐改而势未定。)

和蒋发运

夜语翻千偈,书来又一言。此身真佛祖,何处不羲轩。船稳江吹坐,楼空月入尊。遥知思我处,醉墨在颓垣。

送表弟程六知楚州

(眉批:层次井然,有情文相生之乐。)
炯炯明珠照双璧,当年三老苏程石。里人下道避鸠杖,刺史迎门倒凫舄。我时与子皆儿童,狂走从人觅梨栗。健如黄犊不可恃,隙过白驹那暇惜。醴泉寺古垂橘柚,石头山高暗松栎。诸孙相逢万里外,一笑未解千忧集。子方得郡古山阳,老手风生谢刀笔。我正含毫紫微阁,病眼昏花困书檄。莫教印绶系余年,去扫坟墓当有日。功成头白早归来,共借梨花作寒食。(眉批:潆洄起处作结,章法完密。)

碣石庵戏赠湛庵主

保康桥上夜观灯,碣石岩前夏饮冰。莫把山林笑朝市,老夫手里有乌藤。

元祐元年二月八日,朝退,独在起居院读《汉书·儒林传》,感申公故事,作小诗一绝

寂寞申公谢客时,自言已见穆生机。缩臧下吏明堂废,又作龙钟病免归。
(眉批:借题抒意,东坡此时已有不安其位之势矣。)

和人假山

上党挼天碧玉环,绝河千里抱商颜。试观烟雨三峰外,都在灵仙一掌间。造物何如童子戏,写真聊发使君闲。何当挈取西征去,画作围床六曲山。

送王伯敭守虢

华山东麓秦遗民,当时依山来避秦。至今风俗含古意,柔柔绿水招行人。行人掉臂不回首,争入崤函土囊口。惟有使君千里来,欲饮三堂无事酒。三堂本来一事无,日长睡起闻投壶。床头砚石开云月,涧底松根劚雪腴。山棚盗散人安寝,劝买耕牛发陈廪。归来只作水衡卿,我欲携壶就君饮。

道者院池上作

下马逢佳客,携壶傍小池。清风乱荷叶,细雨出鱼儿。太因袭。井好能冰齿,茶甘不上眉。归途更萧瑟,真个解催诗。(眉批:"风""雨"二字已隔一联,"萧瑟""催诗"俱嫌无着。)

次韵子由送千之侄

江上松楠深复深,满山风雨作龙吟。年来老干都生菌,下有孙枝欲出林。(眉批:前四句一气相承,纯作比体。于古体为常格,于近体为新调。)白发未成归隐计,青衫倪有济时心。闭门试草三千牍,仄席求人少似今。

书文与可墨竹

亡友文与可有四绝:诗一,楚辞二,草书三,画四。与可尝云:"世无知我者,惟子瞻一见,识吾妙处。"既没七年,睹其遗迹,而作是诗。

笔与子皆逝,诗今谁为新。空遗运斤质,却吊断弦人。

次韵钱舍人病起

床下龟寒且耐支,杯中蛇去未应衰。(眉批:"杯中"句,上下不贯。)殿门明日逢王傅,榻具争先看不疑。坐觉香烟携袖少,独愁花影上廊迟。何妨一笑千疴散,绝胜仓公饮上池。

次韵和王巩

谪仙窜夜郎,子美耕东屯。造物岂不惜,要令工语言。王郎年少日,文如瓶水翻。争锋虽剽甚,闻鼓或惊奔。天欲成就之,使触羝羊藩。(眉批:"天欲"句率。)孤光照微陋,耿如月在盆。归来千首诗,倾泻五石尊。却疑彭泽在,颇觉苏州烦。君看驺忌子,廉折配春温。知音必无人,坏壁挂桐孙。(眉批:"却疑"二句太凡近。)

用定国韵赠二十侄震

衡门老苔藓,行柏千兵屯。开尊邀落日,未对乌鸟言。清风举吹籁,散乱书帙翻。传呼一何急,人马从车奔。贫居少宾客,邻妇窥篱藩。墙头过春酒,绿泛田家盆。比来伏青蒲,坐捉白兽尊。王猷修润色,亦有簿领烦。朝廷贵二陆,屡闻天语温。犹能整笔阵,愧我非韩孙。(眉批:此非东坡诗,续补者误采耳。)

用王巩韵,送其侄震知蔡州

九门插天开,万马先朝屯。举鞭红尘中,相见不得言。夜走清虚宿,扣门惊鹊翻。君家汾阳家,永巷车雷奔。夕郎方不夕,列戟以自藩。相逢开月阁,画帘低金盆。至今梦中语,犹举灯前尊。阿戎修玉牒,未惮笔削烦。君归助献纳,坐继岑与温。我客二子间,不复寻诸孙。自注:子美诗云:"权门多噂沓,且复寻诸孙。"

虢国夫人夜游图

佳人自鞚玉花骢,翩如惊燕踏飞龙。金鞭争道宝钗落,何人先入明光宫。宫中羯鼓催花柳,玉奴弦索花奴手。坐中八姨真贵人,走马来看不动尘。明眸皓齿谁复见,只有丹青余泪痕。人间俯仰成今古,吴公台下雷塘路。当时亦笑张丽华,不知门外韩擒虎。(眉批:收得淡宕,妙于不粘唐事,弥觉千古一辙之慨。直以庄论作收,而唱叹有神。此为诗人之言,异乎道学之史论。)

用旧韵送鲁元翰知洺州

我在东坡下,躬耕三亩园。君为尚书郎,坐拥百吏繁。鸣蛙与鼓吹,等是俗物喧。永谢十年旧,老死三家村。惟君绛袍信,到我雀罗门。缅怀故人意,欲使薄夫敦。新年对宣室,白首代尧言。相逢问前辈,所见多后昆。道馆虽云乐,冷卿当复温。还持刺史节,却驾朱轮轩。黄发方用事,白须宜少存。嗣圣真生知,拯民如救燔。初因羽渊魄,尽返湘江魂。坐忧东郡决,老守思王尊。北流桑柘没,故道尘埃翻。知君一寸心,可敌千步垣。流亡自栖止,老幼忘崩奔。得闲闭阁坐,勿使道眼浑。聊乘应舍筏,直溯无生源。归来成二老,夜榻当重论。(眉批:语颇杂沓,句法亦多未坚老。)

次韵朱光庭初夏

朝罢人人识郑崇,直声如在履声中。卧闻疏响梧桐雨,独咏微凉殿阁风。谏苑君方续承业,醉乡我欲访无功。陶然一枕谁呼觉,牛蚁初除病后聪。(眉批:前四句语脉不贯,牵于韵脚耳。)

次韵朱光庭喜雨

久苦赵盾日,欣逢傅说霖。坐知千里足,初觉两河深。破屋常持伞,无薪欲爨琴。清诗似庭燎,虽美未忘箴。(眉批:呫呫怪事)

奉敕祭西太一和韩川韵四首

圣主新除秘祝，侍臣来乞丰年。寿宫神君欲至，夜半灵风肃然。
玉玺亲题御笔，金童来侍天香。礼罢祝融参乘，前驱已过衡湘。
解剑独行残月，披衣困卧清风。梦蝶犹飞旅枕，粥鱼已响枯桐。
陂水初含晓渌，稻花半作秋香。皂盖却迎朝日，红云正绕宫墙。

西太一见王荆公旧诗，偶次其韵二首

（眉批：六言难得如此流利。）

秋早川原净丽，雨余风日清酣。从此归耕剑外，何人送我池南。
但有尊中若下，何须墓上征西。闻道乌衣巷口，而今烟草萋迷。

次韵子由送陈侗知陕州

谁能如铁牛，横身负黄河。（眉批：以铁牛拟人，未免不伦。）滔天不能没，尺棰未易诃。世俗自无常，徐公故逶迤。别来不可说，事与浮云多。当时无限人，毁誉即墨阿。（眉批：句法好。）虚声了无实，夜虫鸣机梭。相逢一笑外，奈此白发何。（眉批：亦未免太露牢骚。）天骥皆驾云，长鸣饱刍禾。王庭旅百实，大贝随弓戈。君独一麾去，欲赓五裤歌。甘棠古乐国，白酒金叵罗。知君不久留，治行中新科。过客足嗔喜，东堂记分鹅。此外但坐啸，后生工揣摩。

送贾讷倅眉二首

（眉批：深稳。）

当年入蜀叹空回，未见峨眉肯再来。童子遥知颂襦裤，使君先已洗尊罍。自注：李大夫，眉之贤太守也。鹿头北望应逢雁，人日东郊尚有梅。自注：人日出东郊渡江，游蟆颐山，眉之故事也。我老不堪歌《乐职》，后生试觅子渊才。
老翁山下玉渊回，手植青松三万栽。父老得书知我在，蓬蒿亲手为君开。

试看一一龙蛇活,更听萧萧风雨哀。便与甘棠同不翦,苍髯白甲待归来。自注:先君葬于蟆颐山之东二十余里,地名老翁泉。君许为一往,感叹之深,故及之。(眉批:一气浑成。)

送程建用

(眉批:气自道紧,但乏深味。)

先生本舌耕,文字浩千顷。空仓付公子,坐待发苕颖。十年困新说,儿女争捕影。凿垣种蒿蓬,嘉谷谁复省。空余南陔意,太息北堂冷。织屦随方进,采薪教韦逞。辛勤守一经,菽水贤五鼎。今年闻起废,鲁史复光景。(眉批:"鲁史"句未稳惬。)公子亦改官,三就繁马颈。归来一笑粲,素发飒垂领。会看金花诏,汤沐奉朝请。天公不吾欺,寿与龟鹤永。

次韵李修孺留别二首

十年流落敢言归,鱼鸟江湖只自知。岂意青天扫云雾,此种终是病痛。尽呼黄发寄安危。风流吾子真前辈,人物他年记一时。我欲折缫留此老,缁衣谁作好贤诗。(眉批:此首特多情。)

此生别袖几回麾,梦里黄州空自疑。何处青山不堪老,当时明月巧相随。穷通等是思家意,衰病难堪送客悲。(眉批:"穷通"句精警。)好去江鱼煮江水,剑南归路有姜诗。

黄鲁直以诗馈双井茶,次韵为谢

江夏无双种奇茗,汝阴六一夸新书。磨成不敢付僮仆,自看汤雪生玑珠。列仙之儒瘠不腴,只有病渴同相如。明年我欲东南去,画舫何妨宿太湖。自注:《归田录》:草茶以双井为第一。画舫宿太湖,顾渚贡茶故事。(眉批:直效山谷体,却非山谷之佳者。)

次韵黄鲁直赤目

诵诗得非子夏学,䌷史正作丘明书。天公戏人亦薄相,略遣幻翳生明珠。赖君年来屏鲜腴,百千灯光同一如。书成自写蝇头表,端就君王觅镜湖。(眉批:亦效山谷。)

武昌西山

嘉祐中,翰林学士承旨邓公圣求为武昌令,常游寒溪西山,山中人至今能言之。轼谪居黄冈,与武昌相望,亦常往来溪山间。元祐元年十一月二十九日,考试馆职,与圣求会宿玉堂,偶话旧事。圣求尝作《元次山洼尊铭》刻之岩石,因为此诗,请圣求同赋,当以遗邑人,使刻之铭侧。

春江渌涨蒲萄醅,武昌官柳知谁栽。忆从樊口载春酒,步上西山寻野梅。西山一上十五里,风驾两腋飞崔嵬。同游困卧九曲岭,褰衣独到吴王台。中原北望在何许,但见落日低黄埃。归来解剑亭前路,苍崖半入云涛堆。浪翁醉处今尚在,石臼抔饮无尊罍。尔来古意谁复嗣,公有妙语留山隈。至今好事除草棘,常恐野火烧苍苔。当时相望不可见,玉堂正对金銮开。岂知白首同夜直,卧看椽烛高花摧。江边晓梦忽惊断,铜环玉锁鸣春雷。山人帐空猿鹤怨,江湖水生鸿雁来。请公作诗寄父老,往和万壑松风哀。(眉批:笔笔老健。)

西山诗和者三十余人,再用前韵为谢

朱颜发过如春醅,胸中梨枣初未栽。丹砂未易扫白发,赤松却欲参黄梅。寒溪本自远公社,白莲翠竹依崔嵬。当时石泉照金像,神光夜发如五台。饮泉鉴面得真意,坐视万物皆浮埃。欲收暮景返田里,远溯江水穷离堆。还朝岂独羞老病,自叹才尽倾空罍。诸公渠渠若夏屋,吞吐风月清隅隈。我如废井久不食,古甃缺落生阴苔。数诗往复相感发,汲新除旧寒光开。遥知二月春江阔,雪浪倒卷云峰摧。石中无声水亦静,云何解转空山雷。自注:韦应物诗云:"水性本云静,石中固无声。如何两相激,雷转空山惊。"欲就诸公评此语,要识忧喜何从来。愿求南宗一勺水,往与屈原湔余哀。(眉批:忽入议论,发出今昔升沉之感,波澜壮阔之至。妙于本地风光,不是横生枝节。)

狄咏石屏

霏霏点轻素,渺渺开重阴。风花乱紫翠,雪外有烟林。雪近势方壮,林远意殊深。会有无事人,支颐识此心。

雪林砚屏率鲁直同赋

西山无时春,巉岩锁顽阴。分明倚天壁,点缀无风林。物固为人出,兴谁于此深。穷奇真自蠹,诗句且娱心。

卷二十八

古今体诗四十二首

和周正孺坠马伤手

平生学道已神完,岂复儿童私自怜。醉坠何曾伤内守,色忧当为念先传。(眉批:"色忧"句腐。)书空渐觉新诗健,把蟹行看乐事全。卖却老骢为酒直,大呼乡友作新年。(眉批:结粗犷。)

戏周正孺二绝

折臂三公未可知,会当千镒访权奇。劝君鸑骆犹闲事,肠断闺中杨柳枝。(眉批:折笔却有思致。)

天厩新颁玉鼻骍,故人共敝亦常情。相如虽老犹能赋,换马还应继二生。

题文与可墨竹

故人文与可为道师王执中作墨竹,且谓执中勿使他人书字,待苏子瞻来,令作诗其侧。与可既没八年而轼始还朝见之,乃赋一首。(眉批:微觉局促,而语特沉着。)

斯人定何人,游戏得自在。诗鸣草圣余,兼入竹三昧。时时出木石,荒怪轶象外。(眉批:五字有神,写尽高人笔墨。)举世知珍之,赏会独予最。知音古难合,奄忽不少待。谁云生死隔,相见如龚隗。

潘推官母李氏挽词

南浦凄凉老逐臣,东坡还往尽幽人。杯柈惯作陶家客,弦诵尝叨孟母邻。

尚有升堂他日约,岂知负土一阡新。今年我欲江湖去,暮雨连山宰树春。

玉堂栽花,周正孺有诗,次韵

故山桃李半荒榛,粗报君恩便乞身。竹簟暑风招我老,玉堂花蕊为谁春。纤纤翠蔓诗催发,皎皎霜葩发斗新。只有《来禽青李帖》,他年留与学书人。

杜介送鱼

新年已赐黄封酒,旧友仍分赪尾鱼。陋巷关门负朝日,小园除雪得春蔬。病妻起斫银丝鲙,稚子欢寻尺素书。醉眼朦胧觅归路,松江烟雨晚疏疏。

送杜介归扬州

再入都门万事空,闲看清洛漾东风。当年帷幄几人在,回首觚棱一梦中。采药会须逢蓟子,问禅何处识庞翁。归来邻里应迎笑,新长淮南旧桂丛。

和黄鲁直烧香二首

四句烧香偈子,随香遍满东南。不是闻思所及,且令鼻观先参。
万卷明窗小字,眼花只有斓斑。一炷烟消火冷,半生身老心闲。

再和二首

置酒未逢休沐,便同越北燕南。且复歌呼相和,隔墙知是曹参。
丹青已是前世,竹石时窥一斑。五字当还靖节,数行谁似高闲。

送杨孟容

我家峨眉阴,与子同一邦。相望六十里,共饮玻璃江。江山不违人,遍满千家窗。但苦窗中人,寸心不自降。子归治小国,洪钟噎微撞。我留侍玉座,弱步敧丰扛。后生多高才,名与黄童双。不肯入州府,故人余老庞。殷勤与问讯,爱惜双眉庞。何以待我归,寒醅发春缸。（眉批：以窄韵见长,别无佳处。）

见子由与孔常父唱和诗,辄次其韵。余昔在馆中同舍出入,辄相聚饮酒赋诗。近岁不复讲,故终篇及之,庶几诸公稍复其旧,亦太平盛事也

君先鲁东家,门户照千古。文章固应尔,须鬣余似处。虽非蒙俱状,尚肖历国苦。诵书口澜翻,布谷杂杜宇。十年困奔走,栉沐饱风雨。吾道其非邪,野处岂咒虎。灞陵闲老将,柏直口尚乳。自君兄弟还,鼎立知有补。蓬山耆旧散,故事谁删去。来迎冯翊传,出钱会稽组。吾犹及前辈,诗酒盛册府。愿君倡此风,扬觯斯杜举。

赵令晏崔白大图幅径三丈

扶桑大茧如瓮盎,天女织绡云汉上。（眉批：起极奇伟。）往来不遣凤衔梭,谁能鼓臂投三丈。斗然折入,节奏天然。（眉批：查云："谁能"二句刻画近俚,亦防微杜渐之意。其实此二句不得以俚目之。）人间刀尺不敢裁,丹青付与濠梁崔。风蒲半折寒雁起,竹间的皪横江梅。画堂粉壁翻云幕,十里江天无处著。好卧元龙百尺楼,笑看江水拍天流。

次韵张昌言给事省宿

冯颠久已欹残雪,戎眼何曾眩落晖。朔野按行犹爵跃,东台瞑坐觉乌飞。自注：道家有乌飞入兔宫之说。漫夸年少容吾在,若斗尊前举世稀。待向嵩阳求水竹,一犁烟雨伴公归。

次韵三舍人省上

自注：三月二十九日作。明日,驾幸景灵宫。

纷纷荣瘁何能久,云雨从来翻覆手。恍如一梦堕枕中,却见三贤起江右。

自注：曾子开、刘贡父、孔经父，皆江西人。嗟君妙质皆瑚琏，顾我虚名但箕斗。明朝冠盖蔚相望，共扈翠辇朝宣光。武皇已老白云乡，正与群帝骖龙翔，独留杞梓扶明堂。

送钱承制赴广西路分都监

当年我作《表忠碑》，坐觉江山气未衰。舞凤尚从天目下，收驹时有渥洼姿。踞床到处堪吹笛，横槊何人解赋诗。知是丹霞烧佛手，先声应已慑群夷。自注：广西僧寺顷有佛动之异，钱君碎而投之江中。（眉批：亦是应酬之作，而有点缀，有开合，便觉情致不同。）

次韵曾子开从驾二首

槐街绿暗雨初匀，瑞雾香风满后尘。清庙幸同观济济，丰年喜复接陈陈。雍容已餍天庖赐，俯伏初尝贡茗新。辇路归来闻好语，共惊尧颡类高辛。（眉批：此种非东坡所长，凡诗人亦多不长于此。而长于此者，又往往非诗人。）

入仗魂惊愧草莱，一声清跸九门开。晖晖日傍金舆转，习习风从玉宇来。流落生还真一芥，周章危立近三槐。自注：学士班近执政。道傍倘有山中旧，问我收身早晚回。（眉批：如此说来，又不合廊庙之体。）

再和二首

眼花错莫鬓霜匀，病马羸骖只自尘。奉引拾遗叨侍从，思归少傅羡朱陈。衰年壮观空惊目，险韵清诗苦斗新。最后数篇君莫厌，捣残椒桂有余辛。

忆观沧海过东莱，日照三山迤逦开。桂观飞楼凌雾起，仙幢宝盖拂天来。不闻宫漏催晨箭，但觉檐阴转古槐。供奉清班非老处，会稽何日乞方回。自注：时方阙会稽守。

次韵刘贡父省上

密云今日破郊西，疏雨翛翛未作泥。要及清闲同笑语，行看衰病费扶携。

花前白酒倾云液,户外青骢响月题。不用临风苦挥泪,君家自与竹林齐。自注:贡父诗中有不及与其兄原甫同时之叹,然其兄子仲冯今为起居舍人。

再　和

当年曹守我胶西,共厌铺糟与汨泥。自古赤丸成习俗,因公黄犊免提携。生还各有青山兴,病起犹能小字题。莫怪歌呼数相和,曾将狱市寄全齐。自注:贡父为曹州,盗贼皆奔邻境,尝有诗云:"从教晋盗稍奔秦。"

送顾子敦奉使河朔

我友顾子敦,躯胆两俊伟。便便十围腹,不但贮书史。容君数百人,一笑万事已。十年卧江海,了不见愠喜。磨刀向猪羊,酾酒会邻里。归来如一梦,丰颊愈茂美。平生批敕手,浓墨写黄纸。会当勒燕然,廊庙登剑履。翻然向河朔,坐念东郡水。河来屹不去,如尊乃勇耳。

次韵子由送家退翁知怀安军

(眉批:应酬诗之清历者。)

吾州同年友,粲若琴上星。当时功名意,岂止拾紫青。事既与愿违,天或不假龄。今如图中鹤,俯仰在一庭。自注:吾州同年友十三人,今存者六人而已,故有琴上星、图中鹤之语。退翁守清约,霜菊有余馨。鼓笛方入破,朱弦微莫听。西南正春旱,废沼黏枯萍。翩然一麾去,想见灵雨零。我无谪仙句,待诏沉香亭。空骑内厩马,天仗随云軿。竟无丝毫补,眷焉谁汝令。永怀旧山叟,凭君寄丁宁。

诸公饯子敦,轼以病不往,复次前韵

君为江南英,面作河朔伟。人间一好汉,(眉批:"一好汉"究竟不雅。)谁似张长史。上书苦留君,言拙辄报已。置之勿复道,出处俱可喜。攀舆共六尺,食肉飞万里。谁言远近殊,等是朝廷美。遥知送别处,醉墨争淋纸。我以病杜门,商颂空振履。后会知何日,一欢如覆水。善保千金躯,前言戏之耳。

走笔谢吕行甫惠子鱼

(眉批:此在当日只算代柬,原不以诗论。)

卧沙细肋吾方厌,通印长鱼谁肯分。好事东平贵公子,贵人不与与苏君。

送吕行甫司门倅河阳

(眉批:不失清妥,然非出色之作。)

结交不在久,起自不套。倾盖如平生。识子今几日,送别亦有情。查云:称量而出作家身分。子生公相家,高义久峥嵘。天才既超诣,世故亦屡更。譬如追风骥,岂免羁与缨。念我山中人,久与麋鹿并。误出挂世网,举动俗所惊。归田虽未果,已觉去就轻。河阳岂云远,出处恐异程。便当从此别,有酒无徒倾。

和张昌言喜雨

二圣忧勤忘寝食,百神奔走会风云。禁林夜直鸣江濑,清洛朝回起縠纹。梦觉酒醒闻好句,帐空簟冷发余薰。秋来定有丰年喜,剩作新诗准备君。

次韵刘贡父西省种竹

要知西掖承平事,记取刘郎种竹初。旧德终呼名字外,后生谁续笑谈余。自注:昔李公择种竹馆中,戏语同舍:"后人指此竹,必云李文正手植。"贡父笑曰:"文正不独系笔,亦知种竹耶?"时有笔工李文正。(眉批:"旧德"句太费解,意谓"文正"是谥法谥,所以易名耳。)成阴障日行当见,取笋供庖计已疏。白首林间望天上,平安时报故人书。(眉批:关合巧。)

偶与客饮,孔常父见访,方设席延请,忽上马驰去,已而有诗,戏用其韵答之

扬雄他文皆不奇,独称观瓶居井眉。酒客法士两小儿,陈遵张竦何曾知。主人有酒君独辞,蟹螯何不左手持。岂复见吾衡气机,遣人追君君绝驰。(眉批:"岂复"句写驰去,雅切。)尽力去花君自痴,醍醐与酒同一卮,请君更问文殊师。(眉批:结句正答来语,此亦不见原唱,则不知所云者。)

次韵子由书李伯时所藏韩幹马

(眉批:只就伯时生情,韩幹只于笔端萦绕,运意、运笔,俱极奇变。)

潭潭古屋云幕垂,省中文书如乱丝。忽见伯时画天马,朔风胡沙生落锥。天马西来从西极,势与落日争分驰。龙膺豹股头八尺,奋迅不受人间羁。元狩虎脊聊可友,开元玉花何足奇。伯时有道真吏隐,饮啄不羡山梁雌。丹青弄笔聊尔耳,意在万里谁知之。幹惟画肉不画骨,而况失实空留皮。(眉批:至此才入韩幹,用笔之妙,前无古人。)烦君巧说腹中事,妙语欲遣黄泉知。君不见韩生自言无所学,厩马万匹皆吾师。(眉批:此"君"字指子由,此亦必见原唱乃知者。)

次韵刘贡父独直省中

明窗畏日晓先暾,高柳鸣蜩午更喧。(眉批:首句用杜预语,未佳。)笔老新诗疑有物,心空客疾本无根。隔墙我亦眠风榻,上马君先锁月轩。共喜早归三伏近,解衣盘礴亦君恩。

轼以去岁春夏侍立迩英,而秋冬之交,子由相继入侍,次韵绝句四首,各述所怀

瞳瞳日脚晓犹清,细细槐花暖欲零。坐阅诸公半廊庙,自注:仆射吕公、门下韩公、左丞刘公,皆自讲席大用。时看黄色起天庭。

上尊初破早朝寒,茗碗仍沾讲舌干。陛楯诸郎空雨立,故应惭悔不儒冠。两鹤摧颓病不言,年来相继亦乘轩。误闻九奏聊飞舞,可得徘徊为啄吞。微生偶脱风波地,晚岁犹存铁石心。定似香山老居士,世缘终浅道根深。自注:乐天自江州司马除忠州刺史,旋以主客郎中知制诰,遂拜中书舍人。轼虽不敢自比,然谪居黄州,起知文登,召为仪曹,遂忝侍从,出处老少大略相似,庶几复享此翁晚节闲适之乐焉。

送宋构朝散知彭州迎侍二亲

东来谁迎使君车,知是丈人屋上乌。丈人今年二毛初,登楼上马不用扶。使君负弩为前驱,蜀人不复谈相如。老幼化服一事无,有鞭不施安用蒲。春波如天涨平湖,輧红照坐香生肤。希鞲上寿白玉壶,公堂登歌《凤将雏》。诸孙欢笑争挽须,蜀人画作西湖图。

郭熙画《秋山平远》

自注:文潞公为跋尾。

(眉批:用古格亦自婉转。)

玉堂昼掩春日闲,中有郭熙画春山。鸣鸠乳燕初睡起,白波青嶂非人间。离离短幅开平远,漠漠疏林寄秋晚。恰似江南送客时,中流回头望云巘。伊川佚老鬓如霜,卧看秋山思洛阳。为君纸尾作行草,炯如嵩洛浮秋光。我从公游如一日,不觉青山映黄发。为画龙门八节滩,待向伊川买泉石。

次韵张昌言喜雨

千里黄流失故居,年来赤地到青徐。遥闻争诵十行诏,无异亲巡六尺舆。精贯天人一言足,云兴岳渎万灵趋。爱君谁似元和老,贺雨诗成即谏书。(眉批:亦是应酬诗,而结语自有斤两。)

章质夫寄惠《崔徽真》

(眉批:小题以轻浅还之最合,一大做便不合格。)

玉钗半脱云垂耳,亭亭芙蓉在秋水。当时薄命一酸辛,千古华堂奉君子。水边何处无丽人,近前试看丞相嗔。不如丹青不解语,世间言语原非真。知君被恼更愁绝,卷赠老夫惊老拙。为君援笔赋梅花,未害广平心似铁。(眉批:仍占身分。)

卷二十九

古今体诗四十七首

和穆父新凉

（眉批：道紧，无一剩语。）

家居妻儿号，出仕猿鹤怨。未能逐什一，安敢抟九万。常恐樗栎身，坐缠冠盖蔓。受恩如负债，粗报乃焚券。（眉批：奇语，却真语。）但知眠牛衣，宁免刺虎圈。清风来既雨，新稻香可饭。紫蟹应已肥，白酒谁能劝。君今崔蔡手，政比赵张健。三公行可致，一语先自献。幸推江湖心，适我鱼鸟愿。

书晁补之所藏与可画竹三首

（眉批：亦有手与笔化之妙。）

与可画竹时，见竹不见人。岂独不见人，嗒然遗其身。其身与竹化，无穷出清新。庄周世无有，谁知此疑神。（眉批：庄子"用志不纷，乃疑于神"，本作"疑"，后乃讹沿为"凝"也。）

若人今已无，此竹宁复有？那将春蚓笔，画作风中柳。君看断崖上，瘦节蛟蛇走。何时此霜竿，复入江湖手。（眉批：忽而宕开，正以不规规收缴为妙。）

晁子拙生事，举家闻食粥。朝来又绝倒，谀墓得霜竹。可怜先生盘，朝日照苜蓿。吾诗固云尔，可使食无肉。自注：吾旧诗云："可使食无肉，不可使居无竹。"（眉批：先有末二句，乃有前六句，随手牵绾，无不入妙。）

戏用晁补之韵

昔我尝陪醉翁醉，今君但吟诗老诗。清诗咀嚼那得饱，瘦竹潇洒令人饥。

试问凤凰饥食竹,何如驽马肥苜蓿。知君忍饥空诵诗,口颊澜翻如布谷。(眉批:此调终俗。)

书皇亲画扇

十年江海寄浮沉,梦绕江南黄苇林。谁谓风流贵公子,笔端还有五湖心。(眉批:不脱窠臼。)

书李世南所画秋景二首

野水参差落涨痕,疏林攲倒出霜根。扁舟一棹归何处,家在江南黄叶村。(眉批:意境殊高。)

人间斤斧日创夷,谁见龙蛇百尺姿。不是溪山成独往,何人解作挂猿枝。

书鄢陵王主簿所画折枝二首

论画以形似,见与儿童邻。赋诗必此诗,定非知诗人。(眉批:识入深微,不嫌说理。)诗画本一律,天工与清新。边鸾雀写生,赵昌花传神。何如此两幅,疏淡含精匀。谁言一点红,解寄无边春。(眉批:生趣可掬。)

瘦竹如幽人,幽花如处女。低昂枝上雀,摇荡花间雨。双翎决将起,众叶纷自举。可怜采花蜂,清蜜寄两股。若人富天巧,春色入毫楮。悬知君能诗,寄声求妙语。(眉批:忽回应前首作,章法可谓投之所向,无不如志。)

昨见韩丞相言王定国,今日玉堂独坐,有怀其人

昼卧玉堂上,微风举轻纨。铜瓶下碧井,百尺鸣飞澜。俯仰清梦余,爱此一掬寒。似予平生友,苦语凉肺肝。(眉批:入得别致,却极自然。)秀眉玉两颊,矫矫如翔鸾。置之江淮交,清诗洗江湍。江鳞对白酒,信美非所安。丞相功业成,还家酒杯宽。人间有此客,折简呼不难。相将扣东阁,起舞尽余欢。

和张耒高丽松扇

可怜堂堂十八公，起得奇崛。老死不入光明宫。万牛不来难自献，裁作团团手中扇。入得紧凑。屈身蒙垢君一洗，挂名君家诗集里。犹胜汉宫悲婕妤，网虫不见乘鸾子。（眉批：短而不促，意境甚阔。）

故李诚之待制六丈挽词

青青一寸松，中有梁栋姿。天骥堕地走，万里端可期。世无阿房宫，承"松"。下建五丈旗。又无穆天子，承"骥"。西征燕瑶池。才大古难用，老死亦其宜。丈夫恐不免，岂患莫已知。公如松与骥，少小称伟奇。俯仰自廊庙，笑谈无羌夷。清朝竟不用，白首仍忧时。愿斩横行将，请烹干没儿。言虽不见省，坐折奸雄窥。嗟我去公久，江湖生白髭。归来耆旧尽，零落存者谁？比公嵇中散，龙性不可羁。疑公李北海，慷慨多雄词。凄凉《五君咏》，沉痛《八哀诗》。邪正久乃明，人今属公思。九原不可作，千古有余悲。（眉批：香山门径。）

次韵孔常父送张天觉河东提刑

送君应典鹔鹴裘，凭仗千钟洗别愁。脱帽风流余长史，不接次句。自注：君喜草书而不工，故以此为戏。埋轮家世本留侯。自注：张纲，子房七世孙也，犍为武阳人。墓在今彭山，君岂其后耶？（眉批：二句切姓，俗格。）子河骏马方争出，自注：麟府马，出于河泌。昭义疲兵得少休。自注：唐福昭义步兵，盖泽潞弓箭手。定向秋山得佳句，故关黄叶满行辀。

送张天觉得山字

西望太行岭，北望清凉山。晴空浮五髻，晻霭卿云间。余光入岩石，神草出茅菅。何人相指似，稍稍落人寰。能令堕指儿，虬髯苦冰颜。祝君如此草，为民已痌瘝。我亦老且病，眼花腰脚顽。念当勤致此，莫作河东悭。（眉批：善于生情,然究是无聊应付。)

次韵王定国倅扬州

此身江海寄天游,一落红尘不易收。未许相如还蜀道,空教何逊在扬州。(眉批:三、四言因己未去而累王,愤语却不甚露。)又惊白酒催黄菊,尚喜朱颜映黑头。(眉批:中四句虚字平头。)火急著书千古事,虞卿应未厌穷愁。

赠李道士

驾部员外郎李君宗固,景祐中良吏也,守汉州。有道士尹可元,精练善画,以遗火得罪,当死。君缓其狱,会赦获免。时可元年八十一,自誓且死必为李氏子以报。可元既死二十余年,而君子世昌之妇,梦可元入其室,生子曰得柔,小名蜀孙。幼而善画,既长读庄、老,喜之,遂为道士,赐号妙应,事母以孝谨闻。其写真,盖妙绝一时云。

世人只数曹将军,谁知虎头非痴人。腰间大羽何足道,颊上三毛自有神。平生狎侮诸公子,戏著幼舆岩石里。故教世世作黄冠,布袜青鞋弄云水。千年鼻祖守关门,一念还为李耳孙。香火旧缘何日尽,丹青余习至今存。五十之年初过二,衰颜记我今如此。他时要指集贤人,知是香山老居士。自注:乐天为翰林学士,奉诏写真集贤院。

次韵张舜民自御史出倅虢州留别

玉堂给札气如云,初起湘累复佩银。樊口凄凉已陈迹,自注:昔与张同游武昌樊口,来诗中及之。班心突兀见长身。自注:台吏谓御史立处为班心。江湖前日真成梦,鄂杜他年恐卜邻。(眉批:"班心"句不雅。)此去若容陪坐啸,故应客主尽诗人。

次韵米黻二王书跋尾二首

(眉批:意注本题,先盘远势,东坡惯用此法。)

三馆曝书防蠹毁,得见《来禽》与《青李》。秋蛇春蚓久相杂,野鹜家鸡定谁美。玉函金籥天上来,紫衣敕使亲临启。纷纶过眼未易识,磊落挂壁空云委。归来妙意独追求,坐想蓬山二十秋。怪君何处得此本,上有桓玄寒具油。(眉批:入得飘瞥,得势处却在"归来"二句,过接无迹。)巧偷豪夺古来有,一笑何似痴虎头。君不见长安永宁里,王家破垣谁复修。(眉批:此非败德,故不妨于直讽。)

元章作书日千纸,平生自苦谁与美。(眉批:直似山谷,非东坡本色。)画地为饼未必似,要令痴儿出馋水。锦囊玉轴来无趾,粲然夺真疑圣智。(眉批:"要令"句太悝,"粲然"句又太做作。)忍饥看书泪如洗,至今鲁公余《乞米》。

次韵宋肇惠澄心纸二首

诗老囊空一不留,百番曾作百金收。自注:永叔以澄心百幅遗圣俞,圣俞有诗。知君也厌雕肝肾,分我江南数斛愁。

君家家学陋相如,宜与诸儒论石渠。古纸无多更分我,自应给札奏新书。

郭熙《秋山平远》二首

目尽孤鸿落照边,遥知风雨不同川。此间有句无人识,送与襄阳孟浩然。(眉批:题画习径。)

木落骚人已怨秋,不堪平远发诗愁。要看万壑争流处,他日终烦顾虎头。

获果庄二十韵

(眉批:放笔直走,虽排偶而似单行,气格殊高。)

青唐有逋寇,白首已穷妖。窃据临洮郡,潜通讲渚桥。庙谋周召虎,边帅汉班超。坚垒千兵破,连航一炬烧。擒奸从窟穴,奏捷上烟霄。诡异人图像,欢娱路载谣。干诛非一事,伐叛自先朝。取道经陵寝,前期告庙祧。西来闻几日,面缚见今朝。二圣临云陛,千官溢海潮。载囚车辚辚,失主马萧条。横拜如蹲犬，胡装尚衣貂。理卿辞具服，译长舌初调。缓死恩殊厚，求生尾屡摇。慈仁逢太母，宽厚戴唐尧。赤手真擒虎，和羹未赐枭。藁街虚授首，东市偶全腰。困兽何须杀，遗雏或可招。威声西振夏，武节北通辽。帝道有强弱，天时或长消。羌情防报复，军胜忌矜骄。慎重关西将，奇功勿再要。（眉批：结处得讽喻之体。若再浑融其词，使人咏叹而得之，则更佳耳。）

送欧阳辩监澶州酒

（眉批：出手太易。）

汗血驾鼓车，何从致千里。纷纷糟曲间，欲试贤公子。君家江南英，濯足沧浪水。却渡旧黄河，涨沙埋马耳。由来付造物，倚伏何穷已。当念楚子文，三仕无愠喜。

九月十五日，迩英讲《论语》终篇，赐执政讲读史官燕于东宫。又遣中使就赐御书诗各一首，臣轼得《紫微花绝句》，其词云："丝纶阁下文书静，钟鼓楼中刻漏长。独坐黄昏谁是伴？紫微花对紫微郎。"翌日各以表谢，又进诗一篇。臣轼诗云

（眉批：查批：本载《梁溪漫志》，云：东坡尝作《谢赐御书诗》，叙天下无事，四夷毕服，可以从容翰墨之意。篇末云云，盖因事讽谏三百之遗也。而或笑之曰："有甚道理，说到陕西而报捷中，岂可以论诗？使渠为之定，只作写字诗矣。"此段于诗极有发明，而补注乃未载入。昀谓：或者之笑，固未识诗人立言之旨。所谓作诗必此诗者也，然竟就自己作结，一笔不回顾，本题亦究是疏于法处。此处萦绕御书一笔，原不费力，何不趁势一带，绾合作结乎？）

绣裳画衮云垂地，不作成王剪桐戏。日高黄伞下西清，风动槐龙舞交翠。自注：迩英阁前有双槐，樛枝属地如龙形。壁中蠹简今千年，漆书科斗光射天。诸儒不复忧吻燥，东宫赐酒如流泉。二句太率意。酒酣复拜千金赐，一纸惊鸾回凤字。苍颜白发便生光，袖有骊珠三十四。自注：臣所赐诗并题目及臣姓名，凡三十四字。归来车马已喧阗，争看银钩墨色鲜。人间一日传万口，喜见云章第一篇。

自注：上前此未尝以御书赐群臣。玉堂昼掩文书静，铃索不摇钟漏永。莫言弄笔数行书，须信时平由主圣。四句上下转关。犬羊散尽沙漠空，捷烽夜到甘泉宫。似闻指挥筑上郡，已觉谈笑无西戎。自注：时熙河新获果庄。是日，泾原复奏，夏贼数十万人皆遁去。文思天子师文母，终闭玉关辞马武。小臣愿对紫微花，试草尺书招赞普。自注：谨案唐制：翰林学士带知制诰，许缀中书舍人班。今臣以知制诰待罪禁林，故得以紫微为故事。

和王晋卿

元丰二年，予得罪贬黄州，而驸马都尉王诜亦坐累远谪，不相闻者七年。予既召用，而诜亦还朝，相见殿门外。感叹之余，作诗相属，词虽不甚工，然托物悲慨，厄穷而不怨，泰而不骄。怜其贵公子有志如此，故和其韵。欲使诜姓名附见予诗集中，然亦不以示诜也。诜字晋卿，功臣全斌之后云。

先生饮东坡，独舞无所属。当时挹明月，对影三人足。醉眠草棘间，虫虺莫予毒。醒来送归雁，一寄千里目。怅然怀公子，旅食久不玉。欲书加餐字，远托西飞鹄。谓言相濡沫，未足救沟渎。吾生如寄耳，何者为祸福。不如两相忘，昨梦那可逐。上书得自便，归老湖山曲。躬耕二顷田，自种十年木。岂知垂老眼，却对金莲烛。公子亦生还，仍分刺史竹。贤愚有定分，尊俎守尸祝。文章何足云，执技等医卜。朝廷方西顾，羌虏骄未伏。遥知重阳酒，白羽落黄菊。羡君真将家，浮面气可掬。自注：袁天纲谓窦轨："君语则赤气浮面，为将勿多杀人。"何当请长缨，一战河湟复。（眉批：观序与诗，东坡于晋卿不甚倾倒，以其曲相攀附而与之交耳。）

谢王泽州寄长松兼简张天觉二首

莫道长松浪得名，能教覆额两眉清。便将径寸同千尺，知有奇功似茯苓。
凭君说与埋轮使，速寄长松作解嘲。自注：送张天觉诗有"埋轮"及"河东慳"之语。无复青黏和漆叶,枉将钟乳敌仙茅。

次韵刘贡父所和韩康公忆持国二首

梦觉真同鹿覆蕉,相君脱屣自参寥。颜红底事发先白,室迩何妨人自遥。狂似次公应未怪,醉推东阁不须招。援毫欲作衣冠表,盛事终当继八萧。自注:唐萧氏,自瑀及遘八宰相。

闭户端居念独深,小轩朱槛忆同临。燎须谁识英公意,自注:英公为其姊作粥,燎须,曰:"吾与姊皆老矣,能几进之?"黄发聊知子建心。自注:子建与楚王彪别诗云:"王其爱玉体,共享黄发期。"已托西风传绝唱,且邀明月伴孤斟。他时内集应呼我,下客先判醉堕簪。

上韩持国

韩氏三虎秉枢极,中有一虎似伟节。端居隐几学无心,凤驾入朝常正色。犯时独行太嶙峋,回天不忌真药石。辇致归来荷二圣,推排使至有众力。吾侪小人但饱饭,不有君子何能国。西湖醉卧春水船,如何为人作丰年。(眉批:词意浅迫,未必出自东坡。)

次韵刘贡父叔侄扈驾

玉堂孤坐不胜清,长羡邹枚接长卿。只许隔墙闻置酒,时因议事得联名。机云似我多遗俗,广受如君不治生。共托属车尘土后,钧天一饷梦中荣。

次韵韩康公置酒见留

庭下黄花一醉同,重来雪巚已穿窿。不应屡费讯安石,但使无多酌次公。钟乳金钗人似玉,鹍弦铁拨坐生风。少卿尚有车茵在,颇觉宽容胜弱翁。

韩康公坐上侍儿求书扇上二首

窗摇细浪鱼吹日,手弄黄花蝶透衣。不觉春风吹酒醒,空教明月照人归。

——窗扉面水开,更于何处觅蓬莱。天香满袖人知否,曾到旃檀小殿来。

杂　诗

昔日双鸦照浅眉,如今婀娜绿云垂。蓬莱老守明朝去,肠断帘间蟋蟀悲。

次韵王都尉偶得耳疾

君知六凿皆为赘,我有一言能决疣。病客巧闻床下蚁,痴人强觑棘端猴。聪明不在根尘里,药饵空为婢仆忧。但试周郎看聋否,曲音小误已回头。(眉批:宋气太重。)

送乔仝寄贺君六首

旧闻靖长官、贺水部皆唐末五代人,得道不死。章圣皇帝东封,有谒于道左者,其谒云:晋水部员外郎贺亢。再拜而去,上不知也。已而阅谒,见之大惊,物色求之不可得。天圣初,又使其弟子喻澄者诣阙进佛道像,直数千万。张公安道与澄游,具得其事。又有乔仝者,少得大风疾,几死。贺使学道,今年八十,益壮盛。人无复见贺者,而仝数见之。元祐二年十二月,仝来京师十许日。余留之不可,曰:贺以上元期我于蒙山;又曰:吾师尝游密州,识君于常山道上,意若喜君者。作是诗以送之,且作五绝句以寄贺。

君年二十美且都,初得恶疾堕眉须。红颜白发惊妻孥,览镜自嫌欲弃躯。结茅穷山啖松腴,路逢逃秦博士卢。方瞳照野清而癯,再拜未起烦一呼。觉知此身了非吾,炯然莲花出泥涂。随师东游渡潍邦,自注:潍、邦,密州二水名。山头见我两轮朱。岂知仙人混屠沽,尔来八十胸垂胡。上山如飞嗔人扶,东归有约不敢渝。新年当参老仙儒,秋风西来下双凫,得枣如瓜分我无。

生长兵间早脱身,晚为元祐太平人。不惊渤海桑田变,来看龟蒙漏泽春。

曾谒东封玉辂尘,幅巾短褐亦逡巡。行宫夜奏空名姓,怅望云霞缥缈人。

垂老区区岂为身,微言一发重千钧。始知不见高皇帝,正似商山四老人。旧闻父老晋郎官,已作飞腾变化看。闻道东蒙有居处,愿供薪水看烧丹。千古风流贺季真,最怜嗜酒谪仙人。狂吟醉舞知无益,粟饭藜羹间养神。

送家安国教授归成都

别君二十载,坐失两鬓青。吾道虽艰难,斯文终典刑。屡作退飞鹢,羞看干死萤。一落戎马间,五见霜叶零。夜谈空说剑,春梦犹横经。新科复旧贯,童子方乞灵。须烦凌云手,去作入蜀星。苍苔高朕室,古柏文翁庭。初闻编简香,稍觉锋镝腥。岷峨有雏凤,梧竹养修翎。呜呼应嶰律,飞舞集虞廷。吾侪便归老,亦足慰余龄。

和吴安持使者迎驾

小雪疏烟杂瑞光,清波寒引御沟长。曈曈日色笼丹禁,杳杳鞭声出建章。鹓鹭偶叨陪下列,天阊聊启望中央。归来喜气倾新句,满座疑闻锦绣香。

此卷多冗杂潦倒之作,始知木天玉署之中,征逐交游,扰人清思不少。虽以东坡之才,亦不能于酒食场中吐烟霞语也。

卷三十

古今体诗五十七首

和子由除夜元日省宿致斋三首

江湖流落岂关天,禁省相望亦偶然。等是新年未相见,此身应坐不归田。
(眉批:意曲折而语自然。)

白发苍颜五十三,家人强遣试春衫。朝回两袖天香满,头上银幡笑阿咸。

当年踏月走东风,坐看春闱锁醉翁。白发门生几人在,却将新句调儿童。
(眉批:末句太轻薄。)

次韵答张天觉二首

(眉批:凑泊之痕不化。)

车轻马稳辔衔坚,但有蚊虻喜扑缘。截断口前君莫问,人间差乐胜巢仙。

驭风骑气我何劳,且要长松作土毛。亦如诃佛丹霞老,却向清凉礼白毫。

次韵黄鲁直画马试院中作

(眉批:和黄即似黄体。此格本之嘉州《走马川》诗,嘉州又本之《峄山碑》,但《碑》是四言耳。)

少年鞍马勤远行,卧闻龁草风雨声,见此忽思短策横。十年髀肉磨欲透,那更陪君作诗瘦,不如芋魁归饭豆。门前欲嘶御史骢,诏恩三日休老翁,羡君怀中双橘红。自注:黄有老母。

余与李鹰方叔相知久矣,领贡举事,而李不得第,愧甚,作诗送之

与君相从非一日,笔势翻翻疑可识。平生谩说古战场,过眼终迷日五色。

我惭不出君大笑,(眉批:善于解纷。)行止皆天子何责。青袍白纻五千人,知子无怨亦无德。(眉批:三句代方叔语。)买羊酤酒谢玉川,为我醉倒春风前。归家但草凌云赋,我相夫子非癯仙。

和宋肇游西池次韵

汉皇慈俭不开边,尚教千艘下濑船。贪看艨艟飞斗舰,不知釰贠舞钧天。故山西望三千里,往事回思二十年。自笑区区足官府,不如公子散神仙。

仆领贡举未出,钱穆父雪中作诗见及,三月二十日同游金明池,始见其诗,次韵为答

雪知我出已全消,花待君来未敢飘。行避门生时小饮,忽逢骑吏有嘉招。鱼龙绝技来千里,斑白遗民数四朝。知有黄公酒垆在,苍颜华发自相遥。(眉批:清适。)

书艾宣画四首

竹　鹤

此君何处不相宜,况有能言老令威。谁识长身古君子,犹将缁布缘深衣。
(眉批:太著相。)

黄精鹿

太华西南第几峰,落花流水自重重。幽人只取黄精去,不见春山鹿养茸。
(眉批:跳出题外作烘染,用笔灵妙。画意于言外见之。)

杏花白鹇

天工剪刻为谁妍,抱蕊游蜂自作团。把酒惜春都是梦,不如闲客此闲看。
(眉批:绾合大雅。)

莲　龟

半脱莲房露压欹，绿荷深处有游龟。只应翡翠兰苕上，独见玄夫曝日时。

（眉批：与《黄精鹿》诗同一用意，而此用直笔，其味减矣。）

次韵子由五月一日同转对

跪奉新书笏在腰，谈王正欲伴耕樵。晋阳岂为一门事，宣政聊同五月朝。自注：贞元中诏曰：自今后五月一日御宣政殿，与文武百僚相见。忧患半生联出处，归休上策早招要。后生可畏吾衰矣，刀笔从来错料尧。

韩康公挽词三首

故国非乔木，兴王有世臣。嗟余后死者，犹及老成人。德业经文武，风流表搢绅。空余行乐地，处处泣遗民。

再世忠清德，三朝翊赞勋。功成不归国，就访敢忘君。旧学严诗律，余威靖塞氛。何当继《韩奕》，故吏总能文。

西第开东阁，初筵点后尘。笙歌邀白发，灯火乐青春。扶路三更罢，回头一梦新。赋诗犹墨湿，把卷独沾巾。

次韵子由题《憩寂图》后

东坡虽是湖州派，竹石风流各一时。前世画师今姓李，不妨还作辋川诗。

（眉批：似老笔，实是率笔。老手颇唐往往有此，读者勿为重名所压。）

庆源宣义王丈以累举得官，为洪雅主簿，雅州户掾。遇吏民如家人，人安乐之。既谢事，居眉之青神瑞草桥，放怀自得。有书来求红带，既以遗之，且作诗为戏，请黄鲁直、秦少游各为赋一首，为老人光华

青衫半作霜叶枯，遇民如儿吏如奴。吏民莫作官长看，我是识字耕田夫。妻啼儿号刺史怒，时有野人来挽须。拂衣自注下下考，芋魁饭豆吾岂无。（眉批：数语写出循吏，正如"边将无功吏不能"，只七字写出仁宗。）归来瑞草桥边路，独游还佩平生壶。慈姥岩前自唤渡，青衣江畔人争扶。句外句。今年蚕市数州集，中有遗民怀裤襦。邑中之黔相指似，白髯红带老不癯。我欲西归卜邻舍，隔墙拊掌容歌呼。不学山王乘驷马，回头空指黄公垆。

次韵许冲元送成都高士敦钤辖

枢中老监本虚名，懒作燕山万里行。自注：余昔与高君同奉使契丹，辞免，不行。坐看飞鸿迎使节，归来骏马换倾城。高才本不缘勋阀，余力还思治蜀兵。西望雪山烽火尽，不妨尊酒寄平生。

次前韵送程六表弟

君家兄弟真连璧，门十朱轮家万石。竹使犹分刺史符，上方行赐尚书舄。前年持节发仓廪，到处买刀收茧栗。归来闭口不论功，却走渡江谁复惜。君才不用如涧松，我老得全犹社栎。（眉批：出得突兀。）青衫莫厌百僚底，白首上有千薪积。忆昔江湖一钓舟，无数云山供点笔。未应便障西风扇，只恐先移北山檄。凭君寄谢江南叟，念我空见长安日。浮江溯蜀有成言，江水在此吾不食。

虚飘飘

虚飘飘，画檐蛛结网，银汉鹊成桥。尘渍雨桐叶，霜飞风柳条。露凝残点见红日，星曳余光横碧霄。虚飘飘，比浮名利犹坚牢。（眉批：此种岂可入诗集。）

题李伯时《渊明东篱图》

彼突。哉嵇阮曹，终以明自膏。此句不妥，况阮亦未尝婴疾。靖节固昭旷，归来侣蓬蒿。新霜着疏柳，大风起江涛。东篱理黄菊，意不在芳醪。白衣挈壶至，径醉还游遨。悠然见南山，意与秋气高。（眉批：二诗非惟不似东坡，并不似能诗者所为。后来书画贾人伪作伯时之画，因伪作东坡之诗，编诗者不能辨，而误收耳。）

次韵黄鲁直书伯时画王摩诘

前身陶彭泽,后身韦苏州。欲觅王右丞,还向五字求。诗人与画手,兰菊芳春秋。又恐两皆是,分身来入流。(眉批:不成语。)

和王晋卿题李伯时画马

督邮有良马,不为君所奇。顾收纸上影,骏骨何由归。一朝见箠策,蚁封惊肉飞。岂惟马不遇,人已半生痴。(眉批:"肉飞"二字虽出《吴越春秋》,然用来不雅。结尤不成语。)

送钱穆父出守越州二首

簿书常苦百忧集,尊酒今应一笑开。京兆从教思广汉,会稽聊喜得方回。若耶溪水云门寺,贺监荷花空自开。我恨今犹在泥滓,劝君莫棹酒船回。

戏书李伯时画御马好头赤

(眉批:此亦不佳,然是东坡笔墨,益知前三诗之伪。)

山西战马饥无肉,夜嚼长秸如嚼竹。蹄间三丈是徐行,不信天山有坑谷。岂如厩马好头赤,立仗归来卧斜日。莫教优孟卜葬地,厚衣薪樏入铜历。(眉批:寓刺太直,末二句尤为激讦,均于诗品有乖。)

送程七表弟知泗州

江湖不在眼,尘土坐满颜。系舟清洛尾,初见淮南山。淮山相媚好,晓镜开烟鬟。持此娱使君,一笑簿领间。使君如天马,朝燕暮荆蛮。时无王良手,空老十二闲。聊当出毫末,化服狡与顽。勿谓无人知,古佛临清湾。赤子视万类,流萍阅人寰。但使可此人,余事真茅菅。"可此人"犹云得当此人之意。(眉批:忽从泗州生情,善于捣虚,然是借发实理,不比小巧弄笔。)

送曹辅赴闽漕

曹子本儒侠,笔势翻涛澜。往来戎马间,边风裂儒冠。诗成横槊里,楯墨何曾干。一日事远游,红尘隔岩滩。平生羊炙口,并海搜盐酸。(眉批:"并海"句费解,亦不成语。)一从荔支食,岂念苜蓿槃。我亦江海人,市朝非所安。常恐青霞志,坐随白发阑。渊明赋归去,谈笑便解官。我今何为者,索身良独难。凭君问清淮,秋水今几竿。我舟何时发,霜露日已寒。

次韵王郎子立风雨有感

百年一俯仰,寒暑相主客。稍增裘褐气,已觉团扇厄。不烦计荣辱,此丧彼有获。我琴终不败,无攫亦无醳。后生不自牧,呻吟空挟策。揠苗不待长,卖菜苦求益。此郎独静退,门外无行迹。但恐陶渊明,每为饥所迫。凄风弄衣结,小雪穿门席。愿君付一笑,造物亦戏剧。朝来赋云梦,笔落风雨疾。为君裁春衫,高会开桂籍。(眉批:有吃力之态。)

次韵黄鲁直嘲小德。小德,鲁直子,其母微。故其诗云:"解著《潜夫论》,不妨无外家。"

进馔客争起,小儿那可涯。莫欺东方星,三五自横斜。名驹已汗血,老蚌空泥沙。但使伯仁长,还兴络秀家。(眉批:凡近。)

书《黄庭内景经》尾

余既书《黄庭内景经》,以赠葆光道师,而龙眠居士复为作经相其前,而画余二人像其后。笔势隽妙,遂为希世之宝,嗟叹不足,故复赞之曰:

太上虚皇出灵篇,黄庭真人舞胎仙。髯耆两卿相后前,卬妙夹侍清且妍。十有二神服锐坚,巍巍堂堂人中天。问我何修果此缘,是心朝空夕了然,恐非其人世莫传。殿以二士苍鹄骞,南随道师历山渊。山人迎笑喜我还,问谁遣化老龙眠。(眉批:音节璆然,语则少味,但觉章咒气耳。)

送蹇道士归庐山

物之有知盖恬息,孰居无事使出入。心无天游室不空,六凿相攘妇争席。法师逃人入庐山,山中无人自往还。往者一空还者失,此身正在无还间。绵绵不绝微风里,内外丹成一弹指。人间俯仰三千秋,骑鹤归来与子游。(眉批:少自在流出之妙。)

次韵黄鲁直戏赠

昨夜试微凉,汗衾初退红。我愿偕秋风,随身入房栊。君王不好事,只作好惊鸿。细看卷蚕尾,我家真粟蓬。(眉批:齐梁体。)

书林次中所得李伯时《归去来》《阳关》二图后

(眉批:二诗皆有风韵,入之《渔洋集》中,殆不复别。乃知东坡非不能此种,特不以此种为安身立命处耳。)

不见何戡唱《渭城》,旧人空数米嘉荣。龙眠独识殷勤处,画出阳关意外声。

两本新图宝墨香,尊前独唱《小秦王》。为君翻作《归来引》,不学《阳关》空断肠。

次韵王夷仲茶磨

(眉批:何其拙钝乃尔。)

前人初用茗饮时,煮之无问叶与骨。浸穷厥味曰始用,复计其初碾方出。计尽功极至于磨,信哉智者能创物。破槽折杵向墙角,亦其遭遇有伸屈。岁久讲求知处所,佳者出自衡山窟。巴蜀石江强镌凿,理疏性软良可咄。予家江陵远莫致,尘土何人为披拂。

卧病逾月，请郡不许，复直玉堂。十一月一日锁院，是日苦寒，诏赐宫烛法酒，书呈同院

微霰疏疏点玉堂，词头夜下揽衣忙。分光御烛星辰烂，拜赐宫壶雨露香。醉眼有花书字大，老人无睡漏声长。何时却逐桑榆暖，社酒寒灯乐未央。（眉批：老手恃老，往往颓唐，工部晚年亦不免此。）

送周朝议守汉州

（眉批：题有发挥，诗未精采。）

茶为西南病，岷俗记二李。自注：杞与稷也。何人折其锋，矫矫六君子。自注：谓思道与侄正孺、张永徽、吴醇翁、吕元钧、宋文辅也。君家尤出力，流落初坐此。谓当收桑榆，华发看剑履。胡为犯风雪，岁晚行未已。念归诚得计，顾自为谋耳。吾闻江汉间，疮痏有未起。莫轻龚遂老，君王付尺棰。召还当有诏，挽袖谢邻里。犹堪作水衡，供张园林美。

木　山

吾先君子尝蓄木山三峰，且为之记与诗。诗人梅二丈圣俞见而赋之，今三十年矣。而犹子千乘又得五峰，益奇。因次圣俞韵，使并刻之其侧。

木生不愿回万牛，愿终天年仆沙洲。（眉批：疏疏落落，押韵亦极自然。）时来幸逢河伯秋，掀然见怪推不流。蓬婆雪岭巧雕锼，蛰虫行蚁为豪酋。（眉批："酋"字押得倒，"阿咸"句粗。）阿咸大胆忽持去，河伯好事不汝尤。城中古沼浸坤轴，一林瘦竹吾菟裘。二顷良田不难买，三年楷木行可樛。会将白发对苍巘，（眉批："苍巘"即指假山。）鲁人不厌东家丘。（眉批：押孔子讳究非礼。）

送千乘、千能两侄还乡

治生不求富，读书不求官。譬如饮不醉，陶然有余欢。君看庞德公，白首

终泥蟠。岂无子孙念,顾独贻以安。鹿门上冢回,床下拜龙鸾。躬耕竟不起,耆旧节独完。(眉批:"鹿门"四句冗赘可删。)念汝少多难,冰雪落绮纨。(眉批:"冰雪"句费解。)五子如一人,奉养真色难。(眉批:"奉养"句不妥。)烹鸡独馈母,自飧苜蓿盘。口腹恐累人,宁我食无肝。西来四千里,敝袍不言寒。(眉批:"烹鸡"一段亦曼衍。)秀眉似我兄,亦复心闲宽。忽然舍我去,岁晚留余酸。我岂轩冕人,青云意先阑。汝归莳松菊,环以青琅玕。楷阴三年成,可以挂我冠。清江入城郭,小圃生微澜。相从结茅舍,曝背谈金銮。

送周正孺知东川

得郡书生荣,还家昔人重。(眉批:语自挺拔。)而况东西川,千骑许上冢。里门下车入,父老自惊耸。端如何武贤,不事长卿宠。清时养材杰,杞梓方培拥。未应遗合抱,取用及把拱。(眉批:查云:一篇正意在此。)如君尚出麾,顾我宜耕垄。(眉批:或曰"尚一麾"或曰"尚出守"皆妥,惟割裂为"出麾"则不妥。)告归谢先手,求去悔不勇。岂云慕廉退,实自知衰冗。为君扫棠阴,画像或相踵。自注:蜀中太守无不画像者。

题李伯时画《赵景仁琴鹤图》二首

清献先生无一钱,故应琴鹤是家传。谁知默鼓无弦曲,时向珠宫舞幻仙。丑石寒松未易亲,聊将短曲调长人。乘轩故自非明眼,终日傲傲舞爨薪。

次前韵再送周正孺

东川得望郎,坐与西争重。高风倾石室,旧学鄙文冢。自注:刘蜕《文冢铭》,在梓州。蜀人安使君,所至野不耸。竹马迎细侯,大钱送刘宠。遥知句溪路,老稚相扶拥。看画古丛祠,百怪朝幽拱。牛头与兜率,云木蔚堆垄。醉乡追旧游,笔阵贾余勇。聊将诗酒乐,一扫簿书冗。西风吹好句,珠玉本无踵。(眉批:牵于韵脚,多不自然。)

书王定国所藏《烟江叠嶂图》

自注：王晋卿画。

（眉批：奇情幻景，笔足以达之。）

江上愁心千叠山，浮空积翠如云烟。山耶云耶远莫知，烟空云散山依然。（眉批：竟是为画作记，然摹写之妙，恐作记反不如也。）但见两崖苍苍暗绝谷，中有百道飞来泉。萦林络石隐复见，下赴谷口为奔川。川平山开林麓断，小桥野店依山前。行人稍度乔木外，渔舟一叶江吞天。使君何从得此本，点缀毫末分清妍。不知人间何处有此境，径欲往买二顷田。君不见武昌樊口幽绝处，矶起波澜，文境乃阔。东坡先生留五年。（眉批：节奏之妙纯乎化境。）春风摇江天漠漠，暮云卷雨山娟娟。丹枫翻鸦伴水宿，长松落雪惊昼眠。桃花流水在人世，武陵岂必皆神仙。江山清空我尘土，虽有去路寻无缘。还君此画三叹息，山中故人应有招我归来篇。（眉批：查云：随手关合，结构谨严。）

王晋卿作《烟江叠嶂图》，仆赋诗十四韵，晋卿和之，语特奇丽。因复次韵，不独纪其诗画之美，亦为道其出处契阔之故，而终之以不忘在莒之戒，亦朋友忠爱之义也

（眉批：与前诗有仙凡之别。）

山中举头望日边，长安不见空云烟。归来长安望山上，时移事改应潸然。管弦去尽宾客散，惟有马埒编金泉。（眉批：泉者，钱也。然如此借替，势必至札闼洪休。）渥洼故自千里足，要饱风雪轻山川。屈居华屋啖枣脯，十年俯仰龙旗前。却因瘦病出奇骨，盐车之厄宁非天。风流文采磨不尽，水墨自与诗争妍。画山何必山中人，田歌自古非知田。郑虔三绝君有二，笔势挽回三百年。欲将岩谷乱窈窕，眉峰修娥夸连娟。人间何有春一梦，此身将老蚕三眠。山中幽绝不可久，要作平地家居仙。能令水石长在眼，非君好我当谁缘。愿君终不忘在莒，乐时更赋《囚山篇》。自注：柳子厚有《囚山赋》。

次韵王定国会饮清虚堂

何逊扬州又几年,官梅诗兴故依然。何人可复问季孟,与子不妨中圣贤。(眉批:三、四江西派。)卜筑君方复子字。淮上郡,归心我已剑南川。此身正似蚕将老,更尽春光一再眠。

兴龙节侍宴前一日,微雪,与子由同访王定国,小饮清虚堂。定国出数诗皆佳,而五言尤奇。子由又言:昔与孙巨源同过定国,感念存殁,悲叹久之。夜归稍醒,各赋一篇,明日朝中以示定国也

天风淅淅飞玉沙,诏恩归沐休早衙。遥知清虚堂里雪,正似薝卜林中花。出门自笑无所诣,呼酒持劝惟君家。踏冰凌兢战疲马,扣门剥啄惊寒鸦。羡君五字入诗律,欲与六出争天葩。头风已倩檄手愈,背痒却得仙爪爬。银瓶泻油浮蚁酒,紫碗铺粟盘龙茶。幅巾起作鸜鹆舞,叠鼓谁掺渔阳挝。九衢灯火杂梦寐,十年聚散空咨嗟。明朝握手殿门外,共看银阙暾朝霞。(眉批:收颇草草。凡长篇如千里来龙,非层层水抱山回不能结穴。)

王晋卿所藏《著色山》二首

(眉批:依稀形似,可以伪托金碧界画转。须真实本领,浅浅语寄慨殊深。)

缥缈营丘水墨仙,浮空出没有无间。尔来一变风流尽,谁见将军著色山?
(眉批:"尔"当作"迩"。)

荦确何人似退之,意行无路欲从谁。宿云解驳晨光漏,独见山红涧碧时。
(眉批:用《山石》"荦确"句欠妥,读之似退之"荦确"矣。)

次韵黄鲁直效进士作二首

岁寒知松柏

龙蛰虽高卧,鸡鸣不废时。炎凉徒自变,荣悴两相知。已负栋梁质,肯为儿女姿。那忧霜贸贸,未喜日迟迟。难与夏虫语,永无秋实悲。谁知此植物,亦解秉天彝。(眉批:此格非东坡所长,故二诗皆不佳。迩来选长律者必录之,震于名耳。)

款塞来享

蠢尔氐羌国,天诛亦久稽。既能知面内,不复议征西。斥堠销兵火,边城息鼓鼙。输忠修贡职,弃过为黔黎。雪满流沙静,云沉太白低。巍巍二圣治,盛德古难齐。

夜直玉堂,携李之仪端叔诗百余首,读至夜半,书其后

(眉批:气机流畅,然非五、六句苗实撑得住,则太滑矣。)

玉堂清冷不成眠,伴直难呼孟浩然。暂借好诗消永夜,每逢佳处辄参禅。愁侵砚滴初含冻,喜入灯花欲斗妍。(眉批:五句言诗境之苦,六句言赏心之乐。)寄语君家小儿子,他时此句一时编。

次韵王定国得晋卿酒相留夜饮

短衫压手气横秋,更着仙人紫绮裘。使我有名全是酒,从他作病且忘忧。(眉批:三、四太滑。)诗无定律君应将,醉有真乡我可侯。(眉批:查云:此非推毂定国,语气自见。)且倒余尊尽今夕,睡蛇已死不须钩。(眉批:结粗犷太甚。)

范景仁和赐酒烛诗复次韵谢之

自注:时公方进新乐。

笙磬分均上下堂,自注:旧法:堂上之乐,皆受笙均;堂下之乐,皆受磬均。游鱼舞兽自奔忙。朱弦初识孤桐韵,自注:旧乐,金石声高而丝声微;今乐,金石与丝声皆著。玉琯犹闻秬黍香。自注:旧法,以尺生律,今以黍定律,以律生尺。万事今方咨伯始,一斑我亦愧真长。此生会见三雍就,无复寥寥叹未央。(眉批:凑泊无真气。)

卷三十一

古今体诗四十九首

次韵刘贡父春日赐幡胜

(眉批:句句生凑。)

宽诏随春出内朝,三军喜气挟狐貂。镂银错落翻斜月,剪彩缤纷舞庆霄。腊雪强飞才到地,自注:前一日微雪。晓风偷转不惊条。脱冠径醉应归卧,便腹从人笑老韶。自注:是日,幕次赐酒。(眉批:"老韶"亦生凑,不妥。)

再 和

与君流落偶还朝,过眼纷纶七叶貂。莫笑华颠羞采胜,几人黄壤隔青霄。(眉批:三、四真语。)行吟未许穷骚雅,坐啸犹能出教条。记取明年江上郡,五更春枕梦春韶。(眉批:"春韶"亦不妥。)

叶公秉、王仲至见和,次韵答之

衫绨方暑亦堪朝,岁晚凄风忆皂貂。共喜鹓鸾归禁御,心知日月在重霄。君如老骥初遭络,我似枯桑不受条。强镊霜须簪彩胜,苍颜得酒尚能韶。(眉批:此"韶"字亦不妥。)

再 和

衰迟何幸得同朝,温劲如君合珥貂。谁惜异材蒙径寸,自惭枯柿借凌霄。光风泛泛初浮水,红糁离离欲缀条。后日一尊何处共,奉常端冕作咸韶。

和王晋卿送梅花次韵

东坡先生未归时,自种来禽与青李。五年不踏江头路,梦逐东风泛蘋芷。江梅山杏为谁容,独笑依依临野水。此间风物君未识,花浪翻天雪相激。明年我复在江湖,知君对花三叹息。(眉批:自说自话,题目只借作映发,蹊径甚别。)

次韵王晋卿惠花栽,栽所寓张退傅第中

坐来念念失前人,共向空中寓一尘。若问此花谁是主,天教闲客管青春。

次韵王晋卿上元侍宴端门

月上九门开,星河绕露台。君方枕中梦,我亦化人来。光动仙球缒,香余步辇回。相从穿万马,衰病若为陪。

王郑州挽词

羡君华发起琳宫,右辅初还鼓角雄。千里农桑歌子产,一时冠盖慕萧嵩。那知聚散春粮外,便有悲欢过隙中。京兆同僚几人在,犹思对案笔生风。自注:予为开封幕,与子难同厅。

书王定国所藏王晋卿画《著色山》二首

(眉批:意境深微,气亦浑厚。)

白发四老人,何曾在商颜。烦君纸上影,照我胸中山。山中亦何有,木老土石顽。正赖天日光,涧谷纷斓斑。我心空无物,斯文何足关。君看古井水,万象自往还。

君归岭北初逢雪,我亦江南五见春。寄语风流王武子,三人俱是识山人。

呈定国

旧病应逢医口药,新妆渐画入时眉。信知诗是穷人物,近觉王郎不作诗。

寄傲轩

先生英妙年，一扫千兔秃。仕进固有余，不肯践场屋。通阛何所傲，傲名非傲俗。定知轩冕中，享荣不偿辱。岂无自安计，得失犹转毂。先生独扬扬，忧患莫能渎。得如虎挟乙，失若龟藏六。茅檐聊寄寓，俯仰亦自足。东坡无边春，方寸尽藏蓄。醉哦旁若无，独侑一尊醁。床头车马道，残月挂疏木。朝客纷扰时，先生睡方熟。（眉批：剽而不留。）

送吕昌朝知嘉州

不羡三刀梦蜀都，聊将八咏继东吴。卧看古佛凌云阁，敕赐诗人明月湖。得句会应缘竹鹤，思归宁复为莼鲈。横空好在修眉色，头白犹堪乞左符。

次韵黄鲁直寄题郭明父府推颍州西斋二首

（眉批：不成语。）

树头啄木常疑客，客去而嗔定不然。脱辖已应生井沫，解衣聊复起庖烟。平生诗酒真相污，此去文书恐独贤。早晚西湖映华发，小舟翻动水中天。

寂寞东京月旦州，德星无复缀珠旒。莫嗟平舆自注：舆音预。空神物，尚有西斋接胜流。春梦屡寻湖十顷，家书新报橘千头。雪堂亦有思归曲，为谢平生马少游。

次韵秦少章和钱蒙仲

碧畦黄陇稻如京，（眉批：用经"如京"字腐。）岁美人和易得情。鉴里移舟天外思，地中鸣角古来声。山围故国城空在，潮打西陵意未平。二子有如双白鹭，隔江相照雪衣明。

次韵钱越州

髯尹超然定逸群，南游端为访云门。谪仙归侍玉皇案，老鹤来乘刺史轓。

(眉批:查云:三句谓钱,四句自谓。)已觉簿书哀老子,故知笾豆有司存。年来齿颊生荆棘,习气因君又一言。

同秦仲二子雨中游宝山

(眉批:语意脱洒,然非经意之笔。)
平明已报百吏散,半日来陪二子闲。立鹊低昂烟雨里,行人出没树林间。

去杭州十五年,复游西湖,用欧阳察判韵

我识南屏金鲫鱼,重来拊槛散斋余。还从旧社得心印,似省前生觅手书。萍合平湖久芜没,人经丰岁尚凋疏。谁怜寂寞高常侍,老去狂歌忆孟诸。

与莫同年雨中饮湖上

(眉批:寘白语。)
到处相逢是偶然,梦中相对各华颠。还来一醉西湖雨,不见跳珠十五年。

送子由使契丹

云海相望寄此身,那因远适更沾巾。不辞驿骑凌风雪,要使天骄识凤麟。沙漠回看清禁月,湖山应梦武林春。单于若问君家世,莫道中朝第一人。(眉批:子由本翰林,而东坡在杭州。二句清切,结用事亦好。)

次韵答刘景文左藏

自注:有美堂燕集,景文有诗。
我老诗坛仆鼓旗,借君佳句发良时。但空贺监杯中物,莫示孙郎帐下儿。夜烛催诗金烬落,秋芳压帽露华滋。故应好语如爬痒,有味难名只自知。

坐上复借韵送岢岚军通判叶朝奉

云间踏白看缠旗,莫忘西湖把酒时。梦里吴山连越峤,尊前羌妇杂胡儿。

夕烽过后人初醉，春雁来时雪未滋。为问从军真乐不，书来粗遣故人知。

始于文登海上得白石数升，如芡实，可作枕。闻梅丈嗜石，故以遗其子子明学士。子明有诗，次其韵

海隅荒怪有谁珍，零落珊瑚泣季伦。法供坐令微物重，自注：轼旧有怪石供。色难归致孝心纯。（眉批："色难"句腐。）只疑薏苡来交趾，未信玭珠出泗滨。愿子聚为江夏枕，不劳挥扇自宁亲。

次韵钱越州见寄

莫将牛弩射羊群，卧治何妨昼掩门。稍喜使君无疾病，时因送客见车辕。搔头白发秋无数，闭眼丹田夜自存。欲息波澜须引去，吾侪岂独坐多言。（眉批：结二句太激。）

文登蓬莱阁下石壁千丈，为海浪所战，时有碎裂，淘洒岁久，皆圆熟可爱，主人谓此弹子涡也。取数百枚，以养石菖蒲，且作诗遗垂慈堂老人

（眉批：笔笔奇警，不觉题之琐碎。）

蓬莱海上峰，玉立色不改。孤根捍滔天，云骨有破碎。阳侯杀廉角，精采焕发。阴火发光彩。累累弹丸间，琐细成珠琲。阎浮一沤耳，真妄果安在。我持此石归，袖中有东海。垂慈老人眼，俯仰了大块。置之盆盎中，日与山海对。明年菖蒲根，连络不可解。倘有蟠桃生，旦暮犹可待。

次韵毛滂法曹感雨

（眉批：为韵所牵，不免支凑。）

江南佳公子，遗我锦绣端。去其数，则"端"字无著。揽之温如春，公子焉得寒。兴雨自有时，肤寸便蒙霮。敛藏以自润，牛斗何足干。空庭月与影，强结三友欢。我岂不足钦，要此清团团。欲欢在一醉，常恐尊中干。舍酒尚可乐，明珠如弹丸。

但恐千仞雀，匆匆发虚弹。迨子闲暇时，种子田中丹。一朝涉世故，空腹容欺谩。我顷在东坡，秋菊为夕餐。永愧坡间人，布褐为我完。雪堂初覆瓦，上簟无下莞。时时亦设客，每醉筒辄弹。一笑便倾倒，五年得轻安。公子岂我徒，衣钵传一箪。定非郊与岛，笔势江河宽。悲吟古寺中，穿帷雪漫漫。他年记此味，芋火对懒残。

送邓宗古还乡

（眉批：牵扯成篇，殊勉强少味。）

广汉有姜子，孝弟行里间。赤眉虽豺虎，弭兵过其墟。至今空清泉，无复双鲤鱼。南郑有李郃，妙得甘公书。夜坐指流星，惊倒两使车。抱关不肯仕，布褐蒙璠玙。西南固多士，君得二子余。凛凛忠文公，搜士及樵渔。涧溪有幽讨，蘋芷真嘉蔬。岁晚终不食，心恻当何如。

参寥上人初得智果院，会者十六人分韵赋诗，轼得心字

（眉批：起二句全袭左思，而意则迥别。）

涨水返旧壑，飞云思故岑。念君忘家客，亦有怀归心。三间得幽寂，数步藏清深。攒金卢橘坞，散火杨梅林。茶笋尽禅味，松杉真法音。云崖有浅井，玉醴常半寻。遂名参寥泉，可濯幽人襟。相携横岭上，未觉衰年侵。一眼吞江湖，万象涵古今。愿君更小筑，岁晚解我簪。

哭王子立，次儿子迨韵三首

（眉批：三诗趁韵而成，殊乏警策。）

彭城初识子，照眼白而长。异梦成先兆，自注：予为密州，子立未尝相识。忽告同舍生曰："吾梦为密州婿，何也？"已而果以子由之子妻之。清言得未尝。岂惟知礼意，遂欲补诗亡。自注：子立能诗，而有礼学。咄咄真相逼，诸生敢雁行。

非无伯鸾志，独有子云悲。恨子非天合，犹能使我思。儿曹莫凄恻，老眼欲枯菱。（眉批："眼枯"字本杜诗，"菱"字却是凑韵，有泪方可言"枯"，非花安得曰"菱"?）会

哭皆豪杰,自注:子立与黄鲁直、张文潜、晁无咎、秦少游、陈无己皆友善。谁为感旧诗。

龙困尝鱼服,羊儇或虎蒙。匆匆成鬼录,愦愦到天公。偶落藩墙上,同游羿彀中。回看十年事,黄叶卷秋风。

异 鹊

熙宁中,柯侯仲常,通守漳州,以救饥得民。有二鹊栖其厅事,讫侯之去,鹊亦送之,漳人异焉。为赋此诗。

昔我先君子,仁孝行于家。家有五亩园,么凤集桐花。是时乌与鹊,巢鷇可俯拏。忆我与诸儿,饲食观群呀。里人惊瑞异,野老笑而嗟。云此方乳哺,甚畏鸢与蛇。手足之所及,二物不敢加。主人若可信,众鸟不我遐。故知中孚化,可及鱼与豭。柯侯古循吏,悃愊真无华。临漳所全活,数等江干沙。仁心格异族,两鹊栖其衙。但恨不能言,相对空楂楂。善恶以类应,古语良非夸。君看彼酷吏,所至号鬼车。(眉批:香山一派。)

次韵詹适宣德小饮巽亭

君方梦谪仙,自注:来诗记李白郎官湖事。我亦吊文园。江上同三黜,天涯共一尊。涛雷殷白昼,梅雪耿黄昏。归去多情雨,应随御史轩。自注:詹为御史台主簿。

东川清丝寄鲁冀州,戏赠

(眉批:戏笔亦波峭,然终是小品,不以诗论。)

鹅溪清丝清如冰,上有千岁交枝藤。藤生谷底饱风雪,岁晚忽作龙蛇升。嗟我虽为老侍从,骨寒只受布与缯。床头锦衾未还客,坐觉芒刺在背膺。岂如髯卿晚乃贵,福禄正似川方增。醉中倒着紫绮裘,下有半臂出缥绫。封题不敢妄裁剪,刀尺自有佳人能。遥知千骑出清晓,积雪未放浮尘兴。白须红带柳丝下,老弱空巷人相登。(眉批:言观者众多至相践踏耳,语殊欠妥帖。)但放奇纹出领袖,吾髯虽老无人憎。

怡然以垂云新茶见饷，报以大龙团，仍戏作小诗

妙供来香积，珍烹具大官。拣芽分雀舌，赐茗出龙团。晓日云庵暖，春风浴殿寒。聊将试道眼，莫作两般看。（眉批：赖有一结，实先有一结，而后有前六句耳。）

次韵王忠玉游虎丘三首

当年大白此相浮，老守娱宾得二丘。自注：郡人有间丘公。太守王规父尝云：不谒虎丘，即谒间丘。规父，忠玉伯父也。白发重来故人尽，空余丛桂小山幽。

青盖红旗映玉山，新诗小草落玄泉。风流使者人争看，知有真娘立道边。自注：虎丘中路有真娘墓。

舞衫歌扇转头空，只有青山杳霭中。若共吴王斗百草，使君未敢借惊鸿。

寄蔡子华

（眉批：风韵特佳，如出初唐人手。）

故人送我东来时，手栽荔子待我归。荔子已丹吾发白，犹作江南未归客。江南春尽水如天，肠断西湖春水船。想见青衣江畔路，白鱼紫笋不论钱。霜髯三老如霜桧，旧交零落今谁辈。莫从唐举问封侯，但遣麻姑更爬背。

和钱四寄其弟龢

再见涛头涌玉轮，烦君久驻浙江春。年来总作维摩病，堪笑东西二老人。

老来日月似车轮，此去知逢几个春。昨夜冰花犹作柱，晓来梅子已生人。

故周茂叔先生濂溪

自注：溪在庐山下。

世俗眩名实，至人疑有无。怒移水中蟹，爱及屋上乌。坐令此溪水，名与先生俱。先生本全德，廉退乃一隅。因抛彭泽米，偶似西山夫。遂即世所知，以为

溪之呼。先生岂我辈，造物乃其徒。应同柳州柳，聊使愚溪愚。（眉批：刻意做出，语语深警。东坡倾倒于茂叔如是，而与伊川不免龃龉，则伊川有以激之也。）

次周焘韵

周焘游天竺，观激水，作诗云："泉石耆婆色两青，竹龙驱水转山鸣。夜深不见跳珠碎，疑是檐间滴雨声。"东坡和之。

（眉批：此后人记录之语，非引也。）

道眼转丹青，常于寂处鸣。早知雨是水，不作两般声。

送南屏谦师

南屏谦师妙于茶事，自云："得之于心，应之于手，非可以言传学到者。"十二月二十七日，闻轼游落星，远来设茶，作此诗赠之。

道人晓出南屏山，来试点茶三昧手。忽惊午盏兔毛斑，打作春瓮鹅儿酒。天台乳花世不见，玉川风腋今安有。先生有意续《茶经》，会使老谦名不朽。（眉批：浅陋，不似东坡语。）

次韵子由使契丹至涿州见寄四首

老人痴钝已逃寒，子复辞行理亦难。自注：余昔年辞免使北。要到卢龙看古塞，投文易水吊燕丹。（眉批：起二句太朴。）

胡羊代马得安眠，穷发之南共一天。又见子卿持汉节，遥知遗老泣山前。（眉批：虚字入绝不合格，古体则可。）

毡毳年来亦甚都，时时鴂舌问三苏。自注：余与子由入京时，北使已问所在。后余馆伴，北使屡诵三苏文。那知老病浑无用，欲向君王乞镜湖。

始忆庚寅降屈原，旋看蜡凤戏僧虔。随翁万里心如铁，自注：时犹子迟待行。此子何劳为买田。

卷三十二

古今体诗七十二首

卧病弥月,闻垂云花开,顺阇黎以诗见招,次韵答之

(眉批:无甚佳处,气机好耳。东坡五言长律皆流走有气。)

道人心似水,不碍照花妍。宴坐春强半,清音月屡迁。平生无起灭,一念有陈鲜。袅袅风枝举,离离日蓴蔫。病吟终少味,老醉不成颠。何必邀头出,湖中有散仙。

雪后便欲与同僚寻春,一病弥月,杂花都尽,独牡丹在尔。刘景文左藏和顺阇黎诗见赠,次韵答之

残花怨久病,剩雨泣余妍。不见双旌出,空令九陌迁。自注:开园时市井皆入。(眉批:"空令"句不妥。)知君苦寂寞,妙语嚼芳鲜。浅紫从争发,浮红任早蔫。天葩尚青萼,国色待华颠。载酒邀诗将,臞儒不是仙。

病后醉中

病为兀兀安身物,酒作逢逢入脑声。堪笑钱塘十万户,官家付与老书生。

次韵刘景文、周次元寒食同游西湖

絮飞春减不成年,老境同乘下濑船。蓝尾忽惊新火后,邀头要及浣花前。自注:成都太守自正月二日出游,谓之邀头,至四月十九日浣花乃止。山西老将诗无敌,洛下书生语更妍。共向北山寻二士,画桡鼍鼓聒清眠。(眉批:后四句平直。)

连日与王忠玉、张全翁游西湖，访北山清顺、道潜二诗僧，登垂云亭，饮参寥泉，最后过唐州陈使君夜饮，忠玉有诗，次韵答之

北山非自高，千仞付我足。西湖亦何有，万象生我目。云深人在坞，风静响应谷。与君皆无心，信步行看竹。竹间逢诗鸣，(眉批："诗鸣"不妥。)眼色夺湖渌。百篇成俯仰，二老相追逐。故应千顷池，养此一双鹄。山高路已断，亭小膝更促。夜寻三尺井，渴饮半瓯玉。明朝闹丝管，寒食杂歌哭。使君坐无聊，狂客来不速。载酒有鸥夷，扣门非啄木。浮蛆滟金碗，翠羽出华屋。须臾便陈迹，觉梦那可续。及君未渡江，过我勤秉烛。一笑换人爵，(眉批："换人爵"不妥。)百年终鬼录。

谢曹子方惠新茶

(眉批：题必有讹，与诗不应。)

陈植文华斗石高，景宗诗句复称豪。(眉批：以《左传》晋重耳蔡甲午之例，例之陈王植，称陈植亦可，然终是太生。)数奇不得封龙雏，禄仕何妨似马曹。囊简久藏科斗字，剑锋新莹鹧鸪膏。南州山水能为助，更有英辞胜《广骚》。

新茶送签判程朝奉，以馈其母，有诗相谢，次韵答之

缝衣付与溧阳尉，舍肉怀归颍谷封。(眉批：去"人"字不妥。)闻道平反供一笑，会须难老待千钟。火前试焙分新胯，雪里头纲辍赐龙。从此升堂是兄弟，一瓯林下记相逢。

次韵送张山人归彭城

羡君飘荡一虚舟，来作钱塘十日游。水洗禅心都眼净，山供诗笔总眉愁。雪中乘兴真聊尔，春尽思归却罢休。何日五湖从范蠡，种鱼万尾橘千头。

次韵林子中、王彦祖唱酬

(眉批：尚老健。)

早知身寄一沤中,晚节尤惊落木风。自注:近闻莘老、公择皆逝,故有此句。昨梦已论三世事,岁寒犹喜五人同。自注:轼与子中、彦祖、子敦、完夫同试举人景德寺,今皆健。雨余北固山围座,春尽西湖水映空。差胜四明狂监在,更将老眼犯尘红。

寿星院寒碧轩

(眉批:浑成,脱洒。)

清风肃肃摇窗扉,窗前修竹一尺围。纷纷苍雪落夏簟,冉冉绿雾沾人衣。日高山蝉抱叶响,人静翠羽穿林飞。道人绝粒对寒碧,为问鹤骨何缘肥。(眉批:前六句有杜意,后二句是本色。)

书刘景文左藏所藏王子敬帖

家鸡野鹜同登俎,春蚓秋蛇总入奁。(眉批:"奁"字强押。)君家两行十二字,气压邺侯三万签。

书刘景文所藏宗少文《一笔画》

宛转回纹锦,萦盈连理花。何须郭忠恕,匹素画缂车。

真觉院有洛花,花时不暇往,四月十八日,与刘景文同往赏枇杷

绿暗初迎夏,红残不及春。魏花非老伴,卢橘是乡人。井落依山尽,岩崖发兴新。岁寒君记取,松雪看苍鳞。(眉批:宕开作收,不结本题,而恰结本题。)

又和景文韵

牡丹松桧一时栽,付与春风自在开。试问壁间题字客,几人不为看花来。(眉批:言人爱繁华而忽高节,用以自寓耳,然意曲而措语却浅。)

西湖寿星院此君轩

卧听谡谡碎龙鳞,俯看苍苍立玉身。一舸鸱夷江海去,尚余君子六千人。

此君轩

云幢烟节十洲人，犀甲檀枪百万军。翳荟丛生何足道，此君真是此君君。
（眉批：前两句不免粗材杜牧之诮，结尤不成语。）

观　台

三界无所住，一台聊自宁。尘劳付白骨，寂照起黄庭。残磬风中袅，孤灯雪后青。（眉批：五、六，九僧一派。）须防童子戏，投瓦犯清泠。

游中峰杯泉

石眼杯泉举世无，要知杯渡是凡夫。可怜狡狯维摩老，戏取江湖入钵盂。

仲天贶、王元直自眉山来，见余钱塘，留半岁，既行，作绝句五首送之

（眉批：岂复成诗。）

仲君岂弟多学，王子清修寡言。病后空惊鹤瘦，时来或作鹏骞。

海角烦君远访，江源与我同来。剩作数诗相送，莫教万里空回。

三人一旦同行，自注：二子与秦少章同寓高斋，复同舟北行。留下高斋月明。遥想扁舟京口，尚余孤枕潮声。

更欲留君久住，念君去国弥年。空使犀颅玉颊，长怀舅甥凄然。

为余远致殷勤，瑞草桥边老人。自注：老人，王庆源也。红带雅宜华发，白醪光泛新春。

赠善相程杰

心传异学不谋身，自要清时阅搢绅。火色上腾虽有数，急流勇退岂无人。书中苦觅原非诀，醉里微言却近真。（眉批：五、六是到骨宋诗，然是真语。）我似乐天君记取，华颠赏遍洛阳春。

参寥惠杨梅

新居未换一根椽,只有杨梅不直钱。莫共金家斗甘苦,参寥不是老婆禅。
(眉批:此真恶札,摭一时打诨之作编之集中,东坡之受累多矣。)

次韵林子中蒜山亭见寄

奇逸多闻老敬通,何人慷慨解怜翁。十年簿领催衰白,一笑江山发醉红。
闻道赋诗临北固,未应举扇向西风。(眉批:六句仍有不平之气。)叩头莫唤无家客,
(眉批:"叩头"二字未详。)归扫岷峨一亩宫。

再和并答杨次公

昆卢海上妙高峰,二老遥知说此翁。聊复舣舟寻紫翠,不妨持节散陈红。
高怀却有云门兴,好句真传雪窦风。唱我三人无谱曲,冯夷亦合舞幽宫。

次韵刘景文送钱蒙仲三首

谁识天闲老骥,不争日暮长途。送尽青云九子,归去扁舟五湖。
寄语竹林社友,同书桂籍天伦。王郎独为鬼录,世间无此玉人。
五字古原春草,千金汉殿长门。经纬尚余三策,典型留与诸孙。

菩提寺南漪堂杜鹃花

南漪杜鹃天下无,披香殿上红氍毹。鹤林兵火真一梦,不归阆苑归西湖。
(眉批:作古诗,起四句即好。作绝句似老,而局缩少致。)

寒 具

自注:乃捻头,出刘禹锡《嘉话》。

纤手搓来玉数寻,碧油轻蘸嫩黄深。夜来春睡浓如酒,压褊佳人缠臂金。

题杨次公春兰

（眉批：常意而写来深远。）

春兰如美人，不采羞自献。时闻风露香，蓬艾深不见。丹青写真色，欲补《离骚传》。对之如灵均，冠佩不敢燕。

题次公蕙

（眉批：此却平浅。）

蕙本兰之族，依然臭味同。曾为水仙佩，相识《楚辞》中。幻色虽非实，真香亦竟空。云何起微馥，鼻观已先通。

次韵曹辅寄壑源试焙新芽

仙山灵雨湿行云，洗遍香肌粉未匀。明月来投玉川子，清风吹破武林春。要知冰雪心肠好，不是膏油首面新。（眉批：五、六凡近。）戏作小诗君勿笑，从来佳茗似佳人。

次韵袁公济谢芎椒

燥吻时时着酒濡，要令卧疾致文殊。河鱼溃腹空号楚，汗水流骸始信吴。自注：《吴真君服椒法》云："半年脚心汗如水。"（眉批：三、四是何等语？）自笑方求三岁艾，不如长作独眠夫。羡君清瘦真仙骨，更助飘飘鹤背躯。

次韵杨次公惠径山龙井水

自注：龙井水洗病眼有效。

漏尽鸡号厌夜行，年来小器溢瓶罂。弃官纵未归东海，罢郡犹堪作水衡。幻色将空眼先暗，胜游无碍脚殊轻。空烦远致龙渊水，宁复临池似伯英。

次韵刘景文登介亭

（眉批：曼衍少味。）

泽国梅雨余,衰年困蒸溽。高堂磨新砖,颇觉利腰足。松根百尺井,两绠飞净渌。流馓聚儿童,一笑为捧腹。清风信可御,刚气在岩麓。始知共此世,物外无三伏。长歌入云去,不待弦管逐。西湖真西子,烟树点眉目。涛江少酝藉,高浪翻雪屋。俯仰拊四海,百世飞鸟速。远追钱氏余,近吊祖侯躅。吾生如寄耳,寸晷轻尺玉。谁似刘将军,逸韵谢边幅。千言一挥手,五车不再读。春岩彩鸡舞,月峡哀猿哭。朝先啼鸠起,暮与寒螀续。我老废吟哦,赖君时击触。从今事远览,发轫此幽谷。清游得三昧,至乐谢五欲。莫作狂道士,气压刘师服。

袁公济和刘景文登介亭诗，复次韵答之

（眉批：气脉满足，复能变动开合，笔有余地。）

昏昏堕醉梦,奈此六月溽。君诗如清风,答字分明。吹我朝睡足。登临得佳句,江白照湖渌。袖手独不言,默稿已在腹。是时风雨过,霭霭云归麓。疏星带微月,金火争见伏。惜哉此清景,变灭不可逐。归来读君诗,兜合紧。耿耿犹在目。（眉批：得此点缀，前后俱为生动。赞来诗如此下笔，真乃超妙，若实写一段，便是凡笔。）却思少年日,又拓。声价争场屋。文如翻水成,赋作叉手速。秋风起鸿雁,我亦继华躅。（眉批：查云：笔有化工。）那知君蹭蹬,转。独泣荆山玉。相见南新道,青衫垂破幅。早知事大谬,恨不十年读。莫嫌冯唐老,终胜贾谊哭。今年复为僚,合。旧好许重续。升沉何足道,等是蛮与触。共为湖山主,出入穷涧谷。众驰君不争,人弃我所欲。何时神武门,相约挂冠服。

介亭饯杨杰次公

篮舆西出登山门,嘉与我友寻仙村。丹青明灭风篁岭,环佩空响桃花源。郡人谓介亭山下为桃源路。前朝欲上已蜡屐,黑云白雨如倾盆。今晨积雾卷千里,岂

畏触热生病根。(眉批："岂畏"句不雅。)在家头陀无为子,久与青山为弟昆。孤峰尽处亦何有,西湖镜天江抹坤。(眉批:"坤"字代西南字,入诗不佳。)临高挥手谢好住,清风万壑传其言。风回响答君听取,我亦到处随君轩。(眉批:结却淡宕。)

次京师韵送表弟程懿叔赴夔州运判

(眉批:押韵自然,通体俱老洁。)

与子甥舅氏,摧颓各苍颜。并为东诸侯,长此佳江山。寒松无时花,安得插髻鬟。惟将老不死,一笑荣枯间。(眉批:常意,而写来超脱。)我甚似乐天,但无素与蛮。挂冠及未耄,当获一纪闲。子亦拙进取,才高命坚顽。譬如万斛舟,行此九折湾。(眉批:带一人作波,好。)仲氏新得道,一沤目尘寰。自注:君之兄德孺自云,近于佛法有得。岁晚家乡路,莫遣生榛菅。

叶教授和溽字韵诗,复次韵为戏,记龙井之游

(眉批:多为韵脚所牵,支凑拉杂,不为佳作。)

先生鲁诸儒,饮食清不溽。空肠出秀句,吟嚼五味足。华堂闹丝管,眸子涨春渌。先生疾走避,面冷毒在腹。归来煮瓠叶,弟子歌《旱麓》。声淫及《灵台》,中有麏鹿伏。(眉批:"伏"字趁韵。)功名一走兔,何用千人逐。故应容我辈,清坐时闭目。高亭石排衙,木杪挂飞屋。我来无时节,客亦不待速。似闻雪髯叟,西岭访遗躅。朝阳入潭洞,金碧涵水玉。泉扉夜不扃,云袂本无幅。慈皇付宝偈,神侣得幽读。讷庵有老人,宴坐天魔哭。(眉批:"哭"字强押。)时来献璎珞,法供灯相续。吾侪诗酒污,欲往无乃触。斋厨费晨炊,车骑满山谷。愿闻第一义,钵饭非所欲。便投切云冠,予幼好奇服。

次韵林子中见寄

飘零洛社数遗民,诗酒当年困恶宾。元亮本无适俗韵,孝章要是有名人。蒜山小隐虽为客,江水西来亦带岷。卷却西湖千顷葑,笑看鱼尾更莘莘。

安州老人食蜜歌

自注:赠僧仲殊。

(眉批:纯是晚唐下调,初白先生极赏之,殆非末学所知。)

安州老人心似铁,老人心肝小儿舌。不食五谷惟食蜜,笑指蜜蜂作檀越。蜜中有诗人不知,千花百草争含姿。老人咀嚼时一吐,还引世间痴小儿。小儿得诗如得蜜,蜜中有药治百疾。正当狂走捉风时,一笑看诗百忧失。东坡先生取人廉,几人相欢几人嫌。恰似饮茶甘苦杂,不如食蜜中边甜。自注:佛云:"吾言譬如食蜜,中边皆甜。"因君寄与双龙饼,镜空一照双龙影。三吴六月水如汤,老人心似双龙井。

次韵钱穆父紫薇花二首

虚白堂前合抱花,秋风落日照横斜。阅人此地知多少,物化无涯生有涯。自注:虚白堂前紫薇两株,俗云乐天所种。(眉批:"物化"句太腐。)

折得芳蕤两眼花,题诗相报字倾斜。箧中尚有丝纶句,坐觉天光照海涯。自注:乐天诗云:"丝纶阁下文章静,钟鼓楼中刻漏长。独坐黄昏谁是伴,紫薇花对紫薇郎。"上尝书此诗以赐轼。

送张嘉州

(眉批:前半篇虽是空架,尚有笔力。)

少年不愿万户侯,亦不愿识韩荆州。颇愿身为汉嘉守,载酒时作凌云游。虚名无用今白首,梦中却到龙泓口。浮云轩冕何足言,惟有江山难入手。峨眉山月半轮秋,影入平羌江水流。谪仙此语谁解道,请君见月时登楼。笑谈万事真何有,一时付与东岩酒。自注:佛峡人家白酒旧有名。归来还受一大钱,好意莫违黄发叟。(眉批:结不成语。)

绝　句

春来濯濯江边柳，秋后离离湖上花。不羡千金买歌舞，一篇珠玉是生涯。

次韵苏伯固主簿重九

云间朱袖拂云和，知是长松挂女萝。（眉批：次句未详。）鬓重不嫌黄菊满，手香新喜绿橙搓。墨翻衫袖吾方醉，纸落云烟子患多。只有黄鸡与白日，玲珑应识使君歌。

九日袁公济有诗，次其韵

古来静治得清闲，我愧真长也一斑。举酒东荣挹江海，回尊落日劝湖山。（眉批："回尊"句胜出句，语有斤两。）平生倾盖悲欢里，早晚抽身簿领间。笑指西南是归路，倦飞弱羽久知还。

和公济饮湖上

昨夜醉归还独寝，晓来宿雨鸣孤枕。扁舟小棹截湖来，正见青山驳云锦。须知老人兴不浅，莫学公荣不共饮。与君歌鼓乐丰年，唤取千夫食陈廪。

次韵景文山堂听筝三首

忽忆韩公二妙姝，琵琶筝韵落空无。犹胜江左狂灵运，空斗东昏百草须。

马上胡琴塞上姝，郑中丞后有人无。诗成画烛飘金烬，八尺英公欲燎须。

（眉批：用"燎须"事未详。）

荻花枫叶忆秦姝，切切幺弦细欲无。莫把胡琴挑醉客，回看霜戟褚公须。

秋晚客兴

草满池塘霜送梅，疏林野色近楼台。天围故越侵云尽，潮上孤城带月回。

客梦冷随枫叶断,愁心低逐雁行来。流年又喜经重九,可意黄花是处开。(眉批:查云:此诗不类东坡手笔。细看之实不相似,亦是晚唐人语,然第四句自佳。)

秋兴三首

(眉批:此三首亦不似东坡笔墨,东坡不如此甜熟。)

野鸟游鱼信往还,此身同寄水云间。谁家晚吹残红叶,一夜归心满旧山。可慰摧颓仍健食,此身通脱屡酡颜。年华岂是催人老,双鬓无端只自斑。

故里依然一梦前,相携重上钓鱼船。尝陪大幕全陈迹,谬忝承明愧昔年。报国无成空白首,退耕何处有名田。黄鸡白酒云山约,此计当时已浩然。

浴凤池边星斗光,宴余香满上书囊。楼前夜月低韦曲,云里车声出未央。去国何年双鬓雪,黄花重见一枝霜。伤心无限厌厌梦,长似秋宵一倍长。

赠刘景文

荷尽已无擎雨盖,菊残犹有傲霜枝。一年好景君须记,正是橙黄橘绿时。

送李陶通直赴清溪

忠文文正二大老,自注:司马温公、范蜀公,君之师友。苏李广平三舍人。自注:苏子容、宋次道与先公才元丈,熙宁中封还李定词头,天下谓之三舍人。喜见通家贤子弟,自言得邑少风尘。从来世利关心薄,此去溪山琢句新。肯向西湖留数月,钱塘初识小麒麟。(眉批:起二句殊嫌野气,下句尤凑。)

辩才老师退居龙井,不复出入。余往见之,尝出至风篁岭。左右惊曰:"远公复过虎溪矣。"辩才笑曰:"杜子美不云乎?与子成二老,来往亦风流。"因作亭岭上,名曰过溪,亦曰二老,谨次辩才韵

(眉批:极用意,而不自然。)

日月转双毂,古今同一丘。惟此鹤骨老,凛然不知秋。去住两无碍,人天争

挽留。去如龙出山,雷雨卷潭湫。来如珠还浦,鱼鳖争骈头。此生暂寄寓,常恐名实浮。我比陶令愧,师为远公优。送我还过溪,溪水当逆流。聊使此山人,永记二老游。大千在掌握,宁有离别忧。

问渊明

自注:或曰:"东坡此诗与渊明反。"此非知言也。盖亦相引以造意言者,未始相非也。元祐五年十月十四日。

子知神非形,何复异人天。岂惟三才中,所在靡不然。我引而高之,则为星斗悬。我散而卑之,宁非山与川。三皇虽云没,至今在我前。八百要有终,彭祖非永年。(眉批:纯用文句而不弱不腐,此固当参。)皇皇谋一醉,发此露槿妍。有酒不辞醉,无酒斯饮泉。立善求我誉,饥人食馋涎。(眉批:"饥人"句鄙俚,遂致全篇减色。)委运忧伤生,忧去生亦还。纵浪大化中,正为化所缠。应尽便须尽,宁复事此言。

偶于龙井辩才处得歙砚,甚奇,作小诗

罗细无纹角浪平,半丸犀璧浦云泓。(眉批:"泓"字悬脚。)午窗睡起人初静,时听西风拉瑟声。

书辩才白云堂壁

不辞清晓扣松扉,却值支公久不归。山鸟不鸣天欲雪,卷帘惟见白云飞。(眉批:亦不似东坡笔墨。)

送程之邵签判赴阙

夜光不自献,天骥良难知。从来一狐腋,或出五羖皮。贤哉江东守,收此幕中奇。无华岂易识,既得不自随。留君望此府,助我怜其衰。二年促膝语,一旦长揖辞。林深伏猛在,岸改潜珍移。去此当安从,失君徒自悲。念君瑚琏质,当

今台阁宜。去矣会有合,岂当怀其私。

寄题梅宣义园亭

仙人子真后,还隐吴市门。不惜十年力,治此五亩园。初期橘为奴,渐见桐有孙。清池压丘虎,异石来湖鼋。敲门无贵贱,遂性各琴尊。我本放浪人,家寄西南坤。敝庐虽尚在,小圃谁当樊。羡君欲归去,奈此未报恩。爱子幸僚友,久要疑弟昆。明年过君西,饮我空瓶盆。

观湖二首

(眉批:二诗殊不称题。次首尤凡猥,已不似东坡语。)

乘槎远引神仙客,万里清风上海涛。回首不知沙界小,飘衣犹觉色尘高。须弥有顶低垂日,兜率无根下戴鳌。释梵茫然齐劫火,飞云不觉醉陶陶。

朝阳照水红光开,玉涛银浪相徘徊。山分宿雾尽宽远,云驾高风驰送来。升霞影色欹残火,及物气焰明纤埃。可怜极大不知已,浮生野马悠悠哉。

醉题信夫方丈

鹤作精神松作筋,阶庭兰玉一时春。愿君且住三千岁,长与东坡作主人。

元祐五年十二月十二日,同景文、义伯、圣途、次元、伯固、蒙仲游七宝寺,题竹上

结根岂殊众,修柯独出林。孤高不可恃,岁晚霜风侵。(眉批:即李卫公《孤石》之意,而语较露骨,此唐宋之分。)

熙宁中,轼通守此郡。除夜,直都厅,囚系皆满,日暮不得返舍,因题一诗于壁,今二十年矣。衰病之余复忝郡寄,再经除夜,庭事萧然,三圄皆空。盖同僚之力,非拙朽所致。因和前篇,呈公济、子侔二通守

前　诗

除日当早归,官事乃见留。执笔对之泣,哀此系中囚。小人营糇粮,堕网不知羞。我亦恋薄禄,因循失归休。不须论贤愚,均是为食谋。谁能暂纵遣,闵默愧前修。（眉批:语语真至。）

今　诗

山川不改旧,岁月逝不留。百年一俯仰,五胜更王囚。同僚比岑范,德业前人羞。坐令老钝守,啸诺获少休。却思二十年,出处非人谋。齿发付天公,缺坏不可修。（眉批:此首殊不佳。）

卷三十三

古今体诗六十四首

次韵杨公济奉议梅花十首

梅梢春色弄微和，作意南枝剪刻多。月黑林间逢缟袂，霸陵醉尉误谁何。
（眉批：梅不宜着剪刻，此花正以天然胜尔。）

相逢月下是瑶台，藉草清尊连夜开。明日酒醒应满地，空令饥鹤啄莓苔。
（眉批：末句少欠自然。）

绿发寻春湖畔回，万松岭上一枝开。而今纵老霜根在，得见刘郎又独来。
（眉批：刘郎自是桃花事，而用来不觉其借。）

月地云阶漫一尊，玉儿终不负东昏。临春结绮荒荆棘，谁信幽香是返魂。
（眉批：全不是梅花典故，而非梅花不足以当之。）

日出冰澌散水花，野梅官柳是攲斜。西郊欲就诗人饮，黄四娘东子美家。
（眉批：此却不见是梅。）

君知早落坐先开，莫著新诗句句催。岭北霜枝最多思，忍寒留待使君来。

冰盘未荐含酸子，雪岭先看耐冻枝。应笑春风木芍药，丰肌弱骨要人医。
（眉批：此首近伧。）

寒雀喧喧冻不飞，绕林空啅未开枝。多情好与风流伴，不到双双燕子时。
（眉批：情思深婉。）

鲛绡剪碎玉簪轻，檀晕妆成雪月明。肯伴老人春一醉，悬知欲落更多情。

缟裙练帨玉川家，肝胆清新冷不邪。秋李争春犹办此，更教踏雪看梅花。
（眉批：次句不成语。）

谢关景仁送红梅栽二首

年年芳信负红梅，江畔垂垂又欲开。珍重多情关令尹，直和根拨送春来。

为君栽向南堂下，记取他年着子时。酸酽不堪调众口，使君风味好攒眉。（眉批：有作意，而语不工。）

次韵刘景文路分上元

华灯闷艰岁，冷月挂空府。三吴重时节，九陌自歌舞。云从月几望，遂至一百五。嘉辰可屈指，乐事相继武。今宵扫云阵，极目净天宇。嬉游各忘归，阗咽顷未睹。飞球互明灭，激水相吞吐。老去反儿童，归来尚铙鼓。新年消暗雪，旧岁添丝缕。何时九江城，相对两渔父。自注：予旧欲卜居庐山，景文近买宅江州。（眉批：结意太泛。）

游宝云寺，得唐彦猷为杭州日送客舟中手书一绝句云："山雨霏微不满空，画船来往疾轻鸿。谁知独卧朱帘里，一榻无尘四面风。"明日，送彦猷之子坰赴鄂州，舟中遇微雨，感叹前事，因和其韵作两首送之，且归其书唐氏

（眉批：二诗俱清妥，但无警策处耳。）

二妙凋零笔法空，忽惊云海戏群鸿。清诗不敢私囊箧，人道黄门有父风。自注：黄门卫，恒也。

出处荣枯一笑空，十年社燕与秋鸿。谁知白首长河路，还卧当时送客风。

送江公著知吉州

（眉批：了无深意，而笔力特为跳脱。）

三吴行尽千山水，犹道桐庐更清美。岂惟浊世隐狂奴，时平亦出佳公子。初冠惠文读《城旦》，晚入奉常陪剑履。方将华省起弹冠，忽忆钓台归洗耳。未应良木弃大匠，要使名驹试千里。奉亲官舍当有择，得郡江南差可喜。白粲连樯一万艘，红妆执乐三千指。簿书期会得余闲，亦念人生行乐耳。自注：二"耳"意不同，故得重用。（眉批：古诗原不避重韵。自汉魏以至唐人，往往有之。必曰义不同则得重押，却非笃论。此论起于香山《贺刘中山生子》，诗用二"白"字，自注义别。然彼是句中，非韵脚也。）

闻钱道士与越守穆父饮酒，送二壶

龙根为脯玉为浆，下界寒醅亦漫尝。一纸鹅经逸少醉，他年《鹏赋》谪仙狂。金丹自足留衰鬓，苦泪何须点别肠。吴郡旧邦遗泽在，定应符竹付诸郎。
（眉批：起二句串合有情。三、四用事亦亲切，后半率易。）

再和杨公济梅花十绝

一枝风物便清和，看尽千林未觉多。结习已空从着袂，不须天女问云何。

天教桃李作舆台，故遣寒梅第一开。凭仗幽人收艾纳，国香和雨入青苔。
（眉批：兴象深微，说来浓至。）

白发思家万里回，小轩临水为花开。故应剩作诗千首，知是多情得得来。

人去残英满酒尊，不堪细雨湿黄昏。夜寒那得穿花蝶，知是风流楚客魂。

春入西湖到处花，裙腰芳草抱山斜。盈盈解佩临烟浦，脉脉当垆傍酒家。

莫向霜晨怨未开，白头朝夕自相催。斩新一朵含风露，恰似西厢待月来。
（眉批：格意凡鄙。）

洗尽铅华见雪肌，要将真色斗生枝。檀心已作龙涎吐，玉颊何烦獭髓医。

湖面初惊片片飞，尊前吹折最繁枝。何人会得春风意，怕见梅黄雨细时。

长恨漫天柳絮轻，只将飞舞占清明。寒梅似与春相避，未解无私造物情。
（眉批：末句腐甚。）

北客南来岂是家，醉看参月半横斜。他年欲识吴姬面，秉烛三更对此花。
（眉批：惘然不尽，情思殊深。）

次韵曹子方运判雪中同游西湖

（眉批：此是诗余，误入诗集。）

词源滟滟波头展，清唱一声岩谷满。未容雪积句先高，岂独湖开心自远。云山已作歌眉浅，山下积流清似眼。尊前侑酒只新诗，何异书鱼餐蠹简。

次韵仲殊雪中游西湖二首

（眉批：查云：忽作东野语。）

夜半幽梦觉，稍闻竹苇声。起续冻折弦，为鼓一再行。曲终天自明，玉楼已峥嵘。有怀二三子，落笔先飞霙。共为竹林会，身与孤鸿轻。秀语出寒饿，身穷诗乃亨。禅老复何为，笑指孤烟生。我独念粲者，谁与予目成。

（眉批：全不著相。）

宝云楼阁闹千门，林静初无一鸟喧。闭户莫教风扫地，卷帘疑有月临轩。水光潋滟犹浮碧，山色空蒙已敛昏。乞得汤休奇绝句，始知盐絮是陈言。（眉批：结出和意是古法。）

次韵参寥仝前

朝来处处白毡铺，楼阁山川尽一如。总是烂银并白玉，不知奇货有谁居。

（眉批：此真张打油矣。）

与叶淳老、侯敦夫、张秉道同相视新河，秉道有诗，次韵二首

（眉批：二首皆气机骏利。）

君不见元帅府前罗万载，涛头未顺千弩射。至今凤皇山下路，长借一箭开两翼。我凿西湖还旧观，一眼已尽西南碧。又将回夺浮山险，千艘夜下无南北。坐陈三策本人谋，惟留一诺待我画。老病思归真暂寓，功名如幻终何得。从来自笑画蛇足，此事何殊食鸡肋。怜君嗜好更迂阔，得我新诗喜折屐。江湖粗了我竟归，余事后来当润色。是同官语。一庵闲卧洞霄宫，并有丹砂水长赤。

荆溪父老愁三害，下斩长蛟本无赖。平生倔强韩退之，文字犹为鳄鱼戒。石门之役万金耳，首鼠不为吾已隘。江湖开塞古有数，两鹄飞来告成坏。劝农使者非常人，一言已破黎民骇。上饶使君更超轶，坐睨浮山如累块。髯张乃我结袜生，诗酒淋漓出狂怪。我作水衡君作丞，他日归朝同此拜。（眉批：此首更恣逸。）

棕笋

　　棕笋,状如鱼,剖之得鱼子,味如苦笋而加甘芳。蜀人以馔佛,僧甚贵之,而南方不知也。笋生肤毳中,盖花之方孕者,正二月间可剥取,过此苦涩不可食矣。取之无害于木,而宜于饮食。法当蒸熟,所施略与笋同,蜜煮酢浸,可致千里外。今以饷殊长老。

赠君木鱼三百尾,中有鹅黄子鱼子。夜叉剖癭欲分甘,(眉批:"夜叉"不雅。)篾龙藏头敢言美。愿随蔬果得自用,勿使山林空老死。问君何事食木鱼,烹不能鸣固其理。(眉批:结纤佻。)

次韵曹子方龙山真觉院瑞香花

幽香结浅紫,来自孤云岑。骨香不自知,色浅意殊深。移栽青莲宇,遂冠蒼卜林。纫为楚臣佩,散落天女襟。君持风霜节,耳冷歌笑音。一逢兰蕙质,稍回铁石心。置酒要妍暖,养花须晏阴。及此阴晴间,恐致悭啬霖。彩云知易散,鹎鵊忧先吟。明朝便陈迹,试著丹青临。(眉批:绾合得好,用广平事无迹。)

送小本禅师赴法云

(眉批:意思甚摆脱,故不落窠臼。)

寓形天宇内,出处会有役。澹然都无营,百年何由毕。山林等忧患,轩冕亦戏剧。我未即归休,师宁要安逸。王城满豪杰,议论纷黑白。圣谛第一义,对面谁不识。师来亦何事,孤月挂空碧。是身如浮云,安得限南北。出岫本无心,既雨归亦得。(眉批:此引杜诗,以引下二句。初白疑其全用旧句,非也。)珠泉有旧约,何年挂瓶锡。

书《浑令公燕鱼朝恩图》

(眉批:殊嫌直致。)

咸宁英气似汾阳,夜饮军容出红妆。不须缠头万匹锦,知君未办作吕强。

庞　公

（眉批：二首语皆浅近。）

襄阳庞公少检束,白发不髡亦不俗。世所奔趋我独弃,我已有余彼不足。鹿门有月树下行,虎溪无风舟上宿。不识当时捕鱼客,但爱长康画金粟。杜口如今不复言,庞公为人不曲局。东西有人问老翁,为道明灯照华屋。

戏　书

五言七言正儿戏,三行两行亦偶尔。我性不饮只解醉,正如春风弄群卉。四十年来同幻事,老去何须别愚智。古人不住亦不灭,我今不作亦不止。寄语悠悠世上人,浪生浪死一埃尘。洗墨无池笔无冢,聊尔作戏悦我神。

次韵刘景文西湖席上

二老长身屹两峰,常撞大吕应黄钟。将辞邺下刘公幹,却见云间陆士龙。白发怜君略相似,青山许我定相从。我今官已六百石,惭愧当年邴曼容。

次韵答马忠玉

坡陀巨麓起连峰,积累当年庆自钟。灵运子孙俱得凤,慈明兄弟孰非龙?河梁会作看云别,诗酒何妨载酒从。只有西湖似西子,故应宛转为君容。（眉批：竟似近人祝寿诗。）

三萼牡丹

风雨何年别,留真向此邦。至今遗恨在,巧过不成双。（眉批：太小巧。）

予去杭十六年而复来,留二年而去。平日自觉出处老少粗似乐天,虽才名相远,而安分寡求亦庶几焉。三月六日,来别南北山诸道人,而下天竺惠净师以丑石赠行,作三绝句

(眉批:沉着语,又恰是对僧语。)

当年衫鬓两青青,强说重临慰别情。衰发只今无可白,故应相对话来生。
出处依稀似乐天,敢将衰老较前贤。便从洛社休官去,犹有闲居二十年。
在郡依前六百日,山中不记几回来。还将天竺一峰去,欲把云根到处栽。

和林子中待制

两翁留滞各蹒然,人笑迂疏老更坚。共把鹅儿一尊酒,相逢卵色五湖天。江边遗爱啼斑白,海上先声入管弦。早晚渊明赋归去,浩歌长啸老斜川。

次韵答黄安中兼简林子中

老去心灰不复然,一麾江海意方坚。那堪黄散付子度,空羡苏杭养乐天。病肺一春难白酒,别肠三夜绕朱弦。群仙正欲吾归去,共把清风借玉川。

留别蹇道士拱辰

黑月在浊水,何曾不清明。寸田满荆棘,梨枣无从生。何时反吾真,岁月今峥嵘。屡接方外士,早知俗缘轻。庚桑托鸡鹄,未肯化南荣。晚识此道师,似有宿世情。笑指北山云,诃我不归耕。仙人汉阴马,微服方地行。咫尺不往见,烦子通姓名。愿持空手去,独控横江鲸。

次韵子由书王晋卿画山水一首,而晋卿和二首

误点故教同子敬,杂篇真欲拟汤休。陇云寄我山中信,雪月追君溪上舟。会看飞仙虎头箧,却来颠倒拾遗裘。自注:子美诗云:"天吴与紫凤,颠倒在短褐。"王

孙办作玄真子,细雨斜风不湿鸥。

此境眼前聊妄想,几人林下是真休。我今心似一潭月,君已身如万斛舟。看画题诗双鹤鬓,归田送老一羊裘。明年兼与土龙去,万顷苍波没两鸥。

次韵子由书王晋卿画山水二首

老去君空见画,梦中我亦曾游。桃花纵落谁见,水到人间伏流。

山人昔与云俱出,俗驾今随水不回。赖我胸中有佳处,一樽时对画图开。

又书王晋卿画四首

（眉批：四首皆刻意翻新,而皆乏天然之妙。）

山阴陈迹

当年不识此清真,强把先生拟季伦。等是人间一陈迹,聚蚁金谷本何人。

雪溪乘兴

溪山雪月两佳哉,宾主谈锋夜转雷。犹言不见戴安道,为问适从何处来。

四明狂客

毫端偶集一微尘,何处溪山非此身。狂客思归便归去,更求敕赐枉天真。

西塞风雨

斜风细雨到来时,我本无家何处归。仰看云天真箬笠,旋收江海入蓑衣。

破琴诗

　　旧说,房琯开元中尝宰卢氏,与道士邢和璞出游,过夏口村,入废佛寺,坐古松下。和璞使人凿地,得瓮中所藏娄师德与永禅师书,笑谓琯曰："颇忆此耶?"琯因怅然,悟前生之为永师也。故人柳子玉宝此画,云是唐本,宋复古所临者。元祐六年三月十九日,予自杭州还朝,宿吴淞江,梦长老仲殊挟琴过余,弹之有异声。熟视琴颇损,而有十三弦。予方叹惜不已,殊曰："虽损,尚可修。"曰："奈十三弦何?"殊不答,诵诗云："度数形名本偶然，破琴今有十三弦。此生若遇邢和璞，方信秦筝是响泉。"予梦中了然，识其所谓，既觉而忘之。明日昼寝复梦，殊来理前语，再诵其诗，方惊觉而殊适至，意其非梦也。问之殊，盖不知。是岁六月，见子玉之子子文京师，求得其画，乃作诗并书所梦其上。子玉名瑾，善作诗及行草书。复古名迪，画山水草木，盖妙绝一时。仲殊本书生，弃家学佛，通脱无所著，皆奇士也。

破琴虽未修，中有琴意足。谁云十三弦，音节如佩玉。新琴空高张，丝声不附木。宛然七弦筝，动与世好逐。陋矣房次律，因循堕流俗。悬知董庭兰，不识无弦曲。（眉批：语多深至。）

书破琴诗后

余作《破琴诗》，求得宋复古画邢和璞于柳仲远，仲远以此本托王晋卿临写为短轴，名为《邢房悟前生图》，作诗题其上。

此身何物不堪为，逆旅浮云自不知。偶见一张闲故纸，便疑身是永禅师。

题王晋卿画后

丑石半蹲山下虎，长松倒卧水中龙。试君眼力看多少，数到云峰第几重。（眉批：粗犷。）

听武道士弹贺若

清风终日自开帘，凉月今宵肯挂檐。琴里若能知贺若，诗中定合爱陶潜。（眉批：蕴藉得好。）

元祐六年六月自杭州召还，汶公馆我于东堂，阅旧诗卷，次诸公韵三首

（眉批：三首俱有情致。）

半熟黄粱日未斜,玉堂阴合手栽花。却思三十年前味,未饭钟时已饭茶。

梦觉还惊屦响廊,故人来炷影前香。鬓须白尽成何事,一帖空存老遂良。自注:法帖中,有褚遂良书云:"即日,遂良须鬓尽白。"

尺一东来唤我归,衰年已迫故山期。文章曹植今堪笑,却卷波澜入小诗。

感旧诗

嘉祐中,予与子由同举制策,寓居怀远驿,时年二十六,而子由二十三耳。一日秋风起,雨作,中夜翛然,有感慨离合之意。自尔宦游四方,不相见者十尝七八。每夏秋之交风雨作,木落草衰,辄凄然有此感,盖三十年矣。元丰中,谪居黄冈,而子由亦贬筠州,尝作诗以纪其事。元祐六年,予自杭州召还,寓居子由东府,数月复出领汝阴,时予年五十六矣。乃作诗,留别子由而去。

(眉批:真至之言,自然浑厚。)

床头枕驰道,双阙夜未央。车毂鸣枕中,客梦安得长。警语。新秋入梧叶,风雨惊洞房。独行残月影,怅焉感初凉。筮仕记怀远,谪居念黄冈。一往三十年,此怀未始忘。扣门呼阿同,自注:子由,一字同叔。安寝已太康。青山映华发,归计三月粮。我欲自汝阴,径上潼江章。想见冰盘中,石蜜与柿霜。自注:予欲请东川而归,二物皆东川所出。怜子遇明主,忧患已再尝。报国何时毕,我心久已降。

卷三十四

古今体诗六十七首

西湖秋涸,东池鱼窘甚。因会客,呼网师迁之西池,为一笑之乐。夜归,被酒不能寐,戏作放鱼一首

东池浮萍半黏块,裂碧跳青出鱼背。西池秋水尚涵空,舞阔摇深吹荇带。(眉批:先提明二池,如弈者之先布势子。)吾侪有意为迁居,(眉批:入得分明。)老守纵馋那忍脍。纵横争看银刀出,溅溅初惊玉花碎。但愁数罟损鳞鬣,(眉批:补出网师。)未信长堤隔涛濑。濊濊发发须臾间,圉圉洋洋寻丈外。安知中无蛟龙种,或恐尚有风云会。明年春水涨西湖,好去相逢渺淮海。(眉批:结得阔重。)

复次放鱼韵,答赵承议、陈教授

扰扰万生同大地,抢榆不羡培风背。青丘已登云梦芥,黄河复缭天门带。长讥韩子隘且陋,一饱鲸鲵何足脍。东坡也是可怜人,披抉泥沙收细碎。逝将归休八节滩,又欲往钓七里濑。正似此鱼逃网中,未与造物游数外。(眉批:明作绾合,又是一法。)且将新句调二子,(眉批:清出陈、赵。)湖上秋高风月会。为君更唤木肠儿,脚扣两舷歌《小海》。

九月十五日,观月听琴西湖示坐客

白露下众草,碧空卷微云。孤光为谁来,似为我与君。衍常建语,不觉其袭。水天浮四座,河汉落酒樽。使我冰雪肠,不受曲糵醺。(眉批:清思袅袅,静意可掬。不似俗手,貌为惝恍语。)尚恨琴有弦,出鱼乱湖纹。(眉批:如此入琴,有神无迹。入俗手,非琴月对写,即另写琴声一段矣。)哀弹本旧曲,妙耳非昔闻。良时失俯仰,

此见宁朝昏。悬知一生中,道眼无由浑。

复次韵谢赵景贶、陈履常见和,兼简欧阳叔弼兄弟

能诗李长吉,识字扬子云。端能望此府,坐啸获两君。逝将江湖去,浮我五石尊。眷焉复少留,尚为世所醺。或劝莫作诗,儿辈工织纹。朱弦寄三叹,未害俗耳闻。共寻两欧阳,伐薪照黄昏。是家有甘井,汲多终不浑。

送欧阳主簿赴官韦城四首

凤雏骥子日相高,白发苍颜笑我曹。读遍牙签三万轴,却来小邑试牛刀。
（眉批:多从六一生情,便非泛泛之笔。）

出处年来恨不齐,一尊临水记分携。江湖咫尺吾将老,汝颍东流子却西。
（眉批:此首夹于三首之中便好,若单此一首送行即是窠臼语。）

白马津头春水来,白鱼犹喜似江淮。使君已复冰堂酒,更望重新画舫斋。

道旁垂白定沾巾,正似当年绿发新。故国依然乔木在,典刑复见老成人。

美哉一首送韦城主簿欧阳君

（眉批:何必定作此格,如雅士案头忽杂一烧斑伪古器。）

美哉水,洋洋乎,我怀先生,送之子于城隅。洋洋乎,美哉水,我送之子,至于新渡。念彼嵩洛,眷焉西顾,之子于迈,至于白马。白马旧邦,其构维新,邦人流涕,画舫之孙。相其口髯,尚克似之,先生遗民,之子往字。

泛　颍

（眉批:源出次山,而运以本色机轴,遂成奇调。）

我性喜临水,得颍意甚奇。到官十日来,九日河之湄。吏民笑相语,使君老而痴。使君实不痴,节奏好。流水有令姿。"令姿"二字趁韵。绕郡十余里,不驶亦不迟。上流直而清,下流曲而漪。画船俯明镜,笑问汝为谁。忽然生鳞

甲,乱我须与眉。散为百东坡,顷刻复在兹。(眉批:眼前语写成奇采,此为自在神通。查云:游戏成篇,理趣具足,深于禅语,手敏心灵。)此岂水薄相,与我相娱嬉。声色与臭味,颠倒眩小儿。等是儿戏物,水中少磷缁。赵陈两欧阳,同参天人师。观妙各有得,共赋泛颍诗。(眉批:结少率。)

六观堂老人草书

自注:六观,取《金刚经》梦、幻等六物也。老人,僧了性,精于医而善草书,下笔有远韵,而人莫知贵,故作此诗。

物生有象象乃滋,梦幻无根成斯须。(眉批:起太吃力。)方其梦时了非无,泡影一失俯仰殊。清露未晞电已徂,此灭灭尽乃真吾。云如死灰实不枯,逢场作戏三昧俱。化身为医忘其躯,草书非学聊自娱。落笔已唤周越奴,苍鼠奋髯饮松腴,剡藤玉版开雪肤。游龙天飞万人呼,莫作羞涩羊氏姝。(眉批:后半颇似山谷。)

次韵刘景文见寄

淮上东来双鲤鱼,巧将诗信渡江湖。细看落墨皆松瘦,想见掀髯正鹤孤。烈士家风安用此,书生习气未能无。莫因老骥思千里,醉后哀歌缺唾壶。(眉批:后半沉郁。)

赠朱逊之

元祐六年九月,与朱逊之会议于颍。或言洛人善接花,岁出新枝,而菊品尤多。逊之曰:"菊当以黄为正,余可鄙也。"昔叔向闻齮蔑一言,知其为人,予于逊之亦云。

(眉批:庄论妙于不腐。)

黄花候秋节,远自《夏小正》。坤裳有正色,鞠衣亦令名。一从人伪胜,遂与天力争。易姓寓非族,改颜随所令。新奇既易售,粹驳宜相倾。疾恶逢伯厚,识真似渊明。（眉批:点缀巧合,非同切姓之陋格。）君言我所印,世论谁敢评。愿君为霜风,一扫紫与赪。（眉批:势须推开,方见作意。）

次韵赵景贶督两欧阳诗，破陈酒戒

（眉批:此种总以戏笔论。）

商也哀未忘,岁月忽已秋。祥琴虽未调,余悲不敢留。矧此乃韵语,未入金石流。羲之生五子,总角出银钩。吾家有二许,下笔两不休。君言不能诗,此语人信不？千钟斯为尧,百榼斯为丘。陋矣陶士衡,当以大白浮。酒中那有失,醉则不惊鸥。明当罚二子,已洗两玉舟。

叔弼云:履常不饮，故不作诗，劝履常饮

我本畏酒人,临觞未尝诉。（眉批:"未尝诉"欠妥。）平生坐诗穷,得句忍不吐。吐酒茹好诗,肝胃生滓污。用此较得丧,天岂不足付。（眉批:"天岂"句不醒豁。）吾侪非二物,岁月谁与度。悄然得长愁,为计已大误。二欧非无诗,恨子不饮故。强为酹一酹,将非作愁具。（眉批:"将非"句亦不醒。）成言如皎日,援笔当自赋。他年五君咏,山王一时数。

臂痛谒告，作三绝句示四君子

（眉批:三首到骨宋格,废之则不能,效之则不必。）

公退清闲如致仕,酒余欢适似还乡。不妨更有安心病,卧看紫帘一炷香。

心有何求遣病安,年来古井不生澜。只愁戏瓦闲童子,却作泠泠一水看。

小阁低窗卧宴温,了然非默亦非言。维摩示病吾真病,谁识东坡不二门。

到颖未几公帑已竭，斋厨索然，戏作

（眉批:亦是率笔。）

我昔在东武,吏方谨新书。斋空不知春,客至先愁予。采杞聊自诳,食菊

不敢余。岁月今几何,齿发日向疏。幸此一郡老,依然十年初。梦饮本来空,真饱竟亦虚。尚有赤脚婢,能烹赪尾鱼。心知皆梦耳,慎勿歌归欤。

景贶、履常屡有诗,督叔弼、季默倡和,已许诺矣,复以此句挑之

君家文律冠西京,旋筑诗坛按酒兵。袖手莫轻真将种,致师须得老门生。明朝郑伯降谁受,昨夜条侯壁已惊。从此醉翁天下乐,还应一举百觞倾。自注:文忠公赠苏、梅诗云:"我亦愿助勇,鼓旗噪其旁。快哉天下乐,一醉宜百觞。"

赠月长老

(眉批:纯作禅语,却无偈颂之气。)

天形倚一笠,地水转两轮。五帝之所运,毫端栖一尘。功名半幅纸,儿女浪苦辛。子有折足铛,中容五合陈。十年此中过,却是英特人。延我地炉坐,语软意甚真。白灰如积雪,中有红麒麟。勿触红麒麟,作灰维那瞋。(眉批:波澜闲逸,写出月公戒律,妙于不是呆述。)拱手但默坐,墙壁徒谆谆。今宵恨客多,污子白氎巾。后夜当独来,不须主与宾。蒲团坐纸帐,自要观我身。(眉批:结得脱洒。)

次韵答钱穆父,穆父以仆得汝阴,用杭越酬唱韵作诗见寄

大耿疲劳已离群,小冯慈爱且当门。自注:轼本以舍弟亲嫌请郡。玉堂不著扶犁手,霜鬓偏宜画鹿辖。豪杰虽无两王继,自注:谓子直、深父。风流犹有二欧存。自注:谓叔弼、季默。清诗已入新歌舞,要使邦人识雅言。(眉批:竟用时人作对偶,此格始自香山,然终非正格。)

韩退之《孟郊墓铭》云:以昌其诗。举此问王定国:当昌其身耶?抑昌其诗也?来诗下语未契,作此答之

(眉批:此却腐气,不可为法。)

昌身如饱腹,饱尽还当饥。昌诗如膏面,为人作容姿。不如昌其气,郁郁老不衰。虽云老不衰,劫坏安所之。不如昌其志,志一气自随。养之塞天地,孟轲不吾欺。人言魏勃勇,股栗向小儿。何如鲁连子,谈笑却秦师。慎勿怨谤讒,乃我得道资。淤泥生莲花,粪壤出菌芝。赖此善知识,使我枯生荑。吾言岂须多,冷暖子自知。

送欧阳推官赴华州监酒

我观文忠公,四子皆超越。仲也珠径寸,照夜光如月。好诗真脱兔,下笔先落鹘。知音如周郎,议论亦英发。(眉批:"知音"二句率易。)文章乃余事,学道探玄窟。(眉批:"文章"二句笨。)死为长白主,名字书绛阙。自注:熙宁之末,仲纯父见仆于京城之东,曰:"吾梦道士持告身授吾曰:'上帝命汝为长白山主。'此何祥也?"明年,仲纯父殁。伤心清颍尾,已伴白鸥没。喜见三少年,俱有千里骨。千里不难到,莫遣历块蹶。临分出苦语,愿子书之笏。(眉批:欧苏之交,送其子自不应作世故语。)

十月十四日以病在告独酌

翠柏不知秋,空庭失摇落。幽人得嘉荫,露坐方独酌。月华稍澄穆,雾气尤清薄。小儿亦何知,相语翁正乐。旁写好。铜炉烧柏子,石鼎煮山药。一杯赏月露,万象纷酬酢。此生独何幸,风缆欣初泊。誓逃颜跖网,行赴松乔约。莫嫌风有待,漫欲戏寥廓。泠然心境空,仿佛来笙鹤。(眉批:清洒之至。)

独酌试药玉滑盏,有怀诸君子。明日望夜,月庭佳景不可失,作诗招之

镕铅煮白石,作玉真自欺。琢削为酒杯,规摹定州瓷。荷心虽浅狭,镜面良渺沵。持此寿佳客,到手不容辞。曹侯天下平,定国岂其师。一饮至数石,温克颇似之。风流越王孙,诗酒屡出奇。喜我有此客,玉杯不徒施。请君诘欧陈,问疾来何迟。呼儿扫月榭,扶病良及时。(眉批:此只代柬,不以诗论。)

欧阳季默以油烟墨二丸见饷,各长寸许,戏作小诗

书窗拾轻煤,佛帐扫余馥。辛勤破千夜,收此一寸玉。痴人畏老死,腐朽同草木。欲将东山松,涅尽南山竹。墨坚人苦脆,未用叹不足。且当注虫鱼,莫草三千牍。(眉批:分明诮其轻鲜,而自以感慨出之,诗人之笔固应如是。)

明日复以大鱼为馈,重二十斤,且求诗,故复戏之

汉廷九尺人,谁似老方朔。那将一寸金,令足三冬学。饷鱼欲自洗,鳞尾光卓荦。我是骑鲸手,聊堪充鹿角。

和赵景贶栽桧

汝阴多老桧,处处屯苍云。地连丹砂井,物化青牛君。时有再生枝,自注:颍之灵坛观有再生桧。还作左纽纹。王孙有古意,书室延清芬。应怜四孺子,不堕凡木群。体备松柏姿,气含芝术薰。初扶鹤立骨,未出龙缠筋。巢根白蚁乱,网叶秋虫纷。乃知葆芾初,甚要封殖勤。他年皮三寸,狐鼠了不闻。(眉批:结句太激。)

叶待制求先坟永慕亭诗

灵区有异产,化国无潜珍。承平百年间,簪缨半齐民。建溪富奇伟,叶氏初隐沦。森然见乔木,其下维德人。佳哉郁葱葱,气若凤与麟。联翩出儒将,岂惟十朱轮。新松无鹿触,旧柏有乌驯。待公归上冢,泪叶乃肯春。(眉批:何其浅近。)

与赵、陈同过欧阳叔弼新治小斋,戏作

江湖渺故国,风雨倾旧庐。东来三十年,愧此一束书。尺椽亦何有,而我常客居。羡君开此室,容膝真有余。(眉批:气机疏畅,不觉其平衍。)拊床琴动摇,

弄笔窗明虚。后夜龙作雨,天明雪填渠。自注:时方祷雨龙祠,作此句时星斗灿然,四更风雨大至,明日乃雪。(眉批:平常事写得极飞动,此为兴到。)梦回闻剥啄,谁呼赵陈予。(眉批:仍缴起,意密。)添丁走沽酒,通德起挽蔬。主孟当啖我,玉鳞金尾鱼。一醉忘其家,此身自篷篨。

聚星堂雪

元祐六年十一月一日,祷雨张龙公,得小雪,与客会饮聚星堂。忽忆欧阳文忠公作守时,雪中约客赋诗,禁体物语,于艰难中特出奇丽,尔来四十余年莫有继者。仆以老门生继公后,虽不足追配先生,而宾客之美殆不减当时,公之二子又适在郡,故辄举前令,各赋一篇。

窗前暗响鸣枯叶,龙公试手行初雪。映空先集疑有无,作态斜飞正愁绝。众宾起舞风竹乱,老守先醉霜松折。恨无翠袖点横斜,只有微灯照明灭。归来尚喜更鼓永,晨起不待铃索掣。未嫌长夜作衣棱,却怕初阳生眼缬。欲浮大白追余赏,幸有回飙惊落屑。模糊桧顶独多时,历乱瓦沟裁一瞥。汝南先贤有故事,醉翁诗话谁续说。当时号令君听取,白战不许持寸铁。(眉批:句句恰是小雪,体物神妙,不愧名篇。)

欧阳叔弼见访,诵陶渊明事,叹其绝识。既去,感慨不已,而赋此诗

渊明求县令,本缘食不足。束带向督邮,小屈未为辱。翻然赋归去,岂不念穷独。重以五斗米,折腰营口腹。云何元相国,万钟不满欲。胡椒铢两多,安用八百斛。以此杀其身,何啻鹊抵玉。往者不可悔,吾其反自烛。(眉批:意言并尽。)

喜刘景文至

天明小儿更传呼,髯刘已到城南隅。尺书真是髯手迹,起坐熨眼知有无。(眉批:起数语,旁面写出,愈加飞动,多少交情都在无字句处。)今人不作古人事,今世

有此古丈夫。我闻其来喜欲舞,病自能起不用扶。江淮旱久尘土恶,朝来清雨濯鬓须。相看握手了无事,千里一笑毋乃迂。平生所乐在吴会,老死欲葬杭与苏。(眉批:写得十分满足,至此更难下语,只好惹起旁波。)过江西来二百日,冷落山水愁吴姝。新堤旧井各无恙,参寥六一岂念吾。别后新诗巧摹写,袖中知有钱塘湖。(眉批:一笔勒转,轻妙之至。)

祷雨张龙公既应,刘景文有诗,次韵

张公晚为龙,抑自龙中来。伊昔风云会,咄嗟潭洞开。精诚苟可贯,宾主真相陪。(眉批:起得奇矫。)洞箫振羽舞,白酒浮云罍。言从关州妃,远去焦氏台。倾倒瓶中雨,一洗麦上埃。破旱不论功,乘云却空回。嗟龙与我辈,用意岂远哉。(眉批:忽入此意,警动异常。)使君今子义,英气冠东莱。笑说龙为友,幽明莫相猜。

刘景文家藏乐天《身心问答三首》,戏书一绝其后

渊明形神自我,乐天身心相物。而今月下三人,他日当成几佛。

西湖戏作

一士千金未易偿,我从陈赵两欧阳。举鞭拍手笑山简,只有并州一葛强。(眉批:一时兴到口占,编之集中,殊不必。)

送欧阳季默赴阙

先生岂止一怀祖,郎君不减王文度。(眉批:起太突。)膝上几日今白须,今我眼中见此父。汝南相从三晦朔,君去苦早我来暮。霜风凄紧正脱木,颍水清浅可立鹭。(眉批:查云:清峭。)莫辞白酒泻香泉,已觉扁舟掠新渡。坐看士衡执别手,更遣梦得出奇句。郎君可是筦库人,乃使骆骥随蹇步。置之行矣无足道,贤愚岂在遇不遇?(眉批:结亦直率。)

用前韵作雪诗留景文

（眉批：通篇道紧，无一懈笔。）

万松岭上黄千叶，载酒年年踏松雪。刘郎去后谁复来，花下有人心断绝。东斋夜坐搜雪句，两手龟坼霜须折。无情岂亦畏嘲弄，穿帘入户吹灯灭。纷纷儿女争所似，碧海长鲸君未掣。朝来云汉接天流，顾我小诗如点缀。欧阳赵陈在户外，急扫中庭铺木屑。交游虽似雪柏坚，聚散行作风花瞥。（眉批：随手绾合，入得无痕。）晴光融作一尺泥，归有何事真无说。泥干路稳放君去，莫倚马蹄如踏铁。

和刘景文见赠

元龙本志陋曹吴，豪气峥嵘老不除。失路今为晗等伍，作诗犹似建安初。西来为我风鬐面，独卧无人雪缟庐。留子非为十日饮，要令安世诵亡书。

和刘景文雪

占雨又得雪，龟宁欺我哉。（眉批：次句不成语。）似知吾辈喜，故及醉中来。童子愁冰砚，佳人苦胶杯。那堪李常侍，入蔡夜衔枚。

次前韵送刘景文

白云在天不可呼，明月岂肯留庭隅。怪君西行八百里，清坐十日一事无。路人不识呼尚书，但见凛凛雄千夫。自注：君一马两仆，率然相访，逆旅多呼尚书，意谓君都头也。岂知入骨爱诗酒，醉倒正欲蛾眉扶。（眉批：查云：跌宕可喜。）一篇向人写肝肺，四海知我霜鬓须。自注：君前有诗见寄云："四海共知霜鬓满，重阳曾插菊花无。"欧阳赵陈皆我有，岂谓夫子驾复迂。尔来又见三黜柳，共此暖热餐毡苏。酒肴酸薄红粉暗，只有颖水清而姝。一朝寂寞风雨散，对影谁念月与吾。自注：郡中日与欧阳叔弼、赵景贶、陈履常相从，而景文复至，不数日柳戒之亦见过，宾客之盛，顷所未有。然不数日,叔弼、景文、戒之皆去矣。何时归帆溯江水,春酒一变甘棠湖。自注:景文近卜居九江,近甘棠湖。(眉批:墨气淋漓,一往酣畅。)

以屏山赠欧阳叔弼

漫郎天骨清,生与世俗异。学道新有得,为贫聊复仕。每于红尘中,尝起青霞志。屏山辍赠子,莫遣污簪珥。寓目紫翠间,安眠本非睡。梦中化为鹤,飞入长松寺。(眉批:脱洒有致,不嫌清浅。)

新渡寺席上,次赵景贶、陈履常韵送欧阳叔弼。比来诸君唱和,叔弼但袖手傍睨而已,临别忽出一篇,颇有渊明风致,坐皆惊叹

(眉批:前半篇牵搦不自然。)

神屠不目全,(眉批:"不目全"欠妥。)妙额惟妆半。更刀乃族庖,倚市必丑悍。平生魏公筹,忽斫郢人墁。诗书亦何用,适道须此馆。(眉批:"馆"字趁韵。)多言虽数穷,微中或排难。子诗如清风,翏翏发将旦。胡为久闭匿,绮语真自患。许时笑我痴,隔屋相咏叹。竟识彦道不,绝叫呼百万。借用好。清朝固多士,入门子皆冠。莫言清颍水,从此隔河汉。异时我独来,得鱼杨柳贯。持归不忍食,尺素解凄断。中有清圆句,铜丸飞柘弹。(眉批:数语点缀生姿。)春愁结凌澌,正待一笑泮。百篇倘寄我,呻吟郑人缓。

次韵赵景贶《春思》,且怀吴越山水

岁华来无穷,老眼久已静。春风如系马,未动意先骋。西湖忽破碎,鸟落鱼动镜。萦城理枯渎,放闸起胶艇。愿君营此乐,官事何时竟。自注:清河西湖三闸,督君成之。思吴信偶然,出处付前定。飘然不系舟,乘此无尽兴。醉翁行乐处,草木皆可敬。明朝游北渚,急扫黄叶径。白酒真到齐,红裙已放郑。自注:酒尚有香泉一壶,为乐全先生服,不作乐也。(眉批:可惜不成结语。)

次韵陈履常张公龙潭

（眉批：逊后山原唱多矣。）

明经宣城宰，家此百尺澜。郑公不量力，敢以非意干。玄黄杂两战，绛青表双蟠。自注：事见龙公碑。烈气毙强敌，仁心恻饥寒。精诚祷必赴，苟简求亦难。萧条麦莽枯，浩荡日月宽。念子无吏责，十日勤征鞍。春蔬得雨雪，少助先生槃。龙不惮往来，而我独宴安。闭阁默自责，神交清夜阑。

小饮西湖，怀欧阳叔弼兄弟，赠赵景贶、陈履常

岁暮自急景，我闲方缓觞。欢饮西湖晚，步转北渚长。地坐略少长，意行无涧冈。（眉批："地坐"十字写出萧散。）久知荠麦青，稍喜榆柳黄。（眉批：榆初生不黄，或是"杨"字之讹。）盎盎春欲动，潋潋夜未央。水天鸥鹭静，月露松桧香。抚景方惋晚，怀人重凄凉。岂无一老兵，坐念两欧阳。太质，不称出句。我意正麋鹿，君材亦珪璋。此会不可再，此欢不可忘。（眉批：入赵、陈太草草，亦太突兀。）

蜡梅一首赠赵景贶

（眉批：疵累太多。）

天工点酥作梅花，此有蜡梅禅老家。蜜蜂采花作黄蜡，取蜡为花亦其物。（眉批：次句不成语，三、四迂远不情，反成稚句。）天工变化谁得知，我亦儿戏作小诗。君不见万松岭上黄千叶，玉蕊檀心两奇绝。醉中不觉度千山，夜闻梅香失醉眠。归来却梦寻花去，梦里花仙觅奇句。此间风物属诗人，我老不饮当付君。君行适吴我适越，笑指西湖作衣钵。

送王竦朝散赴阙

我家衡山公，自注：伯父为衡山日，与君相知，有送行诗。清而畏人知。臧否不出口，默识如蓍龟。擢子拱把中，云有骥駼姿。（眉批：忽木忽马，用事夹杂。）胡为

三十载,尚作穷苦词。丈人不妄语,未效此何疑。遏来清颍上,泪湿中郎诗。怪我一年长,而作十年衰。同时几人在,岂敢怨白髭。愿君指松柏,永与霜雪期。

次韵致政张朝奉仍招晚饮

扫白非黄精,轻身岂胡麻。怪君仁而寿,未觉生有涯。曾经丹化米,亲授枣如瓜。云蒸作雾楷,火灭噀雨巴。(眉批:牵强,不成句法。)自此养铅鼎,无穷走河车。至今许玉斧,犹事萼绿华。自注:君曾见何仙姑,得药饵之,人疑其以此寿也,故有"丹化米""萼绿华"之句,皆仙女事。我本三生人,畴昔一念差。前生或草圣,习气余惊蛇。儒臞谢赤松,佛缚惭丹霞。时时一篇出,扰扰四座哗。清诗得可惊,信美辞多夸。回车入官府,治具随贫家。萍齑与豆粥,亦可成咄嗟。

阎立本《职贡图》

贞观之德来万邦,浩如沧海吞河江,音容伧狞服奇厖。横绝岭海逾涛泷,珍禽瑰产争牵扛,名王解辫却盖幢。粉本遗墨开明窗,何其简洁!我嗟而作心未降,魏徵封伦恨不双。(眉批:节短而奇气勃发,有峻增千丈之势。)

次韵王滁州见寄

斯人何似似春雨,歌舞农夫怨行路。倒装句法。君看永叔与元之,坎坷一生遭口语。两翁当年鬓未丝,玉堂挥翰手如飞。教得滁人解吟咏,至今里巷嘲轻肥。君家联翩尽卿相,独来坐啸溪山上。笑捐浮利一鸡肋,多取清名几熊掌。丈夫自重贵难售,两翁今与青山久。后来太守更风流,要伴前人作诗瘦。我倦承明苦求出,到处遗踪寻六一。凭君试与问琅邪,许我来游莫难色。(眉批:苦太平衍。)

赵景贶以诗求东斋榜铭。昨日闻都下寄酒来，戏和其韵，求分一壶作润笔也

王孙天麒麟，眸子奥而澈。囊空学愈富，屋陋人更杰。我老书益放，笔落座惊掣。欲求东斋铭，要饮西湖雪。长瓶分未到，小砚干欲裂。不似淳于髡，一石要烛灭。

洞庭春色

安定郡王以黄甘酿酒，谓之洞庭春色，色香味三绝，以饷其犹子德麟。德麟以饮余，为作此诗。醉后信笔，颇有沓拖风气。（眉批：此句指书不指诗，以子敬书自比尔。）

二年洞庭秋，香雾长噀手。今年洞庭春，玉色疑非酒。贤王文字饮，醉笔蛟蛇走。既醉念君醒，远饷为我寿。瓶开香浮座，盏凸光照牖。方倾安仁醽，自注：潘岳《笙赋》云："披黄苞以授柑，倾缥瓷以酌醽。"莫追公远嗅。自注：明皇食柑，凡千余枚，皆缺一瓣，问进柑使者，云中途尝有道士嗅之，盖罗公远也。要当立名字，未用问升斗。应呼钓诗钩，亦号扫愁帚。（眉批：纤而俚。）君知葡萄恶，正是嫫姆黝。须君滟海杯，浇我谈天口。

送路都曹

乖崖公在蜀，有录曹参军老病废事，公责之曰："胡不归？"明日参军求去，且以诗留别。其略曰："秋光都似宦情薄，山色不如归意浓。"公惊谢之，曰："吾过矣，同僚有诗人而我不知。"因留而慰荐之。予幼时闻父老言，恨不问其姓名。今都曹路公以小疾求致仕，予诵此诗留之，不可，乃采前人意作诗送之，并邀赵德麟、陈履常同赋一篇。

积雪困桃李，春心谁为容。淮光酿山色，先作归意浓。我亦倦游者，君恩系疏慵。先插此句，结乃有根。欲留耿介士，伴我衰迟踪。吏课升斗积，崎岖等铅舂。

句未详。那将露电身，坐待收千钟。结发空百战，市人看先封。谁能搔白首，抱关望夕烽。(眉批："吏课"八句，乃代路语也。语相问答，而不标其人，法本宋子侯《董娇娆》及陈琳《饮马长城窟》也。)子意谅已成，我言宁复从。恨非乖崖老，一洗芥蒂胸。我田荆溪上，伏腊亦粗供。怀哉江南路，会作林下逢。(眉批：仍不脱路密。)

次韵陈履常雪中

可怜扰扰雪中人，饥饱终同寓一尘。老桧作花真强项，冻鸢储肉巧谋身。忍寒吟咏君堪笑，得暖欢呼我未贫。坐听屐声知有路，拥裘来看玉梅春。

二鲜于君以诗文见寄，作诗为谢

我怀元祐初，圭璋满清班。维时南隆老，奉使独未还。迂叟向我言，青齐岁方艰。斯人乃德星，遣出虚危间。自注：司马温公谓轼曰："子骏，福星也，京东人困甚，且令彼往。"召用既晚矣，天命良复悭。一朝失老骥，寂寞空帝闲。至今清夜梦，枕襟有余潸。喜闻二三子，结发师闵颜。高论邈河汉，清诗鸣佩环。遥知三日雪，积玉埋崧山。谁念此幽桂，坐蒙榛与菅。故人在颍尾，投诗清泠湾。

次韵赵德麟雪中惜梅，且饷柑酒三首

千花未分出梅余，遣雪摧残计已疏。卧闻点滴如秋雨，知是东风为扫除。阆苑千葩映玉宸，人间只有此花新。飞霙要欲先桃李，散作千林火迫春。蹀躞娇黄不受鞿，东风暗与色香归。偶逢白堕争春手，遣入黄孙玉罂飞。

和陈传道雪中观灯

新年乐事叹何曾，闭阁烧香一病僧。未忍便倾浇别酒，且来同看照愁灯。颍鱼跃处新亭近，湖雪消时画舫升。(眉批：意谓水长船高耳，然不妥。)只恐尊前无此客，清诗还有士龙能。

阅世堂诗赠任仲微

（眉批：谨严有法。）

任公镇西南，尝赠绕朝策。当时若尽用，善阵无赫赫。凄凉十八年，邪正久已白。却留封德彝，天意眇难测。（眉批：此托出任公之殁，意全不在讥运判。）象贤真骥种，号诉甘百谪。岂云报私仇，祸福指络脉。得体。高才食旧德，但恐门里窄。伤心千骑归，赠印黄壤隔。惟有庭前桧，阅世不改色。千年与井在，记此王粲宅。（眉批：竟住好。）

新渡寺送任仲微

春阴欲落雪，野气方升云。我游清颍尾，想见翠被君。古来聚散地，与子复言分。倦游安税驾，瘦田失归耘。独宿古寺中，荒鸡乱鸣群。送子以晓角，幽幽醒时闻。（眉批：结得不尽。）

送运判朱朝奉入蜀

（眉批：通幅自写己意，借朱生情耳。）

霭霭青城云，娟娟峨嵋月。随我西北来，照我光不灭。我在尘土中，白云呼我归。我游江湖上，明月湿我衣。岷峨天一方，云月在我侧。谓是山中人，相望了不隔。梦寻西南路，默数长短亭。似闻嘉陵江，跳波吹枕屏。送君无一物，清江饮君马。路穿慈竹林，父老拜马下。（眉批：说朱处亦仍是说蜀。）不用惊走藏，使者我友生。听讼如家人，细说为汝评。若逢山中友，问我归何日。为话腰脚轻，犹堪踏泉石。（眉批：妙以本意作结，而仍不冷落朱一边。）

病中夜读朱博士诗

病眼乱灯火，细书数尘沙。君诗如秋露，净我空中花。古语多妙寄，可识不可夸。巧笑在颦颊，哀音余掺挝。曾坑一掬春，紫饼供千家。悬知贵公子，醉眼无真茶。崎岖烂石上,得此一寸芽。缄封勿浪出,汤老客未嘉。(眉批:忽入比体作收,常意化为新语。)

赵德麟饯饮湖上舟中对月

(眉批:查云:闲情别致,留恋之意,自在言外。)

老守惜春意,主人留客情。官余闲日月,(眉批:"日""月"二字不嫌重复。)湖上好清明。新火发茶乳,温风散粥饧。酒阑红杏暗,日落大堤平。清夜除灯坐,孤舟擘岸撑。逮君帻未堕,对此月犹横。

和赵德麟送陈传道

二陈既妙士,两欧惟德人。王孙乃龙种,世有笯云麟。五君从我游,倾写出怪珍。俗物败人意,兹游实清醇。那知有聚散,佳梦失欠伸。我舟下清淮,沙水吹玉尘。君行踏晓月,疏木挂寸银。尚寄别后诗,剪刻淮南春。

卷三十五

古今体诗五十三首

上巳日,与二子迨、过游涂山、荆山,记所见

(眉批:题易作铺张语,却直起直收,最为古致。)

此生终安归,还输天下半。竭来乘橾庙,复作微禹叹。自注:昔自南河赴杭州过此,盖二十年矣。从祀及彼呱,自注:有启庙。像设偶此槃。自注:谓涂山氏。(眉批:"此槃"太佻。)秦祖当侑坐,自注:谓柏翳。夏郊亦荐祼。自注:有鲧庙。可怜淮海人,尚记弧矢旦。自注:淮南人相传禹以六月六日生,是日,数万人会山上。虽传记不载,然相传如此。荆山碧相照,楚水清可乱。卝人有余坑,美石肖温瓒。自注:荆山下有卞氏采玉坑,石色如玉,不受镌刻。取出山下,辄变色不复温莹。龟泉木杪出,牛乳石池漫。自注:龟泉在荆山下,色白而甘,真陆羽所谓石池漫流者。有石记云:"唐贞元中,随白龟流出。"小儿强好古,侍史笑流汗。归时蝙蝠飞,炬火记远岸。

淮上早发

澹月倾云晓角哀,小风吹水碧鳞开。此生定向江湖老,默数淮中十往来。
(眉批:语浅而意深。)

次韵徐仲车

自注:仲车耳聋。

恶衣恶食诗愈好,恰是霜松转春鸟。苍蝇莫乱远鸡声,世上谁如公觉早。八年看我走三州,自注:元丰八年予赴登州,元祐四年赴杭州,今赴扬州,皆见仲车。月自当空水自流。人间扰扰真蝼蚁,应笑人呼作斗牛。

次韵林子中春日新堤书事见寄

（眉批：气机疏畅，东坡七律之本色，所乏沉实之致耳。）

东都寄食似浮云，襆被真成一宿宾。收得玉堂挥翰手，却为淮月弄舟人。羡君湖上斋摇碧，（眉批："斋摇碧"三字生）笑我花时甑有尘。为报年来杀风景，连江梦雨不知春。自注：来诗有"芍药春"之句。扬州近岁率为此会，用花十万余枝，吏缘为奸，民极病之，故罢此会。

送陈伯修察院赴阙

（眉批：此又太板实。）

裕陵固天纵，笔有云汉姿。尝重《连山》象，不数《秋风辞》。龙腾与虎变，狸豹复何施。我穷真有数，文字乃见知。闻君射策日，妙语发畴咨。一日喧万口，惊倒同舍儿。岂知二十年，道路犹迟迟。苦言如药石，瞑眩终见思。屈伸反覆手，独于君可疑。四门方穆穆，行矣及此时。

送张嘉父长官

（眉批：终是应酬之作，说来有理而少情，有意而无致，局段亦觉太狭。）

都城昔倾盖，骏马初服辀。再见江湖间，秋鹰已离韝。于今三会合，每进不少留。豫章既可识，瑚琏谁当收。微官有民社，妙割无鸡牛。归来我益敬，器博用自周。百年子初筵，我已追旅酬。但当寄苦语，高节贯白头。

轼在颍州，与赵德麟同治西湖，未成，改扬州。三月十六日湖成，德麟有诗见怀，次其韵

太山秋毫两无穷，巨细本出相形中。大千起灭一尘里，未觉杭颍谁雌雄。自注：来诗云"与杭争雄"。我在钱塘拓湖渌，大堤士女争昌丰。（眉批：入手奇伟。）六桥横绝天汉上，北山始与南屏通。忽惊二十五万丈，老葑席卷苍云空。揭来

颖尾弄秋色,一水萦带昭灵宫。坐思吴越不可到,借君月斧修朣胧。(眉批:用经捏合。)二十四桥亦何有,换此十顷玻璃风。雷塘水干禾黍满,宝钗耕出余鸾龙。明年诗客来吊古,伴我霜夜号秋虫。自注:德麟见约来扬寄居,亦有意求扬倅。(眉批:脱卸无迹。)

次韵德麟西湖新成见怀绝句

壶中春色饮中仙,自注:谓洞庭春色也。骑鹤东来独惘然。犹有赵陈同李郭,不妨同泛过湖船。

再次韵德麟新开西湖

使君不用山鞠穷,饥民自逃泥水中。欲将百渎起凶岁,自注:去岁颍州灾伤,予奏乞罢黄河夫万人开本州沟,从之。以余力作三闸,通焦陂水,浚西湖。免使甑石愁扬雄。西湖虽小亦西子,萦流作态清而丰。千夫余力起三闸,焦陂下与长淮通。十年憔悴尘土窟,清澜一洗啼痕空。王孙本自有仙骨,平生宿卫明光宫。一行作吏人不识,正似云月初朦胧。时临此水照冰雪,莫遣白发生秋风。(眉批:应酬语,却写得浓至而警动。)定须却致两黄鹄,新与上帝开濯龙。湖成君归侍帝侧,灯花已缀钗头虫。

到官病倦未尝会客,毛正仲惠茶,乃以端午小集石塔,戏作一诗为谢

我生亦何须,一饱万想灭。胡为设方丈,养此肤寸舌。尔来又衰病,过午食辄噎。缪为淮海帅,每愧厨传缺。爨无欲清人,奉使免内热。空烦赤泥印,远致紫玉玦。为君伐羔豚,歌舞菰黍节。禅窗丽午景,蜀井出冰雪。坐客皆可人,鼎器手自洁。金钗候汤眼,鱼蟹亦应诀。遂令色香味,一日备三绝。报君不虚受,知我非轻啜。

双　石

至扬州,获二石。其一绿色,冈峦迤逦,有穴达于背;其一正白可鉴。

渍以盆水,置几案间。忽忆在颖州日,梦人请住一官府,榜曰仇池。觉而诵杜子美诗曰:"万古仇池穴,潜通小有天。"乃戏作小诗,为僚友一笑。

梦时良是觉时非,汲井埋盆故自痴。但见玉峰横太白,便从鸟道绝峨眉。(眉批:"绝"字与《汉书》"绝驰道""绝"字义同。)秋风与作烟云意,晓日令涵草木姿。一点空明是何处,老人真欲住仇池。

和陶饮酒二十首

吾饮酒至少,常以把盏为乐,往往颓然坐睡;人见其醉,而吾中了然,盖莫能名其为醉为醒也。在扬州时,饮酒过午辄罢。客去,解衣盘礴,终日欢不足而适有余。因和渊明《饮酒》二十首,庶以仿佛其不可名者,示舍弟子由、晁无咎学士。

(眉批:敛才就陶,而时时亦自露本色。正如褚摹《兰亭》,颇参己法,正是其善摹处。明七子之摹古,不过双钩填廓耳。)

我不如陶生,世事缠绵之。(眉批:此首纯乎陶意。)云何得一适,亦有如生时。(眉批:首句于义应作"我生不如陶",然四句乃有"生"字,则固称为陶生矣,未免生造。)寸田无荆棘,佳处正在兹。纵心与事往,所遇无复疑。偶得酒中趣,空杯亦常持。一拍便佳,恰是第一首。

二豪诋醉客,气涌胸中山。濊然似冰释,亦复在一言。啬气实其腹,云当享长年。少饮得径醉,此秘君勿传。(眉批:此不似陶,亦不见本色,殊无可取。)

道丧士失己,出语辄不情。江左风流人,醉中亦求名。渊明独清真,谈笑得此生。身如受风竹,掩冉众叶惊。俯仰各有态,得酒诗自成。(眉批:此参以本色,未尝不佳。)

蠢蠕食叶虫,仰空慕高飞。(眉批:托兴深妙,而气息亦复近古。)一朝傅两翅,乃得黏网悲。啁啾同巢雀,沮泽疑可依。赴水生两壳,遭闭何时归。二虫竟谁是,一笑百念衰。幸此未化间,有酒君莫违。(眉批:结二句形神俱似。)

小舟真一叶,下有暗浪喧。夜棹醉中发,不知枕几偏。天明问前路,已度千重山。嗟我亦何为,此道常往还。未来宁早计,既往复何言。(眉批:委心任运之意。)

百年六十化,念念竟非是。是身如虚空,谁受誉与毁。得酒未举杯,丧我固忘尔。倒床自甘寝,不择营与绮。(眉批:亦是本色居多。)

顷者大雪年,海派翻玉英。(眉批:次句不佳。)有士常痛饮,饥寒见真情。床头有败榼,孤坐时一倾。未能平体粟,(眉批:"未能"句太不似。)且复浇肠鸣。脱衣裹冻酒,每醉念此生。

我坐华堂上,不改麋鹿姿。(眉批:气骨浑成,意思则森森芒角。)时来蜀冈头,喜见霜松枝。心知百尺底,已结千岁奇。煌煌凌霄花,缠绕复何为。举觞酹其根,无事莫相羁。(眉批:比吏事之烦也。)

芙蓉在秋水,时节自阖开。清风亦何意,入我芝兰怀。二字夹杂。一随采折去,永与江湖乖。断丝不复续,斗水瓶中水也。何足栖。不如玉井莲,结根天池泥。感此每自慰,吾事幸不谐。醉中有归路,了了初不迷。乘流且复逝,抵曲吾当回。(眉批:刻意效古,而结处仍露本色。)

篮舆兀醉守,路转古城隅。酒力如过雨,清风消半途。前山正可数,后骑且勿驱。我缘在东南,往寄白发余。遥知万松岭,下有三亩居。(眉批:此颇枯浅。)

民劳吏无德,岁美天有道。暑雨避麦秋,温风送蚕老。五字警。三咽初有闻,(眉批:"三咽"句未详其义。)一溉未濡槁。诏书宽积欠,父老颜色好。再拜贺吾君,获此不贪宝。颓然笑阮籍,醉儿书谢表。

我梦入小学,自谓总角时。不记有白发,犹诵《论语》辞。人间本儿戏,颠倒略似兹。惟有醉时真,空洞了无疑。坠车终无伤,庄叟不吾欺。呼儿具纸笔,醉语辄录之。(眉批:此全是本色。)

醉中虽可乐,犹是生灭境。云何得此身,不醉亦不醒。痴如景升牛,莫保尻与领。黠如东郭㕙,束缚作毛颖。乃知嵇叔夜,非坐虎文炳。(眉批:参以禅悦,全然本色。兴之所至,忽合忽离,非有意于似,亦非有意于不似。)

我家小冯君,天性颇醇至。清坐不饮酒,而能容我醉。归休要相依,谢病当以次。岂知山林士,肮脏乃尔贵。乞身当念早,过是恐少味。(眉批:陶意多于本色。)

去乡三十年,风雨荒旧宅。惟存一束书,寄食无定迹。每用愧渊明,尚取禾三百。颀然六男子,粗可传清白。于吾岂不多,何事复叹息。(眉批:亦陶意居多。)

晓晓六男子,弦诵各一经。复生五丈夫,戢戢丁欲成。归田了门户,与国充践更。普儿初学语,玉骨开天庭。淮老如鹤雏,破壳已长鸣。举酒属千里,一欢愧凡情。(眉批:亦似陶。)

淮海虽故楚,无复轻扬风。斋厨圣贤杂,无事时一中。谁言大道远,正赖三杯通。使君不夕坐,衙门散刀弓。(眉批:此殊不佳。)

何人筑东台,一郡坐可得。亭亭古浮图,独立表众惑。芜城阅兴废,雷塘几开塞。明年起华堂,置酒吊亡国。无令竹西路,歌吹久寂默。(眉批:亦少味。)

晁子天麒麟,结交及未仕。高才固难及,雅志或类己。各怀伯业能,共有丘明耻。歌呼时就君,指我醉乡里。吴公门下客,贾谊独见纪。请作《鵩鸟赋》,我亦得坎止。行乐当及时,绿发不可恃。(眉批:陶意居多。)

盖公偶谈道,齐相独识真。颓然不事事,客至先饮醇。当时刘项罢,四海疮痍新。三杯洗战国,一斗消强秦。(眉批:二句殊伤大雅。)寂寥千载后,阳公嗣前尘。醉卧客怀中,言笑徒多勤。(眉批:"言笑"句亦不自然。)我时阅旧史,独与三人亲。未暇餐脱粟,苦心学平津。草书亦何用,醉墨淋衣巾。一挥三十幅,持去听坐人。

次韵晁无咎学士相迎

(眉批:语多凡近,调亦平衍。)

少年独识晁新城,闭门却扫卷旆旌。胸中自有谈天口,坐却秦军发墨守。有子不为谋置锥,虹霓吞吐忘寒饥。端如太史牛马走,严徐不敢连尻脽。(眉批:"尻脽"强押。)裴回未用疑相待,枉尺知君有家戒。避人聊复去瀛洲,伴我真能老淮海。梦中仇池千仞岩,便欲揽我青霞襜。且须还家与妇计,我本归路连西南。老来饮酒无人佐,独看红药倾白堕。每到平山忆醉翁,悬知他日君思我。路旁小儿笑相逢,齐歌万事转头空。赖有风流贤别驾,犹堪十里卷春风。

次韵范淳父送秦少章

(眉批:有典重之气,似平非平。)

宿缘在江海,世网如予何。西来庾公尘,已濯长淮波。十年淮海人,初见一麦禾。句未老。但欣争讼少,未觉舟车多。秦郎忽过我,赋诗如《卷阿》。句法本黄子,自注:谓鲁直也。二豪与揩磨。自注:其兄少游与张文潜。嗟我久离群,逝将老西河。后生多名士,欲荐空悲歌。(眉批:清出和意古法。)小范真可人,独肯勤收罗。瘦马识骐耳,枯桐得云和。近闻馆李生,自注:李廌方叔。病鹤借一柯。赠行苦说我,妙语慰蹉跎。西羌已解仇,烽火连朝那。坐筹付公等,吾将寄潜沱。

闻林夫当徙灵隐寺寓居,戏作灵隐前一首

(眉批:得太白之皮毛,然颇近野调。)

灵隐前,天竺后,两涧春淙一灵鹫。不知水从何处来,跳波赴壑如奔雷。无情有意两莫测,肯向冷泉亭下相萦回。我在钱塘六百日,山中暂来不暖席。今君欲作灵隐居,葛衣草履随僧蔬。能与冷泉作主一百日,不用二十四考书中书。

滕达道挽词二首

(眉批:挽诗例多应酬,此独言之有物。)

先帝知公早,虚怀第一人。至今诗礼将,独数武宣臣。材大虽难用,时来亦少信。高平风烈在,威敏典刑新。自注:公少受知于范希文、孙元规。空试乘边

策,宁留相汉身。凄凉旧部曲,泪湿冢前麟。

云梦连江雨,樊山落木秋。公方占贾鹏,我正买龚牛。共有江湖乐,俱怀畎亩忧。荆溪欲归老,浮玉偶同游。肮脏仪刑在,惊呼岁月遒。回头杂歌哭,挽语不成讴。

次韵苏伯固游蜀冈,送李孝博奉使岭表

（眉批：句皆琢炼,但乏深味耳。）

新苗未没鹤,老叶方翳蝉。绿渠浸麻水,白板烧松烟。笑窥有红颊,醉卧皆华颠。家家机杼鸣,树树梨枣悬。野无佩犊子,府有骑鹤仙。观风峤南使,出相山东贤。渡江吊伏石,过岭酌贪泉。与君步徙倚,望彼修连娟。愿及南枝谢,早随北雁翩。归来春酒熟,共看山樱然。

太夫人以无咎生日置酒,书壁一绝

寿樽余沥到朋簪,要与郎君夜语深。敢问阿婆开后阁,井中车辖任浮沉。

石塔寺

世传王播《饭后钟》诗,盖扬州石塔寺事也。相传如此,戏作此诗。

饥眼眩东西,诗肠忘早晏。虽知灯是火,不悟钟非饭。山僧异漂母,但可供一莞。何为二十年,记忆作此讪。斋厨养若人,无益只贻患。乃知饭后钟,阇黎盖具眼。（眉批：翻案却有至理。）

送晁美叔发运右司年兄赴阙

（眉批：语特峭拔,惟收处微觉其促。）

我年二十无朋俦,当时四海一子由。君来扣门如有求,颀然鹤骨清而修。醉翁遣我从子游,翁如退之蹈轲丘。尚欲放子出一头,自注：嘉祐初,轼与子由寓兴国浴室,美叔忽见访,云："吾从欧阳公游久矣,公令我来,与子定交,谓子必名世,老夫亦

须放他出一头地。"酒醒梦断四十秋。病鹤不病骨愈虬,惟有我颜老可羞。醉翁宾客散九州,几人白发还相收。我如怀祖拙自谋,正作尚书已过优。君求会稽实良筹,自注:君近乞越州。往看万壑争交流。

王文玉挽词

才名谁似广文寒,月斧云斤琢肺肝。玄晏一生多卧病,子云三世不迁官。幽兰空觉香风在,宿草何曾泪叶干。犹喜诸郎有曹植,文章还复富波澜。

山光寺送客回,次芝上人韵

闹里清游借隙光,醉时真境发天藏。梦回拾得吹来句,十里南风草木香。

送芝上人游庐山

二年阅三州,我老不自惜。团团如磨牛,步步踏陈迹。岂知世外人,长与鱼鸟逸。老芝如云月,炯炯时一出。比年三见之,常若有所适。逝将走庐阜,计阔道逾密。(眉批:"计阔"句未醒。)吾生如寄耳,出处谁能必。江南千万峰,何处访子室。

送程德林赴真州

君为县令元丰中,吏贪功利以病农。君欲言之路无从,移书谏臣以自通,自注:谏臣,蹇受之也。元丰天子为改容。我时匹马江西东,问之逆旅言颇同。老人爱君如刘宠,小儿敬君如鲁恭。尔来明目达四聪,收拾驵骏冀北空。君为赤令有古风,政声直入明光宫。天厩如海养群龙,并收其子岂不公,自注:君之子祁举制策,文学行义,为时所称。白沙何必烦此翁。

古别离送苏伯固

(眉批:音节似《生查子》,恐系误收,再考。)

三度别君来,此别真迟暮。白尽老髭须,明日淮南去。酒罢月随人,泪湿花如雾。后夜逐君还,梦绕湖边路。

谷林堂

(眉批:无深意而谨严厚重,自是老笔。)

深谷下窈窕,高林合扶疏。美哉新堂成,及此秋风初。我来适过雨,物至如娱予。稚竹真可人,霜节已专车。老槐苦无赖,风花欲填渠。山鸦争呼号,溪蝉独清虚。寄怀劳生外,得句幽梦余。古今正自同,岁月何必书。

云师无著自金陵来,见予广陵,且遗予支遁鹰马图,将归,以诗送之,且还其画

道人自嫌三世将,弃家十年今始壮。玉骨犹寒富贵余,漆瞳已照人天上。去年相见古长干,众中矫矫如翔鸾。今年过我江西寺,病瘦已作霜松寒。朱颜不办供岁月,风中蒿火汤中雪。好问君家黄面翁,乞得摩尼照生灭。莫学王郎与支遁,臂鹰走马怜神骏。还君画图君自收,不如木人骑土牛。

予少年颇知种松,手植数万株皆中梁柱矣。都梁山中见杜舆秀才,求学其法,戏赠两首

露宿泥行草棘中,十年春雨养髯龙。如今尺五城南杜,欲问东坡学种松。君方扫雪收松子,我已开榛得茯苓。为问何如插杨柳,明年飞絮作浮萍。

行宿、泗间,见徐州张天骥,次旧韵

二年三蹴过淮舟,款段还逢马少游。无事不妨长好饮,著书自要见穷愁。孤松早偃原非病,倦鸟虽还岂是休。更欲河边几来往,只今霜雪已蒙头。(眉批:东坡七律骏快者多,难得如此沉着。)

次韵刘景文赠傅羲秀才

（眉批：中四句虚字平头，东坡往往不忌，然是一病，能令诗薄而剽。）

幼眇文章宜和寡，峥嵘肝肺亦交难。未能飞瓦弹清角，肯便投泥戏泼寒。忽见秋风吹洛水，遥知霜叶满长安。诗成送与刘夫子，莫遣孙郎帐下看。

在彭城日，与定国为九日黄楼之会，今复以是日相遇于宋。凡十五年，忧乐出处有不可胜言者。而定国学道有得，百念灰冷，而颜益壮，顾余衰病心形俱瘁，感之作诗

菊盏萸囊自古传，长房宁复是臞仙。应从汉武横汾日，数到刘公戏马年。对玉山人今老矣，（眉批："对玉山"句法不佳。）见恒河性故依然。王郎九日诗千首，今赋黄楼第二篇。自注：徐州太守厅事，俗谓之霸王厅，相戒不敢坐，仆拆以盖黄楼。

九日次定国韵

（眉批：滚滚而来却屈曲自如，无一沓语。查云：无一语及九日，只是自写襟期，无暇检点。）

朝菌无晦朔，蟪蛄疑春秋。南柯已一世，我眠未转头。仙人视吾曹，何异蜂蚁稠。不知蛮触氏，自有两国忧。我观去来今，未始一念留。奔驰竟何得，而起无穷羞。王郎误涉世，屡献久不酬。黄金散行乐，清诗出穷愁。俯仰四十年，始知此生浮。轩裳陈道路，往往儿童收。封侯起大第，或是君家驹。似闻负贩人，中有第一流。炯然径寸珠，藏此百结裘。意行无车马，倏忽略九州。邂逅独见之，天与非人谋。笑我方醉梦，衣冠戏沐猴。力尽病骐骥，伎穷老伶优。北山有云根，寸田自可耰。会当无何乡，同作逍遥游。归来城郭是，空有累累丘。

卷三十六

古今体诗六十五首

召还至都门先寄子由

老身倦马河堤永,踏尽黄榆绿槐影。(眉批:起手警拔。)荒鸡号月未三更,客梦还家时一顷。归老江湖无岁月,未填沟壑犹朝请。(眉批:转便轻捷。)黄门殿中奏事罢,诏许来迎先出省。已飞青盖在河梁,定饷黄封兼赐茗。远来无物可相赠,一味丰年说淮颍。(眉批:结寓投老颍滨之意,非泛作颂美时事之词。)

次韵定国见寄

还朝如梦中,双阙眩金碧。(眉批:起十字神来,非阅历人不能道。)复穿鸳鹭行,强寄麋鹿迹。劳生苦昼短,展转不能夕。(眉批:"夕"字押得不妥。)默坐数更鼓,流水夜自逆。故人为我谋,此志何由毕。越吟知听否,谁念病庄舄。自注:时方请越。

次韵蒋颖叔、钱穆父从驾景灵官二首

(眉批:风格老重。)

归来病鹤记城闉,旧踏松枝雨露新。半白不羞垂领发,软红犹恋属车尘。自注:前辈戏语,有西湖风月不如东华软红香土。雨收九陌丰登后,日丽三元下降辰。粗识君王为民意,不才何以助精禋。

与君并值记初元,白首还同入禁门。玉殿齐班容小语,霜廷稽首泫微温。自注:适与穆父并拜庭中,地皆流湿,相与小语道之。(眉批:四句终嫌凑泊。)病贪赐茗浮铜叶,老怯香泉滟宝樽。回首鹓行有人杰,坐知羌虏是游魂。

忆江南寄纯如五首

楚水别来十载,蜀山望断千重。毕竟拟为伧父,凭君说与吴侬。

湖目也堪供眼,木奴自足为生。若话三吴胜事,不惟千里莼羹。

人在画屏中住,客依明月边游。未卜柴桑旧宅,须乘五湖扁舟。

生计曾无聚沫,孤踪谩有清风。治产犹嫌范蠡,携孥颇笑梁鸿。

弱累已偿俗尽,老身将伴僧居。未许季鹰高洁,秋风直为鲈鱼。

轼近以月石砚屏献子功中书,公复以涵星砚献纯父侍讲,子功有诗,纯父未也。复以月石风林屏赠之,谨和子功诗,并求纯父数句

(眉批:看似老横,究是滑调。)

紫潭出玄云,翳我潭中星。独有潭上月,倒挂紫翠屏。我老不看书,默坐养此昏花睛。时时一开眼,见此云月眼自明。久知世界一泡影,大小真伪何足评。笑彼三子欧梅苏,无事自作雪羽争。自注:事见三人诗集。故将屏砚送两范,要使珠璧栖窗棂。大范忽长谣,语出月胁令人惊。小范当继之,说破星心如鸡鸣。床头复一月,下有风林横。急送小范家,护此涵星泓。愿从少陵博一句,山木尽与洪涛倾。

次韵范纯父涵星砚月石风林屏诗

(眉批:转转深至,纯以意胜,而笔能曲折以达之。)

月次于房历三星,斗牛不神箕独灵。簸摇桑榆尽西靡,影落苏子砚与屏。天工与我两厌事,孰居无事为此形。(眉批:"居"是何居之居?)与君持橐侍帷幄,从此生意。同列温室观尧蓂。自怜太史牛马走,伎等卜祝均倡伶。欲留衣冠挂神武,便击云水归南溟。陶泓不称管城沐,醉石可助平泉醒。故持二物与夫子,欲使妙质留天庭。但令滋液到枯槁,勿遣光景生晦冥。上书挂名岂待我,独立自可当雷霆。我时醉眠风林下,夜与渔火同青荧。抚物怀人应独叹,作诗

寄子谁当听。

次韵钱穆父会饮

弹冠恨不早,挂冠常苦迟。盛服每假寐,角阙时伏思。东门未祖道,西山空拄颐。逝将江海去,安此麋鹿姿。要当谋三径,何暇择一枝。与君几合散,得酒忘醇醨。君谈似落屑,我饮如弈棋。自注:世有"作诗如弈棋,弈棋如饮酒,饮酒乃大戒"之语。仆于棋、酒二事俱不能也。居官不任事,造物真见私。主人独贤劳,金谷方流驰。(眉批:"金谷"句不佳。)行人亦结束,杕杜乃归期。公卿虽少安,河流正东酾。我得会稽去,方回良不痴。

次韵穆父尚书侍祠郊丘,瞻望天光,退而相庆引满醉吟

千章杞梓荫云天,樗散谁收老郑虔。喜气到君浮白里,丰年及我挂冠前。令严钟鼓三更月,野宿貔貅万灶烟。(眉批:五、六诗话所称,然三、四亦佳。)太息何人知帝力,归来金帛看颓肩。(眉批:宋郊天必有赐赉,故末句云然。)

郊祀庆成诗

(眉批:字字老重,不减唐人应制诗,而气脉生动则过之,此东坡敛才就法之作。)

帝出乘昌运,天心予太平。文章三代继,制作七年成。大祀乾坤合,刚辰日月明。泰坛朝扫地,魄宝夜垂精。仰御圆苍盖,环观海岳城。北流吞朔易,西极落欃枪。升燎灵光答,回銮瑞雾迎。需云遍枯槁,解雨达勾萌。可颂非天德,因箴亦下情。民言知有酌,帝谓本无声。富国由崇俭,祈年在好生。无心斯格物,克己自销兵。化国安新政,孤臣返旧耕。还将清庙什,留与野人赓。
(眉批:结得大臣之体。)

次韵王仲至喜雪御筵

三军喜气铄飞花,睡起空惊月在沙。未集骅骝金騕褭,故残鹳鹊玉横斜。

偶还仗内身如寄,尚忆江南酒可赊。(眉批:六句出人意表。)宣劝不多心自醉,强扶衰白拜君嘉。

次韵奉和钱穆父、蒋颖叔、王仲至诗四首

见和西湖月下听琴

(眉批:起得脱洒,不粘题,而题意宛然。)

谡谡松下风,霭霭陇上云。聊将窃比我,不堪持寄君。半生寓轩冕,一笑当琴尊。良辰饮文字,晤语无由醺。我有凤鸣枝,背作蛇蚹纹。月明委静照,心清得奇闻。当呼玉涧手,自注:家有雷琴甚奇古,玉涧道人崔闲妙于雅声,当呼使弹。(眉批:"手"字疑"子"字之讹。)一洗羯鼓昏。请歌《南风》曲,犹作虞书浑。

见和仇池

上穷非想亦非非,下与风轮共一痴。翠羽若知牛有角,空瓶何必井之眉。还朝暂接鹓鸾翼,谢病行收麋鹿姿。记取和诗三益友,他年弭节过仇池。

玉津园

承平苑囿杂耕桑,六圣勤民计虑长。碧水东流还旧派,自注:玉津分蔡河上流,复合于下。紫坛南峙表连冈。不逢迟日莺花乱,空想疏林雪月光。千亩何时躬帝耤,斜阳寂历锁云庄。

耤　田

窃脂方纪瑞,布谷未催耕。鱼沫依蘋渚,蜗涎上彩楹。江湖来梦寐,蓑笠负平生。琴里思归曲,因君一再行。

顷年杨康功使高丽还,奏乞立海神庙于板桥。仆嫌其地湫隘,移书使迁之文登,因古庙而新之,杨竟不从。不知定国何从见此书,作诗称道不已。仆不能记其云何也,次韵答之

(眉批:此亦何关大计,而争者争,称者称。一时习气如此,焉得不成党祸。)

退之仙人也,(眉批:不成句法,亦不成起法。)游戏于斯文。谈笑出奇伟,鼓舞

南海神。顷者三韩使，几为蛟鳄吞。句浅率。归来筑祠宇，要使百贾奔。我欲迁其庙，下数浮空群。自注：谓登州海市。移书竟不从，信非磊落人。（眉批：太直便非诗品。）公胡为拳拳，系此空中云。作诗颂其美，何异刻剑痕。我今已括囊，象在六四坤。（眉批：可云"坤六四"，不可云"六四坤"。）

沐浴启圣僧舍，与赵德麟邂逅

南山北阙两非真，东颍西湖迹已陈。季子来归初可喜，老聃新沐定非人。酒清不醉休休暖，睡稳如禅息息匀。自笑尘劳余一念，明年同泛越溪春。

余旧在钱塘，伯固开西湖，今方请越，戏谓伯固可复来开镜湖。伯固有诗，因次韵

已分江湖送此生，会稽行复得岑成。镜湖席卷八百里，坐啸因君又得名。

仆所藏仇池石，希代之宝也，王晋卿以小诗借观，意在于夺。仆不敢不借，然以此诗先之

（眉批：委曲而疏畅。）

海石来珠宫，秀色如蛾绿。坡陀尺寸间，宛转陵峦足。连娟二华顶，空洞三茅腹。初疑仇池化，又恐瀛洲蹙。殷勤峤南使，馈饷扬州牧。自注：仆在扬州，程德孺自岭南解官还，以此石见遗。得之喜无寐，与汝交不渎。盛以高丽盆，藉以文登玉。自注：仆以高丽所饷大铜盆贮之，又以登州海石如碎玉者附其足。幽光先五夜，冷气压三伏。老人生如寄，茅舍久未卜。一夫幸可致，千里常相逐。风流贵公子，窜谪武当谷。见山应已厌，何事夺所欲。欲留嗟赵弱，宁许负秦曲。传观慎勿许，夹注：王多姬侍，故云。间道归应速。

次天字韵答岑岩起

一声清跸雾开天，百辟心庄岂貌虔。（眉批：次句拙而腐，末句亦牵强。）回顾惊君珠玉侧，同升愧我粃糠前。徘徊月色留坛影，缥缈松香泛蜡烟。自注：近制，以

橡烛松明易糁盆。莫叹郎潜生白发,圣朝求旧鄙鸢肩。

次韵蒋颖叔二首

扈从景灵宫

道人幽梦晓初还,已觉笙箫下月坛。风伯前驱清宿雾,祝融骖乘破朝寒。英姿连璧从多士,妙句镂金和八銮。已向词臣得颇牧,自注:时颖叔新除熙河帅。路人莫作老儒看。

凝祥池

似知金马客,时梦碧鸡坊。冰雪消残腊,烟波写故乡。鸣銮自容与,立马久回翔。乞与三韩使,新图到乐浪。自注:时高丽使在都下,每至胜景,辄图画以归。

和叔盎画马

天骥德力备,马外龙麟中。皇天不遣言,兀与图画同。驽骀饱官粟,未受一洗空。十驾均一至,何事笑云风。(眉批:全不成语。)

王晋卿示诗欲夺海石,钱穆父、王仲至、蒋颖叔皆次韵。穆、至二公以为不可许,独颖叔不然。今日颖叔见访,亲睹此石之妙,遂悔前语。仆以为晋卿岂可终闭不予者,若能以韩幹二散马易之者,盖可许也。复次前韵

相如有家山,缥缈在眉绿。(眉批:"绿"字添出,不稳。)谁云千里远,寄此一巊足。平生锦绣肠,早岁藜苋腹。从教四壁空,未遣两峰蹙。(眉批:自以"两峰"称眉不妥,如指家人又突出无著。)吾今况衰病,义不忘樵牧。逝将仇池石,归溯岷山渎。守子不贪宝,完我无瑕玉。故人诗相戒,妙语予所伏。一篇独异论,三占从两卜。君家画可数,天骥纷相逐。风鬃掠原野,电尾捎涧谷。君如许相易,是亦我所欲。今朝安西守,来听《阳关曲》。劝我留此峰,他日来不速。(眉批:后半叙次不甚清醒,牵于韵少而头绪多耳。)

轼欲以石易画,晋卿难之。穆父欲兼取二物,颖叔欲焚画碎石,乃复次前韵,并解二诗之意

春冰无真坚,霜叶失故绿。鹞疑鹏万里,蚿笑夔一足。二豪争攘袂,先生一捧腹。明镜既无台,净瓶何用甓。自注:古甃、甓通。(眉批:"甓"字押得未稳。)盆山不可隐,画马无由牧。聊将置庭宇,何必弃沟渎。焚宝真爱宝,碎玉未忘玉。久知公子贤,出语耆年伏。(眉批:"耆年伏"趁韵。)欲观转物妙,故以求马卜。维摩既复舍,天女还相逐。授之无尽灯,照此久幽谷。定心无一物,法乐胜五欲。三峨吾乡里,万马君部曲。卧云行归休,破贼见神速。自注:晋卿将种,常有此志。(眉批:后半牵于韵脚,语亦夹杂。)

生日蒙刘景文以古画松鹤为寿,且贶佳篇,次韵为谢

问予一室间,宁有千里廓。尘心洗长松,远意发孤鹤。生朝得此寿,死籍疑可落。微言在《参同》,妙契藏九籥。故人有奇趣,逸想寄幽壑。霜枝谢寒暑,开合小样。云翮无前却。何须构明堂,未羡巢阿阁。缅怀别时语,复作数日恶。诗腴固堪飧,字瘦还可愕。高标忽在眼,清梦了如昨。君今哙等伍,志与湛辈各。岂待相顾言,方为不朽托。子云老执戟,长孺终主爵。吾当追松乔,子亦鄙卫霍。

程德孺惠海中柏石,兼辱佳篇,辄复和谢

岚薰瘴染却敷腴,笑饮贪泉独继吴。未欲连车收薏苡,肯教沉网取珊瑚。不知庾岭三年别,收得曹溪一滴无。但指庭前双柏石,要予临老识方壶。

次秦少游韵赠姚安世

帝城如海欲寻难,肯舍渔舟到杏坛。剥啄扣君容膝户,巍峨笑我切云冠。问羊独怪初平在,牧豕应同德曜看。肯把《参同》较同异,小窗相对为研丹。

次丹元姚先生韵二首

浮生知几何,仅熟一釜羹。那于俯仰间,用此委曲情。自怜无他肠,偶亦得此生。悬知当去客,中有不亡存。但恐宿缘重,每为习气昏。似闻梅子真,近在吴市门。未能肩拍洪,但欲目击温。(眉批:"未能"二句不妥。)不敢叩门呼,恐作逾垣奔。且令绍介先,徐以方便论。

不学刘更生,黄金铸上方。不学房次律,身事问颍阳。王烈亦何人,叔夜未可量。独见神山开,遽飨石髓香。至道尚听莹,粗才终蹶张。先生喜而笑,幅巾登我堂。苦誓指黄壤,要言刻青琅。蓬莱在何许,弱水空相望。且当从嵇阮,聊复数山王。达人友四海,曲士守一疆。慎勿使形谍,儿童惊夜光。

次韵秦少游、王仲至元日立春三首

省事天公厌两回,(眉批:起拙而突。)新年春日并相催。殷勤更下山阴雪,要与梅花作伴来。

己卯嘉辰寿阿同,自注:子由一字同叔,元日己卯渠本命也。愿渠无过亦无功。明年春日江湖上,回首觚棱一梦中。

词锋虽作楚骚寒,(眉批:"寒"字强押。)德意还同汉诏宽。好遣秦郎供帖子,尽驱春色入毫端。自注:立春日,翰林学士供诗帖子。

上元侍饮楼上三首呈同列

澹月疏星绕建章,仙风吹下御炉香。侍臣鹄立通明殿,一朵红云捧玉皇。(眉批:此首被传奇写熟,遂觉俗不可耐。其实亦无好无恶之诗。)

薄雪初消野未耕,卖薪买酒看升平。吾君勤俭倡优拙,自是丰年有笑声。(眉批:极用意而语太拙。)

老病行穿万马群,九衢人散月纷纷。归来一盏残灯在,犹有传柑遗细君。自注:侍饮楼上,则贵戚争以黄柑遗近臣,谓之传柑,听携以归,盖故事也。

戏答王都尉传柑

侍史传柑玉座旁,人间草木尽天浆。寄与维摩三十颗,不知蘅卜是余香。
自注:举轻明重,维摩犹三十枚。

送蒋颖叔帅熙河

颖叔出使临洮,轼与穆父、仲至同饯之,各赋诗一篇,以"今我来思"为韵,致遄归之意,轼得"我"字。

西方犹宿师,论将不及我。(眉批:起即伏结意,笔极恣逸。)苟无深入计,缓带我亦可。(眉批:查云:感慨之言,以滑稽出之,妙。)承明正须君,文字粲藻火。自荐虽云数,留行终不果。正坐喜论兵,临老付边锁。(眉批:又云:"边锁"即北门锁钥意。)新诗出谈笑,僚友困掀簸。我欲歌《杕杜》,杨柳方婀娜。边风事首虏,所得盖幺麽。愿为鲁连书,一射聊城笴。阴功在不杀,结草酬魏颗。(眉批:有物之言,不嫌板实。)

再送二首

使君九万击鹏鲲,肯为阳关一断魂。不用宽心九千里,安西都护国西门。
余刃西屠横海鲲,应余诗谶是游魂。归来趁别陶弘景,看挂衣冠神武门。
(眉批:一语而两边俱到。)

次韵颖叔观灯

(眉批:是和颖叔观灯。)

安西老守是禅僧,到处应然无尽灯。永夜出游从万骑,诸羌入看拥千层。便因行乐令投甲,不用防秋更打冰。振旅归来还侍宴,十分宣劝恐难胜。

次韵王晋卿奉诏押高丽宴射

北苑传呼陛楯郎,东夷初识令君香。天山自可三箭取,海国何劳一苇杭。

宣劝不辞金碗侧，醉归争看玉鞭长。锦囊诗草勤收拾，莫遣鸡林得夜光。（眉批：点缀得好。）

次韵钱穆父、王仲至同赏田曹梅花

（眉批：不着"梅"字，而神意是梅。）

寒厅不知春，独立耿玉雪。闭门愁永夜，置酒及明发。忽惊庭户晓，未受烟雨没。浮光风宛转，照影水方折。鬓霜未易扫，眉斧真自伐。惟当此花前，醉卧黄昏月。

送襄阳从事李友谅归钱塘

居杭积五岁，自意本杭人。故山归无家，欲卜西湖邻。良田不难买，静士谁当亲。（眉批：入得紧凑。）髯张既超然，老潜亦绝伦。李子冰玉姿，文行两清醇。归从三人游，便足了此身。公堤不改昨，姥岭行开新。幽梦随子去，松花落衣巾。（眉批：切实诗须以缥缈结之，方见生动。）

次韵吴传正枯木歌

（眉批：吴诗不传，不知原唱之意，亦遂不甚解和之之意。就文论文，笔力故为超拔。）

天公水墨自奇绝，瘦竹枯松写残月。梦回疏影在东窗，惊怪霜枝连夜发。生成变坏一弹指，乃知造物初无物。古来画师非俗士，妙想实与诗同出。龙眠居士本诗人，能使龙池飞霹雳。君虽不作丹青手，诗眼亦自工识拔。龙眠胸中有千驷，不独画肉兼画骨。但当与作少陵诗，或自与君拈秃笔。东南山水相招呼，万象入我摩尼珠。尽将书画散朋友，独与长铗归来乎。

送黄师是赴两浙宪

世久无此士，我晚得王孙。宁非叔度家，岂出次公门。白首沉下吏，绿衣有公言。哀哉吴越人，久为江湖吞。官自倒帑廪，饱不及黎元。近闻海上港，渐出水底村。愿君五绔手,招此半菽魂。一见刺史天,稍忘狱吏尊。会稽入吾手,镜湖小于盆。比我东来时,无复疮痍存。

送范中济经略侍郎,分韵赋诗,轼得"先"字,且赠以鱼枕杯四,马棰一,以"元戎十乘以先启行"为韵

(眉批:末十一字当是夹注。)

梁李久乐祸,自焚岂非天。两鼠斗穴中,一胜亦偶然。谋初要百虑,善后乃万全。庙堂选世将,范氏真多贤。仁风被宿麦,绿浪摇晴川。号令耸毛羽,先声落虚弦。我家天一方,去路城西偏。投竿困障日,卖剑行归田。赠君荆鱼杯,副以蜀马鞭。一醉可以起,毋令祖生先。(眉批:就物生情,收得有致,否则此诗太板直。)

书晁说之《考牧图》后

(眉批:自在流行,曲折无不如意,长短无不中节,殆无复笔墨之痕。)

我昔在田间,但知羊与牛。川平牛背稳,如驾百斛舟。舟行无人岸自移,我卧读书牛不知。前有百尾羊,听我鞭声如鼓鼙。查云:磊落自喜。我鞭不妄发,视其后者而鞭之。泽中草木长,草长病牛羊。寻山跨坑谷,腾趠筋骨强。烟蓑雨笠长林下,老去而今空见画。又云:斗然入题,不嫌其突,上下神气足矣。世间马耳射东风,悔不长作多牛翁。(眉批:"而今"句一点,"世间"二句仍宕开,收缴前文。通篇只一句著本位,笔力横绝。)

吕与叔学士挽词

言中谋猷行中经,(眉批:起句腐甚。)关西人物数清英。欲过叔度留终日,未识鲁山空此生。议论凋零三益友,功名分付二难兄。老来尚有忧时叹,此涕无从何处倾。

丹元子示诗,飘飘然有谪仙风气,吴传正继作,复次其韵

飞仙亦偶然,脱命瞬息中。惟诗不可拟,如写天日容。梦中哦七言,玉丹

已入怀。一语遭绰虐，失身堕蓬莱。蓬莱至今空，护短不养才。上界足官府，谪仙应退休。可怜吴与苏，骯脏雪满头。雪满头，终当却与丹元子，笑指东海乘桴浮。（眉批：后幅拉杂。）

次韵王定国书丹元子宁极斋

仙人与吾辈，寓迹同一尘。何曾五浆馈，但有争席人。宁极无常居，此斋自随身。人那识郗鉴，天不留封伦。误落世网中，俗物愁我神。先生忽扣户，夜呼祁孔宾。便欲随子去，著书未绝麟。愿挂神虎冠，往卜饮马邻。王郎濯纨绮，意与陋巷亲。南游苦不早，倘及莼鲈新。

王仲至侍郎见惠稚栝，种之礼曹北垣下，今百余日矣，蔚然有生意，喜而作诗

翠栝东南美，近生神岳阴。（眉批：起得郑重。）惜哉不可致，霜根络云岑。仙风振高标，入得清楚。香实陨平林。偶随樗栎生，不为樵牧侵。忽惊黄茅岭，稍出青玉针。好事虽力取，王城少知音。岂无换鹅手，但知觅来禽。高怀独夫子，一见捐橐金。得之喜不寐，赠我意殊深。公堂开后阁，凡木愧华簪。栽培一寸根，寄子百年心。常恐樊笼中，摧我鸾鹤襟。谁知积雨后，寒芒晓森森。恨我迫归老，不见汝十寻。苍皮护玉骨，旦暮视古今。何人风雨夜，卧听饥龙吟。（眉批：一结阔远。查云：不可少此意。余谓东坡诗中此意太多，合观之，亦是一病，所谓"好曲不禁三遍唱"。）

次韵钱穆父马上寄蒋颖叔二首

玉关不用一丸泥，自有长城鸟鼠西。剩与故人寻土物，腊糟红曲寄驼蹄。（眉批：后二句赞得脱洒。）

多买黄封作洗泥，使君来自陇山西。高才得兔人人羡，争欲寻踪觅旧蹄。（眉批：此却不必。）

表弟程德孺生日

（眉批：虽是赧词，却不甚落窠臼。）

仗下千官散紫庭，微闻偶语说苏程。长身自昔传甥舅，寿骨遥知是弟兄。自注：予与君皆寿骨贯耳，班列中多指予二人，不问而知其为中表也。曾活万人宁望报，自注：君在楚州，予在杭州，皆遇饥岁，活数万人。只求五亩却归耕。四朝遗老凋零尽，鹤发他年几个迎。

七年九月自广陵召还，复馆于浴室东堂。八年六月乞会稽，将去，汶公乞诗，乃复用前韵三首

（眉批：三诗皆清脱可喜。）

乞郡三章字半斜，庙堂传笑眼昏花。上人问我迟留意，待赐头纲八饼茶。自注：尚书学士得赐头纲龙茶一斤，今年纲到最迟。

梦绕吴山却月廊，白梅卢橘觉犹香。自注：杭州梵天寺有月廊数百间，寺中多白杨梅、卢橘。会稽且作须臾意，从此归田策最良。

东南此去几时归，倦鸟孤飞岂有期。断送一生消底物，三年光景六篇诗。

吴子野将出家，赠以扇山枕屏

峨峨扇中山，绝壁信天剖。谁知大圆镜，衡霍入户牖。得之老月师，画者一醉叟。常疑若人胸，自有云梦薮。千岩在掌握，用舍弹指久。低昂不自知，恨寄儿女手。短屏虽曲折，高枕谢奔走。（眉批：隐映正意，不着痕迹。）出家非今日，法水洗无垢。浮游云释峤，宴坐柳生肘。忘怀紫翠间，相与到白首。（眉批："柳"乃瘤之别名，非杨柳也，误从摩诘，东坡便为有本。）

闻潮阳吴子野出家

（眉批：诗自老健，而无甚出色之处。）

子昔少年日,气盖里间侠。自言似剧孟,叩门知缓急。千金已散尽,白首空四壁。烈士叹暮年,老骥悲伏枥。妻孥真敝履,脱弃何足惜。四大犹幻座,衣冠矧小物。一朝发无上,愿老灵山宅。世事子如何,禅心久空寂。世间出世间,此道无两得。故应入枯槁,习气要除拂。丈夫生岂易,趣舍志匪石。当为狮子吼,佛法无南北。

赠王觐

何人生得宁馨子,今夜初逢掣笔郎。莫怪围棋忘瓜葛,已能作赋继《灵光》。

卷三十七

古今体诗五十一首

东府雨中别子由

庭下梧桐树,三年三见汝。前年适汝阴,见汝鸣秋雨。去年秋雨时,我自广陵归。今年中山去,白首归无期。客去莫叹息,主人亦是客。对床定悠悠,夜雨空萧瑟。起折梧桐枝,赠汝千里行。归来知健否?莫忘此时情。(眉批:愈琐屑愈真至,愈曲折愈爽朗,此为兴到之作。清空如话,情味无穷,较前《初秋寄子由》一首,尤入神品。)

谢运使仲适座上送王敏仲北使

冲风振河朔,飞雾失太行。(眉批:起得精神。)相逢不相识,下马须眉黄。(眉批:非经行北方风沙中,不知四句"黄"字之妙。)洗眼忽惊笑,见此玉节郎。喜有贤主人,共惜残烛光。聚散一梦中,人北雁南翔。吾生如寄耳,送老天一方。幸子遇明主,陈经入西厢。归期不可缓,倚相宜在旁。

书丹元子所示《李太白真》

(眉批:《声画集》载此诗,自"西望太白"以下为一首,而僧洪觉范《禁脔》谓此诗只一首一韵,七句方换韵,与旧本同。余按:确是一首,若作两首,一则短促收不住,一则突兀无头绪,两不成诗矣。查注作两首,误。)

天人几何同一沤,谪仙非谪乃其游。麾斥八极隘九州,化为两鸟鸣相酬,一鸣一止三千秋。开元有道为少留,縻之不可矧肯求。西望太白横峨岷,眼高四海空无人。大儿汾阳中令君,小儿天台坐忘身。平生不识高将军,手污吾足乃敢瞋,作诗一笑君应闻。(眉批:笔歌墨舞,有手弄白日、顶摩青云之气,是为太白写照矣。)

次韵曾仲锡承议食蜜渍生荔支

(眉批:查云:以难题押险韵,未免牵强着迹。)

代北寒荠捣韭萍,奇苞零落似晨星。逢盐久已成枯腊,得蜜犹疑是薄刑。欲就左慈求挂杖,便随李白跨沧溟。攀条与立新名字,儿女称呼恐不经。自注:俗有十八娘荔枝。

大行太皇太后高氏挽词二首

至矣吾三后,功高汉已还。复推元祐冠,盖得永昭全。自注:臣尝于经筵论奏仁宗皇帝谥曰明孝:若明而不仁,则民畏而不爱;仁而不明,则民爱而不畏。今大行太皇太后亦兼此二德,故天下思慕,庶几于仁宗也。有作犹非圣,无私乃是天。侍臣谈道要,家法信家传。自注:宰相以下,尝于经筵论奏祖宗以来家法十余事,书于记注。

却狄安诸夏,先王社稷臣。固应祠百世,何止活千人。定策天知我,忘家帝念亲。万方何以报,得疾为勤民。

再次韵曾仲锡荔支

(眉批:亦牵强。)

柳花着水万浮萍,荔实周天两岁星。自注:柳至易成,飞絮落水中,经宿即为浮萍;荔支至难长,二十四五年乃实。本自玉肌非鹄浴,至今丹壳似猩刑。侍郎赋咏穷三峡,妃子烟尘动四溟。莫遣诗人说功过,且随香草附《骚经》。

次韵滕大夫三首
雪浪石

(眉批:语语挺拔。)

太行西来万马屯,势与岱岳争雄尊。(眉批:查云:从定州形势说起,突兀撑空。)飞狐上党天下脊,半掩落日先黄昏。(眉批:晚行深山中,乃知第四句之工。)削成山东二百郡,气压代北三家村。千峰右卷矗牙帐,崩崖凿断开土门。竭来城下作飞石,一炮惊落天骄魂。承平百年烽燧冷,此物僵卧枯榆根。画师争摹雪浪势,天工不见雷斧痕。(眉批:又云:看他脱卸出落,便捷如转丸。)离堆四面绕江水,坐无蜀士谁与论。老翁儿戏作飞雨,把酒坐看珠跳盆。此身自幻孰非梦,故国山水聊心存。(眉批:势须宕开作结。)

同　前

(眉批:前古诗已是绝唱,此首便为蛇足。)

我顷三章乞越州,欲寻万壑看交流。且凭造物开山骨,已见天吴出浪头。自注:石中有似海兽形状。履道凿池虽可致,玉川卷地若为收。洛阳泉石今谁主?莫学痴人李与牛。

沉香石

壁立孤峰倚砚长,共疑沉水得顽苍。欲随楚客纫兰佩,谁信吴儿是木肠。山下曾逢化松石,玉中还有辟邪香。(眉批:五、六用事绝切。)早知百和俱灰烬,未信人言弱胜刚。

石　芝

予尝梦食石芝,作诗记之。今乃真得石芝于海上,子由和前诗见寄。予顷在京师,有凿井得如小儿手以献者,臂指皆具,肤理若生。予闻之隐者,此肉芝也,与子由烹而食之。追记其事,复次前韵。

(眉批:洒落,无次韵之迹。)

土中一掌婴儿新,爪指良是肌骨匀。见之怖走谁敢食,天赐我尔不及宾。旌扬远游同一许,长史玉斧皆门户。我家韦布三百年,只有阴功不知数。跪陈八簋加六瑚,化人视之真块苏。肉芝烹熟石芝老,笑唾熊掌嘲雕胡。老蚕作茧何时脱,梦想至人空激烈。古来大药不可求,真契当如磁石铁。

鹤 叹

（眉批：纯是自托，末以一语点睛，笔墨特为奇恣。）

园中有鹤驯可呼，我欲呼之立坐隅。鹤有难色侧睨予，岂欲臆对如鹏乎。我生如寄良畸孤，四句皆承上臆对。三尺长胫阁瘦躯。俯啄少许便有余，何至以身为子娱。驱之上堂立斯须，投以饼饵视若无。戛然长鸣乃下趋，难进易退我不如。（眉批：竟住妙，再赘衍，便入香山门径。）

送曾仲锡通判如京师

边城岁暮多风雪，强压春醪与君别。玉帐夜谈霜月苦，铁骑晓出冰河裂。断蓬飞叶卷黄沙，只有千林蒙鬆花。应为王孙朝上国，太应酬。珠幢玉节与排衙。左援公孝右孟博，我居其间啸且诺。仆夫为我催归来，语殊浅近。要与北海春水争先回。

和钱穆父送别，并求顿递酒

联镳接武两长身，鹓鹭行中语笑亲。九子羡君门户壮，八州怜我往来频。仁闻东府开宾阁，便乞西湖洗塞尘。更向青齐觅消息，要知从事是何人。

刘丑厮诗

（眉批：纯是香山。）

刘生望都民，病羸寄空窑。有子曰丑厮，十二行操瓢。墦间得余粒，雪中拾堕樵。饥饱共生死，水火同焚漂。病翁恃一褐，度此积雪宵。哀哉二暴客，掣去如饥鸮。翁既死于寒，客亦易此韶。崎岖走亭长，不惮雪径遥。我仇祝与苑，物色同遮邀。行路为出涕，二客竟就枭。诜诜诉我庭，慷慨惊吾僚。曰此可名寄，追配郴之荛。恨我非柳子，击节为尔谣。官赐二万钱，无家可归娇。为媾他日妇，婉然初垂髫。洗沐作小史，裹头束其腰。笔砚耕学苑，弓矢战天骄。壮大随尔好,忠孝福可徼。相国有折胁,封侯或吹箫。人事岂易料,勿轻此憔侥。

题《毛女真》

雾鬟风鬓木叶衣,山川良是昔人非。只应闲过商颜老,独自吹箫月下归。

寄馏合刷瓶与子由

老人心事日摧颓,宿火通红手自焙。小甑短瓶良具足,稚儿娇女共燔煨。寄君东阁闲烝栗,知我空堂坐画灰。约束家童好收拾,故山梨枣待归来。

次韵子由清汶老龙珠丹

天公不解防痴龙,玉函宝方出龙宫。雷霆下索无处避,逃入先生衣袂中。(眉批:起得飘忽,以下平平。)先生不作金椎袖,玩世徜徉隐屠酒。夜光明月空自投,一锻何劳纬萧手。黄门寡好心易足,荆棘不生梨枣熟。玄珠白璧两无求,无胫金丹来入腹。区区分别笑乐天,那知空门不是仙。

次韵子由书清汶老所传《秦湘二女图》

(眉批:起四句有吃力之痕。初白先生以为清脱,是所未喻。)

春风消冰失瑶玉,我本无身安有触。羊生得妇如得风,(眉批:"如得风"三字未佳。)握手一笑未为辱。先生室中无天游,佩环何处鸣凤鸥。随魔未必皆魔女,但与分灯遣归去。胡为写真传世人,更要维摩一转语。丹元茅茨只三间,太极老人时往还。检点凡心早除拂,方平神鞭常使物。

紫团参寄王定国

谽谺土门口,突兀太行顶。岂惟团紫云,实自俯倒景。刚风被草木,真气入苕颖。(眉批:"刚风"十字警。)旧闻人衔芝,生此羊肠岭。纤撷虎豹鬣,蹙缩龙蛇瘿。蚕头试小嚼，龟息变方骋。矧予明真子，（眉批："矧"字未妥。）已造浮玉境。清宵月挂户，半夜珠落井。灰心宁复然，汗喘已久静。东坡犹故目，北药致遗秉。欲持三桠根，往侑九转鼎。为予置齿颊，岂不贤酒茗。

次韵刘焘抚勾蜜渍荔支

时新满座闻名字，别久何人记色香。叶似杨梅蒸雾雨，花如卢橘傲风霜。每怜莼菜下盐豉，肯与葡萄压酒浆。回首惊尘卷飞雪，诗情真合与君尝。（眉批："杨梅"等四物并用于中二联之腹，于法为疏，句法一样，尤为不合。）

立春日小集戏李端叔

白发已十载，青春无一堪。不惊新岁换，聊与故人谈。牛健民声喜，（眉批：五句拙而俚。）鸦娇雪意酣。霏微不到地，和暖要宜蚕。岁月斜川似，风流曲水惭。行吟老燕代，坐睡梦江潭。丞掾颇哀援，歌呼谁怕参。衰怀久灰槁，习气尚馋贪。白啖本河朔，红消真剑南。辛盘得青韭，腊酒是黄甘。（眉批：四句四色碍格。）归卧灯残帐，醒闻叶打庵。须烦李居士，重说后三三。

次韵曾仲锡元日见寄

萧索东风两鬓华，年年幡胜剪宫花。愁闻塞曲吹芦管，喜见春盘得蓼芽。吾国旧供云泽米，自注：定武斋酒用苏州米。君家新致雪坑茶。自注：近得曾坑茶。燕南异事真堪纪，三寸黄甘擘永嘉。

子由生日，以檀香观音像及新合印香银篆盘为寿一首

（眉批：如时文中之搭题，亏他连成片段，不得复以捏合为嫌。）

旃檀婆律海外芬，西山老脐柏所薰。香螺脱黶来相群，能结缥缈风中云。一灯如萤起微焚，何时度尽缪篆纹。缭绕无穷合复分，绵绵浮空散氤氲。东坡持是寿卯君，君少与我师皇坟。旁资老聃释迦文，共厄中年点蝇蚊。晚遇斯须

何足云,君方论道承华勋。我亦旗鼓严中军,国恩未报敢不勤。但愿不为世所醺,尔来白发不可耘。问君何时返乡枌,收拾散亡理放纷。此心实与香俱焄,闻思大士应已闻。(眉批:掉尾收转,方不是游骑无归,尤妙在自然合拍。)

次韵李端叔送保倅翟安常赴阙,兼寄子由

中山保塞两穷边,卧治雍容已百年。顾我迂愚分竹使,与君谈笑用蒲鞭。松荒三径思元亮,草合平池忆惠连。白发归心凭说与,古来谁似两疏贤。(眉批:赖"凭说与"三字绾结,然和端叔一层竟不题起,总之,头绪太多,未免五十六字中照管不来。)

中山松醪寄雄州守王引进

郁郁苍髯千岁姿,肯来杯酒作儿嬉。流芳不待龟巢叶,自注:唐人以荷叶为酒杯,谓之碧筒酒。(眉批:事出《酉阳杂俎》,虽唐人书而魏人事,自注误。)扫白聊烦鹤踏枝。醉里便成欹雪舞,醒时与作啸风辞。马军走送非无意,玉帐人闲合有诗。(眉批:"闲"应作"閒"。)

次韵李端叔谢送牛戬《鸳鸯竹石图》

闻君谈西戎,废食忘早晚。王师本不陈,贼垒何足划。守边在得士,此语要而简。知君论将口,似予识画眼。笑指尘壁间,此是老牛戬。(眉批:借题论事,亦殊娓娓。)平生师卫玠,非意尝理遣。诉君定何人,未用市朝显。置之勿复道,世俗固多舛。归去亦何须,单车度毂浑。如虫得羽化,已脱安用茧。家书空万轴,凉暴困舒卷。念当扫长物,闭息默自暖。此画聊付君,幽处得小展。(眉批:一挽不可少。)新诗勿纵笔,群吠惊邑犬。(眉批:"群吠"句太露。)时来未可知,妙斫待轮扁。

次韵聪上人见寄

前身本同社,宿业独临边。一悟镜空老,始知圆泽贤。归心忘犊佩,生术

寄羊鞭。不似欧阳子,空留六一泉。

次韵王雄州还朝留别

老李威名八十年,起得亲切。壁间精悍见遗颜。自闻出守风流似,稍觉承平气象还。但遣诗人歌《杕杜》,不妨侍女唱《阳关》。(眉批:五、六浑厚,收亦满足。)内朝接武知何日,白发羞归供奉班。(眉批:语无泛设。)

三月二十日多叶杏盛开

零露泫月蕊,温风散晴葩。春工了不睡,连夜开此花。芳心谁剪刻,天质自清华。恼客香有无,弄妆影横斜。中山古战国,杀气浮高牙。丛台余袨服,易水雄悲筇。自从此花开,玉肌洗尘沙。坐令游侠窟,化作温柔家。(眉批:有此排宕,气脉乃阔。)我老念江海,不饮空咨嗟。刘郎归何日,红桃烁残霞。明年花开时,举酒望三巴。自注:盖欲请梓州而归也。

三月二十日开园三首

雪髯霜鬓语伦狞,淡荡园林取次行。要识将军不凡意,从来只啜小人羹。自注:是日散父老酒食。(眉批:末句晦。)

西园牡籥夜沉沉,尚有游人卧柳阴。鹤睡觉时风露下,落花飞絮满衣襟。(眉批:二首小有致。)

郁郁苍髯真道友,丝丝红萼是乡人。自注:苍髯,松也。红萼,海棠也。何时翠竹江村路,送我柴门月色新。(眉批:此则太滑。)

次韵王雄州送侍其泾州

威声又数中兴年,二房行当一矢联。闻道名城得真将,故应惊羽落空弦。追锋归去雄三卫,授钺重来定十连。别酒回头便陈迹,号咷端合发初筵。

初贬英州，过杞赠马梦得

万古仇池穴，归心负雪堂。殷勤竹里梦，犹自数山王。（眉批：语含两意，诗人之笔。）

临城道中作

予初赴中山，连日风埃，未尝了了见太行也。今将适岭表，颇以是为恨。过临城、内丘，天气忽清彻，西望太行，草木可数，冈峦北走，崖谷秀杰。忽悟叹曰：吾南迁其速返乎？退之《衡山》之祥也。书以付迈，使志之。

逐客何人着眼看，太行千里送征鞍。未应愚谷能留柳，何独衡山解识韩。

过汤阴市得豌豆大麦粥，示三儿子

朔野方赤地，河堧但黄尘。秋霖暗豆荚，夏旱臞麦人。逆旅唱晨粥，行疱得时珍。青斑照匕箸，脆响鸣牙龈。玉食谢故吏，风餐便逐臣。漂零竟何适，浩荡寄此身。争劝加餐食，实无负吏民。何当万里客，归及三年新。（眉批：和平。）

被命南迁途中寄定武同僚

人事千头及万头，得时何喜失时忧。只知紫绶三公贵，不觉黄粱一梦游。适见恩纶临定武，忽遭分职赴英州。南行若到江干侧，休宿浔阳旧酒楼。（眉批：必非东坡之作。）

子由新修汝州龙兴寺吴画壁

丹青久衰工不艺，人物尤难到今世。每摹市井作公卿，画手悬知是徒隶。吴生已与不传死，那复典刑留近岁。人间几处变西方，尽作波涛翻海势。细观手面分转侧,妙算毫厘得天契。始知真放本精微,不比狂花生客慧。(眉批:至言可佩,于此知诗家喜作迷离惝恍及豪横语者,皆狂花客慧耳。前咏王维竹曰:"交柯乱叶动无数,一一皆可寻其源。"语可相参。)似闻遗墨留汝海,古壁蜗涎可垂涕。力捐金帛扶栋宇,错落浮云卷新霁。使君坐啸清梦余,几叠衣纹数襟袂。他年吊古知有人,姓名聊记东坡弟。

过高邮寄孙君孚

(眉批:喜其不露怨尤。)

过淮风气清,一洗尘埃容。水木渐幽茂,菰蒲杂游龙。可怜夜合花,青枝散红茸。美人游不归,一笑谁当供。故园在何处,已偃手种松。我行忽失路,归梦山千重。闻君有负郭,二顷收横纵。(眉批:"二顷"句不妥。)卷野毕秋获,殷床闻夜舂。乐哉何所忧,社酒粥面酦。宦游岂不好,毋令到千钟。

仆所至未尝出游。过长芦,闻复禅师病甚,不可不一问。既见,则有间矣。明日阻风,复留见之。作三绝句呈闻复,并请转呈参寥子,各赋数首

亦知壶子不死,敢问老聃所游。瑟瑟寒松露骨,眈眈老虎垂头。

莫言西蜀万里,且到南华一游。扶病江边送客,杖挐浦口回头。

老去此生一诀,兴来明日重游。卧闻三老白事,半夜南风打头。

六月七日泊金陵阻风,得钟山泉公书,寄诗为谢

今日江头天色恶,炮车云起风欲作。(眉批:起势离奇。)独望钟山唤宝公,林间白塔如孤鹤。宝公骨冷唤不闻,却有老泉来唤人。(眉批:电过飙回,笔力横绝。)电眸虎齿霹雳舌,为余吹散千峰云。南行万里亦何事,一酌曹溪知水味。他年若画蒋山图,为作泉公唤居士。

赠清凉寺和长老

代北初辞没马尘,江南来见卧云人。问禅不契前三语,施佛空留六丈身。老去山林徒梦想,雨余钟鼓更清新。会须一洗黄茅瘴,未用深藏白氎巾。

予前后守倅余杭凡五年,秋夏之间蒸热不可过,独中和堂东南颊,下瞰海门,洞视万里,三伏常萧然也。绍圣元年六月,舟行赴岭外,热甚。忽忆此处,而作是诗

忠孝王家千柱宫,东坡作吏五年中。中和堂上东南颊,独有人间万里风。(眉批:太率。)

慈湖夹阻风五首

捍索桅竿立啸空,篙师酣寝浪花中。故应菅蒯知心腹,弱缆能争万里风。

此生归路转茫然,无数青山水拍天。犹有小船来卖饼,喜闻墟落在山前。(眉批:当前之寥落可知。)

我行都是退之诗,真有人家水半扉。千顷桑麻在船底,空余石发挂鱼衣。(眉批:亦有致。)

日轮亭午汗珠融,谁识南讹长养功。(眉批:次句腐。)暴雨过云聊一快,未妨明月却当空。(眉批:末二句寓意。)

卧看落月横千丈,起唤清风得半帆。且并水村欹侧过,人间何处不巉岩。(眉批:末句太露。)

卷三十八

古今体诗四十四首

过庐山下

予过庐山下,云物腾涌,默有祷焉。未午,众峰凛然,故作是诗。

乱云欲霾山,势与飘风南。群阴相应和,勇往争骖骊。可怜荟蔚中,时出紫翠岚。(眉批:从《荟蔚》章化出,语意虽显而不露,用比故也。)雁没失东岭,龙腾见西龛。一时供坐笑,百态变立谈。暴雨破块圠,清飙扫浑酣。廓然归何处,陋矣安足戡。亭亭紫霄峰,窈窈白石庵。五老数松雪,双溪落天潭。虽云默祷应,顾有移文惭。(眉批:结处应再有数语,文意文气方足。以不欲说破,难于着笔,故草草竟住。然须于难着笔处着笔,方见本领,故此诗不为完美。)

壶中九华诗

湖口人李正臣蓄异石九峰,玲珑宛转,若窗棂然。予欲以百金买之,与仇池石为偶,方南迁未暇也。名之曰壶中九华,且以诗纪之。

清溪电转失云峰,梦里犹惊翠扫空。五岭莫愁千嶂外,九华今在一壶中。(眉批:查云三句带南迁意,不觉。)天池水落层层见,玉女窗虚处处通。念我仇池太孤绝,百金归买碧玲珑。

南康望湖亭

(眉批:但存唐人声貌,而无味可咀。此种最害事,而转相神圣,自命曰"高"或"警警",辄哂曰"俗",盖盛唐之说行,而盛唐之真愈失矣。)

八月渡长湖,萧条万象疏。秋风片帆急,暮霭一山孤。许国心犹在,康时术已虚。岷峨家万里，投老得归无。

江西一首

（眉批：此格易得峭拔。）

江西山水真吾邦，白沙翠竹石底江。舟行十里磨九泷，篙声荦确相舂撞。醉卧欲醒闻淙淙，直欲一口吸老庞。（眉批："直欲"句趁韵。）何人得隽窥鱼矼，举叉绝叫尺鲤双。

秧马歌

过庐陵，见宣德郎致仕曾君安止，出所作《禾谱》。文既温雅，事亦详实，惜其有所缺，不谱农器也。予昔游武昌，见农夫皆骑秧马。以榆枣为腹欲其滑，以楸桐为背欲其轻，腹如小舟，昂其首尾，背如覆瓦，以便两髀雀跃于泥中，系束藁其首以缚秧。日行千畦，较之伛偻而作者，劳佚相绝。《史记》：禹乘四载，泥行乘橇。解者曰："橇形如箕，擿行泥上。"岂秧马之类乎？作《秧马歌》一首，附于《禾谱》之末云。

春云蒙蒙雨凄凄，春秧欲老翠剡齐。嗟我妇子行水泥，朝分一垄暮千畦。腰如箜篌首啄鸡，筋烦骨殆声酸嘶。我有桐马手自提，头尻轩昂腹胁低。背如覆瓦去角圭，以我两足为四蹄。查云：醒豁。耸踊滑汰如凫鹥，纤纤束藁亦可赍。何用繁缨与月题，朅从畦东走畦西。山城欲闭闻鼓鼙，忽作的卢跃檀溪。归来挂壁从高栖，了无刍秣饥不啼。少壮骑汝逮老黧，何曾蹶轶防颠隮。锦鞯公子朝金闺，笑我一生蹋牛犁，不知自有木骕骦。（眉批：奇器以奇语写之，笔笔欲活。）

八月七日初入赣，过惶恐滩

七千里外二毛人，十八滩头一叶身。山忆喜欢劳远梦，自注：蜀道有错喜欢铺，在大散关上。地名惶恐泣孤臣。长风送客添帆腹，积雨浮舟减石鳞。便合与官充水手,此生何止略知津。(眉批:真而不俚,怨而不怒。)

郁孤台

自注:以下四首,皆虔州。

(眉批:不失古格,而时出新语,故佳。)

入境见图画,郁孤如旧游。山为翠浪涌,水作玉虹流。日丽崆峒晓,风酣章贡秋。丹青未变叶,鳞甲欲生洲。奇而稳。岚气昏城树,逼肖九僧。滩声入市楼。烟云侵岭路,草木半炎州。故国千峰外,高台十日留。他年三宿处,准拟系归舟。

廉 泉

(眉批:转转灵妙,妙于不剿。)

水性故自清,不清或挠之。君看此廉泉,五色烂摩尼。廉者为我廉,何以此名为。有廉则有贪,有慧则有痴。谁为柳宗元,孰是吴隐之?复一韵。渔父足岂洁,许由耳何淄?(眉批:"谁为"四句可删。)纷然立名字,此水了不知。毁誉有时尽,不知无尽时。揭来廉泉上,捋须看鬓眉。好在水中人,到处相娱嬉。

(眉批:结得兀傲。)

尘外亭

楚水澹无尘,赣水清可厉。散策尘外游,挥手谢此世。山高惜人力,十步辄一憩。却立浮云端,俯视万井丽。幽人宴坐处,龙虎为斩薙。马驹独何疑,岂堕山鬼计。夜垣非助我,谬敬欲其逝。戏留一转语,千载岂攘袂。(眉批:无可着语之题,只可笔端簸弄。若泛写山光树色,则一首诗可题遍天下名胜矣。盛谈王、孟高浑者,往往成马首之络,偶见之似可喜,数见之便有多少不满人意处。)

天竺寺

予年十二,先君自虔州归,为予言:"近城山中天竺寺,有乐天亲书诗云:'一山门作两山门,两寺原从一寺分。东涧水流西涧水,南山云起北山云。前台花发后台见,上界钟声下界闻。遥想吾师行道处,天香桂子落纷纷。'笔势奇逸,墨迹如新。"今四十七年矣。予来访之,则诗已亡,有石刻存耳。感涕不已,而作是诗。

香山居士留遗迹,天竺禅师有故家。空咏连珠吟叠壁,已亡飞鸟失惊蛇。林深野桂寒无子,雨渍山姜病有花。四十七年真一梦,天涯流落泪横斜。

过大庾岭

一念失垢污,身心洞清净。浩然天地间,惟我独也正。今日岭上行,身世永相忘。仙人拊我顶,结发受长生。(眉批:末联忽用古韵。)

宿建封寺,晓登尽善亭望韶石三首

双阙浮光照短亭,至今猿鸟啸青荧。君王自此西巡狩,再使鱼龙舞洞庭。
蜀人文赋楚人辞,尧在崇山舜九疑。圣主若非真得道,南来万里亦何为。
(眉批:二首皆无聊寄傲之词。)
岭海东南月窟西,功成天已锡玄圭。此方定是神仙宅,禹亦东来隐会稽。

月华寺

自注:寺邻岑水场,施者皆坑户也,百年间盖三焚矣。

天公胡为不自怜,结土融石为铜山。万人探研富媪泣,只有金帛资豪奸。脱身献佛意可料,一瓦坐待千金还。月华三火岂天意,至今芰舍依榛菅。僧言此地本龙象,兴废反掌曾何艰。高岩夜吐金碧气,晓得异石青斓斑。坑流窟发钱涌地,莫施百镒朝千锾。此山出宝以自贼,地脉已断天应悭。我愿铜山化南亩,烂漫黍麦苏茕鳏。道人修道要底物,破铛煮饭茅三间。(眉批:庄语不腐,此由笔意不同。)

南华寺

（眉批：触境寄慨，不同泛作禅语。）

云何见祖师，要识本来面。亭亭塔中人，问我何所见。可怜明上座，万法了一电。饮水既自知，指月无复眩。我本修行人，三世积精练。中间一念失，受此百年谴。抠衣礼真相，感动泪雨霰。借师锡端泉，洗我绮语砚。（眉批：此方是东坡游南华寺诗，不可移掇他人。是此时东坡游南华寺诗，不可移掇他时，此为诗中有人。）

碧落洞

自注：在英州下十五里。

槎牙乱峰合，晃荡绝壁横。遥知紫翠间，古来仙释并。阳崖射朝日，高处连玉京。阴谷叩白月，梦中游化城。果然石门开，中有银河倾。幽龛入窈窕，别户穿虚明。泉流下珠琲，乳湍交缦缨。我行畏人知，恐为仙者迎。小语辄响答，空山白云惊。策杖归去来，治具烦方平。（眉批：隐寓名盛招尤之慨，其词却浑而不露。）

何公桥诗

（眉批：自用本色，何尝不佳。然何不曰铭、曰颂，而必曰诗？）

天壤之间，水居其多。人之往来，如鹈在河。顺水而行，云驰鸟疾。维水之利，千里咫尺。乱流而涉，过膝则止。维水之害，咫尺千里。沔彼滥觞，蛙跳鲦游。溢而怀山，神禹所忧。岂无一木，支此大坏。舞于盘涡，冰折雷解。坐使此邦，画为两州。鸡犬相闻，胡越莫救。允毅何公，甚勇于仁。始作石梁，其艰其勤。将作复止，更此百难。公心如铁，非石则坚。公以身先，民以悦使。老壮负石，如负其子。疏为玉虹，隐为金堤。直栏横槛，百贾所栖。我来与公，同载而出。欢呼填道，抱其马足。我叹而言，视此滔滔。未见刚者，孰为此桥。

愿公千岁,与桥寿考。持节复来,以慰父老。如朱仲卿,食于桐乡。我作铭诗,子孙不忘。(眉批:此用古韵,故无平仄之分,以律韵求之误矣。)

峡山寺

自注:传奇所记孙恪、袁氏事,即此寺,至今有人见白猿者。

天开清远峡,地转凝碧湾。我行无迟速,摄衣步孱颜。山僧本幽独,乞食况未还。云碓水自舂,松门风为关。石泉解娱客,琴筑鸣空山。佳人剑翁孙,游戏暂人间。忽噫啸云侣,赋诗留玉环。林深不可见,雾雨霾髻鬟。(眉批:忽寓羁绊之感。)

散郎亭

法花下有散郎亭,老树荒崖如有情。欢戚已随时事去,壁间只有古人名。

柏家渡

(眉批:清浅自好,然非高作。)

柏家渡西日欲落,青山上下猿鸟乐。欲因新月望吴云,遥看北斗挂南岳。一梦惝惝四十秋,古人不死终未休。草舍萧条谁与语,香风吹过白蘋州。

清远舟中寄耘老

小寒初度梅花岭,万壑千岩背人境。清远聊为泛宅行,一梦分明堕乡井。觉来满眼是湖山,鸭绿波摇凤凰影。海陵居士无云梯,岁晚结庐颍水湄。山腰自悬苍玉佩,野马不受黄金羁。门前车马猎猎走,笑倚清流数鬓丝。汀洲相见春风起,白蘋吹花散烟水。万里飘蓬未得归,目断沧浪泪如洗。(眉批:骀宕多姿。)北雁南来遗素书,苦言大浸没我庐。清斋十日不然鼎,曲突往往巢龟鱼。今年玉粒贱如水,青铜欲买囊已虚。人生百年如寄耳,七十朱颜能有几?有子休论贤与愚,倪生枉欲带经锄。天南看取东坡叟,可是平生废读书。(眉批:不免太激，然收得满足。）

舟行至清远县，见顾秀才，极谈惠州风物之美

到处聚观香案吏，此邦宜著玉堂仙。江云漠漠桂花湿，梅雨翛翛荔子然。闻道黄柑常抵鹊，不容朱橘更论钱。恰从神武来弘景，便向罗浮觅稚川。

广州蒲涧寺

自注：地产菖蒲，十二节。相传安期生之故居，始皇访之于此。

不用山僧导我前，自寻云外出山泉。千章古木临无地，百尺飞涛泻漏天。昔日菖蒲方士宅，后来薝卜祖师禅。而今只有花含笑，笑道秦皇欲学仙。自注：山中多含笑花。（眉批：结得太佻。）

赠蒲涧信长老

优钵昙花岂有花，问师此曲唱谁家。已从子美得桃竹，自注：此山有桃竹，可作杖，而土人不识。予始录子美诗遗之。不向安期觅枣瓜。燕坐林间时有虎，高眠粥后不闻鸦。胜游自古兼支许，为采松肪寄一车。

发广州

朝市日已远，此身良自如。三杯软饱后，自注：浙人谓饮酒为软饱。一枕黑甜余。自注：俗谓睡为黑甜。（眉批：三、四不佳，《诗话》称之，非是。）蒲涧疏钟外，黄湾落木初。天涯未觉远，处处各樵渔。（眉批：结语自好。）

浴日亭

自注：在南海庙前。

剑气峥嵘夜插天，瑞光明灭到黄湾。坐看旸谷浮金晕，遥想钱塘涌雪山。已觉苍凉苏病骨，更烦沉瀣洗衰颜。忽惊鸟动行人起，飞上千峰紫翠间。

游罗浮山一首示儿子过

(眉批:笔笔警拔,大题目自不敢草草。)

人间有此白玉京,罗浮见日鸡一鸣。南楼未必齐日观,郁仪自欲朝朱明。自注:刘梦得有诗,记罗浮夜半见日事。山不甚高,而夜见日,此可异也。山有二石楼。今延祥寺在南楼下,朱明洞在冲虚观后,云是蓬莱第七洞天。东坡之师抱朴老,真契久已交前生。玉堂金马久流落,寸田尺宅今谁耕。道华亦尝啖一枣,自注:唐永乐道士侯道华,窃食邓天师仙药去。永乐有无核枣,人不可得,道华独得之。子在岐下,亦尝得食一枚。契虚正欲仇三彭。自注:唐僧契虚,遇人导游稚川仙府。真人问曰:"汝绝三彭之仇乎?"契虚不能答。铁桥石柱连空横,自注:山有铁桥石柱,人罕至者。杖藜欲趁飞猱轻。云溪夜逢暗虎伏,自注:山有哑虎巡山。斗坛画出铜龙狞。自注:冲虚观后有朱真人朝斗坛,近于坛上获铜龙六、铜鱼一。(眉批:情文相生,兴会飙举。)小儿少年有奇志,中宵起坐存黄庭。近者戏作凌云赋,笔势仿佛离骚经。负书从我盍归去,群仙正草新宫铭。汝应奴隶蔡少霞,我亦季孟山玄卿。自注:唐有梦书《新宫铭》者云,紫阳真人山玄卿撰。其略曰:"良常西麓,原泽东泄。新宫宏宏,崇轩爵爵。"又有蔡少霞者,梦人遣书碑,略曰:"公昔乘鱼车,今履瑞云,蹋空仰涂,绮络轮囷。"其末题云:"五云书阁吏蔡少霞书。"还须略报老同叔,嬴粮万里寻初平。自注:子由一字同叔。

十月二日初到惠州

仿佛曾游岂梦中,欣然鸡犬识新丰。吏民惊怪坐何事,父老相携迎此翁。苏武岂知还漠北,管宁自欲老辽东。(眉批:二事俱不切。)岭南万户皆春色,自注:岭南万户酒。会有幽人客寓公。

寓居合江楼

海上葱昽气佳哉,二江合处朱楼开。蓬莱方丈应不远,肯为苏子浮江来。奇恣。(眉批:起势超忽,以下亦音节谐雅,虽无深意而自佳。)江风初凉睡正美,楼上啼鸦呼我起。我今身世两相违,西流白日东流水。楼中老人日清新,天上岂有痴仙人。三山咫尺不归去,一杯付与罗浮春。自注:予家酿酒名罗浮春。

惠州灵惠院壁间画一仰面向天醉僧,云是蜀僧隐峦所作,题诗于其下

(眉批:语带粗豪,殊乖《诗品》。)

直视无前气吐虹,五湖三岛在胸中。相逢莫怪不相揖,只见山僧不见公。

白水山佛迹岩

自注:罗浮之东麓也,在惠州东北二十里。

(眉批:奇气坌涌,无一语不警拔,而无一毫粗犷之气。查云:字字刻画,句句变化,云烟离合,不可端倪。)

何人守蓬莱,夜半失左股。浮山若鹏蹲,忽展垂天羽。根株互连络,崖峤争吐吞。神工自炉鞴,融液相缀补。至今余隙罅,流出千斛乳。方其欲合时,天匠麇月斧。帝觞分余沥,山骨醉后土。此一层更写得满足,善于布势,工于设色。峰峦尚开阖,涧谷犹呼舞。海风吹未凝,古佛来布武。入得天然,纯乎化境。当时汪罔氏,投足不盖拇。青莲虽不见,千古落花雨。双溪汇九折,万马腾一鼓。奔雷溅玉雪,潭洞开水府。潜鳞有饥蛟,掉尾取渴虎。我来方醉后,濯足聊戏侮。回风卷飞雹,掠面过强弩。山灵莫恶剧,微命安足赌。此山吾欲老,慎勿厌求取。溪流变春酒,与我相宾主。当连青竹竿,下灌黄精圃。(眉批:上半如此奇恣,下半如何收来? 非此兀傲之气,撑拄不起。)

咏汤泉

自注:在白水山。

积水焚大槐,蓄油灾武库。惊然丞相井,疑浣将军布。自怜耳目隘,未测阴阳故。郁攸火山烈,蓊沸汤泉注。岂惟渴兽骇,坐使痴儿怖。安能长鱼鳖,

仅可爇狐兔。山中惟木客,户外时芒屦。虽无倾城浴,幸免亡国污。(眉批:结却伧气。)

自笑一首

子石如琢玉,远烟真削黳。入我病风手,自注:古语云,摩墨如病风手。玄云漙萋萋。是中有何好,而我喜欲迷。既似蜡屐阮,又如锻柳嵇。醉笔得天全,宛宛天投霓。多谢中书君,伴我此幽栖。

无　题

(眉批:太平钝。)

六秩行当启,区中缘更疏。不贪为我宝,安步当君车。故国多乔木,先人有敝庐。誓将闲散好,不著一行书。

朝云诗

世谓乐天有鬻骆马放杨柳枝词,嘉其主老病不忍去也。然梦得有诗云:"春尽絮飞留不住,随风好去落谁家。"乐天亦云:"病与乐天相伴住,春随樊子一时归。"则是樊素竟去也。予家有数妾,四五年相继辞去,独朝云者随予南迁。因读乐天集,戏作此诗。朝云姓王氏,钱唐人,尝有子曰幹儿,未期而夭云。

不似杨枝别乐天,恰如通德伴伶玄。阿奴络秀不同老,天女维摩总解禅。经卷药炉新活计,舞衫歌扇旧因缘。丹成逐我三山去,不作巫阳云雨仙。

寄虎儿

独倚桄榔树,闲挑荜拨根。谋生看拙否,送老此蛮村。

十一月二十六日,松风亭下梅花盛开

(眉批:朱晦庵极恶东坡,独此诗屡和不已,岂晋人所谓我见犹怜耶!)

春风岭上淮南村,昔年梅花曾断魂。（自注：予昔赴黄州,春风岭上见梅花,有两绝句。明年正月往岐亭,道上赋诗云："去年今日关山路,细雨梅花正断魂。"）岂知流落复相见,蛮风蜑雨愁黄昏。长条半落荔支浦,卧树独秀桄榔园。岂惟幽光留夜色,直恐冷艳排冬温。松风亭下荆棘里,两株玉蕊明朝暾。海南仙云娇堕砌,月下缟衣来扣门。酒醒梦觉起绕树,妙意有在终无言。先生独饮勿叹息,幸有落月窥清尊。（眉批：天人姿泽,非此笔不称此花。）

再用前韵

（眉批：语亦奇丽,二诗皆极意锻炼之作。）

罗浮山下梅花村,玉雪为骨冰为魂。纷纷初疑月挂树,耿耿独与参横昏。先生索居江海上,悄如病鹤栖荒园。天香国艳肯相顾,知我酒熟诗清温。蓬莱宫中花鸟使,绿衣倒挂扶桑暾。（自注：岭南珍禽有倒挂子,绿毛红喙,如鹦鹉而小,自东海来,非尘埃中物也。）抱丛窥我方醉卧,故遣啄木先敲门。麻姑过君急扫洒,鸟能歌舞花能言。酒醒人散山寂寂,惟有落蕊黏空尊。（眉批：忽作幻语,善于摆脱。）

新酿桂酒

捣香筛辣入瓶盆,盎盎春溪带雨浑。收拾小山藏社瓮,招呼明月到芳尊。（眉批：查云：四句"桂"字有生发,胜于初句。）酒材已遣门生致,菜把仍叨地主恩。烂煮葵羹斟桂醑,风流可惜在蛮村。

惠守詹君见和,复次韵

已破谁能惜甔盆,颓然醉里得全浑。欲求公瑾一囷米,试满庄生五石尊。三杯卯困忘家事,万户春浓感国恩。刺史不须要半道,篮舆未暇走山村。

花落复次前韵

玉妃谪堕烟雨村,先生作诗与招魂。（眉批：起得警拔。）人间草木非我对,奔月偶桂成幽昏。(眉批:亦自摆脱,不落蹊径。)暗香入户寻短梦,青子缀枝留小园。披衣连夜唤客饮,雪肤满地聊相温。松明照坐愁不睡,井华入腹清而暾。(眉批:"清而暾"不妥。)先生来年六十化,道眼已入不二门。多情好事余习气,惜花未忍都无言。留连一物吾过矣,笑领百罚空罍尊。

江 郊

惠州归善县治之北,数百步抵江,少西有盘石小潭,可以垂钓,作《江郊》诗云。

江郊葱昽,云水蒨绚。碕岸斗入,洄潭轮转。先生悦之,布席闲燕。初日下照,潜鳞俯见。意钓忘鱼,乐此竿线。优哉悠哉,玩物之变。

詹守携酒见过,用前韵作诗,聊复和之

箕踞狂歌老瓦盆,燎毛燔肉似羌浑。传呼草市来携客,洒扫渔矶共置樽。山下黄童争看舞,江干白骨已衔恩。自注:时詹方议葬暴骨。孤云落日西南望,长羡归鸦自识村。(眉批:"江干"句突出似无理,细玩乃寓收骨瘴江之感,故以"归鸦"为结耳。)

卷三十九

古今体诗七十四首

寄邓道士

罗浮山有野人,相传葛稚川之隶也。邓道士守安,山中有道者也,尝于庵前见其足迹,长二尺许。绍圣二年正月二日,予偶读韦苏州《寄全椒山中道士》诗云:"今朝郡斋冷,忽念山中客。涧底束荆薪,归来煮白石。遥持一樽酒,远慰风雨夕。落叶满空山,何处寻行迹。"乃以酒一壶,依苏州韵作诗寄之。

一杯罗浮春,远饷采薇客。遥知独酌罢,醉卧松下石。幽人不可见,清啸闻月夕。聊戏庵中人,空飞本无迹。(眉批:绝唱诗不必和,昔人已尝论之。此诗若不言和苏州诗,固未尝不佳。)

上元夜

自注:惠州作。

(眉批:两两相形,不著一语,寄慨自深。)

前年侍玉辇,端门万枝灯。璧月挂罘罳,珠星缀觚棱。去年中山府,老病亦宵兴。牙旗穿夜市,铁马响春冰。今年江海上,云房寄山僧。亦复举膏火,松间见层层。策杖桄榔林,林疏月骼髁。使君置酒罢,箫鼓转松陵。狂生来索酒,自注:贾道人也。一举辄数升。浩歌出门去,我亦归蒉腾。(眉批:委顺之意,言外见之。)

正月二十四日,与儿子过、赖仙芝、王原秀才、僧昙颖、行全、道士何宗一同游罗浮道院及栖禅精舍,过作诗,和其韵,寄迈、迨一首

(眉批:平叙而不庸沓。)

断桥寻胜践,脱屦欣小揭。瘴花已繁红,官柳犹疏细。斜川二三子,悼叹吾年逝。凄凉罗浮馆,风壁颓雨砌。黄冠常苦饥,迎客羞破袂。仙山在何许,归鹤时堕毳。崎岖拾松黄,欲救齿发弊。坐令禅客笑,一梦等千岁。栖禅晚置酒,蛮果粲蕉荔。斋厨釜无羹,野饷篮有蕙。嬉游趁时节,俯仰了此世。犹当洗业障,更作临水禊。寄书阳羡儿,并语长头弟。门户各努力,先期毕租税。

(眉批:后四句乍读似不贯,戏玩语意,乃言在此甚适,不必更以为念,惟应专力持门户办租税耳。)

正月二十六日,偶与数客野步嘉祐僧舍东南野人家,杂花盛开,扣门求观。主人林氏媪出应,白发青裙,少寡独居三十年矣。感叹之余,作诗记之

缥蒂缃枝出绛房,绿阴青子送春忙。涓涓泣露紫含笑,焰焰烧空红佛桑。(眉批:三、四太质、太易,以为老境,则失之。)落日孤烟知客恨,短篱破屋为谁香。主人白发青裙袂,子美诗中黄四娘。

龙尾石砚寄犹子远

皎皎穿云月,青青出水荷。文章工点黼,忠义老研磨。伟节何须怒,宽饶要少和。十字写尽歙砚。(眉批:叠用二比,不嫌其复。首二比形,五、六比德也。竟不出"研"字,古人咏物多如此。)吾衰安用此,寄与小东坡。自注:远为人类予。

赠王子直秀才

(眉批:宛然剑南之先声。王粲《七哀》既开少陵之派,鲍照《行路难》已导太白之前。

文章与世变更,而机括往往先露。如此之类指不胜屈,作者亦莫知其所以然也。)

万里云山一破裘,杖端闲挂百钱游。五车书已留儿读,二顷田应为鹤谋。水底笙歌蛙两部,山中奴婢橘千头。幅巾我欲相随去,海上何人识故侯。

惠州近城数小山,类蜀道。春与进士许毅野步,会意处饮之且醉,作诗以记。适参寥专使欲归,使持此以示西湖之上诸友,庶使知予未尝一日忘湖山也

(眉批:此又太做作。)

夕阳飞絮乱平芜,万里春前一酒壶。铁化双鱼沉远素,剑分二岭隔中区。花曾识面香仍在,鸟不知名声自呼。梦想平生消未尽,满林烟月到西湖。

真一酒

米、麦、水三一而已,此东坡先生真一酒也。

拨雪披云得乳泓,蜜蜂又欲醉先生。自注:真一色味,颇类予在黄州日所酝蜜酒也。稻垂麦仰阴阳足,器洁泉新表里清。晓日著颜红有晕,春风入髓散无声。(眉批:六句好。)人间真一东坡老,与作青州从事名。

游博罗香积寺

寺去县七里,三山犬牙,夹道皆美田,麦禾甚茂。寺下溪水可作碓磨,若筑塘百步闸而落之,可转两轮举四杵也。以属县令林抃,使督成之。

二年流落蛙鱼乡,朝来喜见麦吐芒。东风摇波舞净绿,初日泫露酣娇黄。汪汪春泥已没膝,剡剡秋谷初分秧。谁言万里出无友,见此二美喜欲狂。三山屏拥僧舍小,一溪雷转松阴凉。要令水力供臼磨,与相地脉增堤防。霏霏落雪看收面,隐隐叠鼓闻春糠。散流一啜云子白,炊裂十字琼肌香。岂惟牢丸荐古味,自注:束晳《饼赋》云:"馒头薄持,起搜牢丸。"要使真一流天浆。诗成捧腹便绝倒,书生说食真膏肓。(眉批:水磨是利民正事,县令督成颇为郑重,不得以游戏了之。

后半语虽工,而意则未协。)

二月十九日,携白酒、鲈鱼过詹使君,食槐叶冷淘

枇杷已熟粲金珠,桑落初尝滟玉蛆。暂借垂莲十分盏,一浇空腹五车书。青浮卵碗槐芽饼,红点冰盘藿叶鱼。醉饱高眠真事业,此生有味在三余。(眉批:末句腐。)

赠陈守道

(眉批:竟是《道经》,无复诗格。)

一气混沦生复生,有形有心即有情。共见利欲饮食事,各有爪牙头角争。争时怒发霹雳火,险处直在嵌岩坑。人伪相加有余怨,天真丧尽无纯诚。徒自取先用极力,谁知所得皆空名。少微处士松柏寒,蓬莱真人冰玉清。山是心兮海为腹,阳为神兮阴为精。渴饮灵泉水,饥食玉树枝。白虎化坎青龙离,锁禁姹女关婴儿。楼台十二红玻璃,木公金母相东西。纯铅真汞星光辉,乌升兔降无年期。停颜郤老只如此,哀哉世人迷不迷。

辨道歌

(眉批:题鄙甚,此种原不以诗论,不宜入集。)

北方正气名祛邪,东郊西应归中华。离南为室坎为家,先凝白雪生黄芽。黄河流驾紫河车,水精池产红莲花。赤龙腾霄惊盘蛇,姹女含笑婴儿呀。十二楼瞰灵泉洼,华池玉液阴交加。子驰午前无定差,三田聚宝真生涯。龟精凤髓填谽谺,天地骇有鬼神嗟。一丹休别内外砂,长修久饵须升遐。肠中澄结无余柤,俗骨变换颜如葩。哀哉世人争齿牙,指伪为真正为哇。轻肥甘美形骄奢,谲诡诈妄言矜夸。游鱼在网兔在罝,一气顿尽犹呕哑。余生所托诚栖槎,九原枯骭如乱麻。胡不割众如镆铘,空与利名交撑挐。胡不让霜如文骓,可惜贪爱相漫洿。真心道意非不嘉,餐金闻活非虚哗。何须横议相疵瘕,众口并发鸣群

鸦。安知聚散同鱼虾,自缠如茧居如蜗。日怀嗔喜甘笼筊,其去死地犹猎猣。吾恨尔见有所遮,海波或至惊井蛙。乌轮即晚蟾影斜,吾时俱睹超云霞。

江涨用过韵

(眉批:纯写人事之感。)

草木生故墟,牛羊满空渎。春江围草市,夜浪浮竹屋。已连涨海白,尚带霍山绿。坎离更休王,鱼鳖横陵陆。得非昆仑囚,欲报陆浑衄。行看北风竞,来救南国蹙。长驱连山烧,一扫含沙毒。孤吟憨造化,何时停倚伏。当怜水旱甿,不作舟车蓄。江流傥席卷,社酒期茅缩。

连雨江涨二首

(眉批:景真而语劣。)

越井冈头云出山,牂牁江上水如天。床床避漏幽人屋,浦浦移家蜑子船。龙卷鱼虾并雨落,人随鸡犬上墙眠。只应楼下平阶水,长记先生过岭年。

急雨萧萧作晚凉,卧闻榕叶响长廊。微明灯火耿残梦,半湿帘栊浥旧香。高浪隐床吹瓮盎,暗风惊树摆琳琅。先生不出晴无用,留与空阶滴夜长。(眉批:肮脏语胜于愁叹。)

赠昙秀

白云出山初无心,栖鸟何必恋旧林。道人偶爱山水故,纵步不知湖岭深。(眉批:起四句可观,以下语多凡近。)空岩已礼百千相,曹溪更欲瞻遗像。要知水味孰冷暖,始信梦时非幻妄。袖中忽出贝叶书,中有璧月缀星珠。人间胜绝略已遍,匡庐南岭并西湖。西湖北望三千里,大堤冉冉横秋水。诵师佳句说南屏,瘴云应逐秋风靡。胡为只作十日欢,杖策复寻归路难。留师笋蕨不足道,怅望荔子何时丹。

和郭功甫韵送芝道人游隐静

观音妙智力,应感随缘度。芝师访东坡,宁辞万里步。道义妙相契,十年同去住。行穷半世间,又欲浮杯渡。我愿焚囊钵,不作陈俗具。会取却归时,只是而今路。

次韵定慧钦长老见寄八首

苏州定慧长老守钦,使其徒卓契顺来惠州,问予安否,且寄《拟寒山十颂》。语有璨、忍之通,而诗无岛、可之寒,吾甚嘉之,为和八首。

(眉批:此等总不以诗论。)

左角看破楚,四事不贯。南柯闻长滕。钩帘归乳燕,穴纸出痴蝇。为鼠常留饭,怜蛾不点灯。崎岖真可笑,我是小乘僧。

铁桥本无柱,石楼岂有门。舞空五色羽,吠云千岁根。松花酿仙酒,木客馈山飧。我醉君且去,陶云吾亦云。

罗浮高万仞,下看扶桑卑。默坐朱明洞,玉池自生肥。从来性坦率,醉语漏天机。相逢莫相问,我不记吾谁。

幽人白骨观,大士甘露灭。根尘各清净,心境两奇绝。真源未纯熟,习气余陋劣。譬如已放鹰,中夜时掣绁。

谁言穷巷士,乃窃造化权。所见皆我有,安居受其全。戏作一篇书,千古发争端。儒墨起相杀,予初本无言。

闲居蓄百毒,救彼跛与盲。依山作陶穴,掩此暴骨横。区区效一溉,岂能济含生。力恶不己出,时哉非汝争。

少壮欲及物,老闲余此心。微生山海间,坐受瘴雾侵。可怜邓道士,摄衣问呻吟。覆舟却私渡,断桥费千金。

净名毗耶中,妙喜恒沙外。初无来往相,二士同一在。云何定慧师,尚欠行脚债。请判维摩凭,一到东坡界。

和陶归园田居六首

　　三月四日，游白水山佛迹岩，沐浴于汤泉，晞发于悬瀑之下，浩歌而归，肩舆却行。以与客言，不觉至水北荔支浦上。晚日葱昽，竹阴萧然，时荔子累累如芡实矣。有父老年八十五，指以告余曰："及是可食，公能携酒来游乎？"意欣然许之。归卧既觉，闻儿子过诵渊明《归园田居》诗六首，乃悉次其韵。始，余在广陵和渊明《饮酒二十首》，今复为此，要当尽和其诗乃已耳。今书以寄妙总大士参寥子。

环州多白水，际海皆苍山。以彼无尽景，寓我有限年。东家著孔丘，西家著颜渊。市为不二价，农为不争田。周公与管蔡，恨不茅三间。我饱一饭足，薇蕨补食前。门生馈薪米，救我厨无烟。斗酒与只鸡，酣歌饯华颠。禽鱼岂知道，我适物自闲。悠悠未必尔，聊乐我所然。（眉批：愈平实愈见高妙。）

穷猿既投林，疲马初解鞅。心空饱新得，境熟梦余想。二句乃似昌黎。江鸥渐驯集，蜑叟已还往。南池绿钱生，北岭紫笋长。提壶岂解饮，好语时见广。春光有佳句，我醉堕渺莽。（眉批：淡宕竟住好。此种是东坡独造。）

新浴觉身轻，新沐感发稀。风乎悬瀑下，却行咏而归。仰观江摇山，俯见月在衣。步从父老语，有约吾敢违。（眉批：极平浅而有深味，神似陶公。）

老人八十余，不识城市娱。造物偶遗漏，同侪尽丘墟。平生不渡江，水北有幽居。手插荔枝子，合抱三百株。莫言陈家紫，甘冷恐不如。君来坐树下，饱食携其余。归舍遗儿子，怀抱不可虚。有酒持饮我，不问钱有无。（眉批：质朴入古。）

坐倚朱藤杖，行歌《紫芝曲》。不逢商山翁，见此野老足。愿同荔支社，长作鸡黍局。教我同光尘，月固不胜烛。自注：庄子云："月固不胜火。"郭象曰："大而暗，不若小而明。"陋哉斯言也。予为更之曰："明于大者，必晦于小，月能烛天地而不能烛毫厘，此其所以不胜火也。然卒之火胜耶？月胜耶？"霜飙散氛祲，廓然似朝旭。

昔我在广陵，怅望柴桑陌。长吟饮酒诗，颇获一笑适。当时已放浪，朝坐夕不夕。矧今长闲人,一劫展过隙。江山互隐见,出没为我役。斜川追渊明,东皋友王绩。诗成竟何为,六博本无益。(眉批:是六首总结。)

闻正辅表兄将至,以诗迎之

生逢尧舜仁,得作岭海游。(眉批:二句斡旋,转着迹象。)虽怀跫然喜,岂免趑趄忧。莫雨侵重腿,晓烟腾郁攸。朝餐见蜜唧,夜枕闻鹍鹕。几欲烹郁屈,固尝馔钩辀。舌音渐獠变,面汗尝骍羞。赖我存《黄庭》,有时仍丹丘。目听不任耳,踵息殆废喉。稍欣素月夜,遂度黄茅秋。我兄清庙器,持节瘴海头。萧然三家步,横此万斛舟。人言得汉吏,天遣活楚囚。惠然再过我,乐哉十日留。但恨参语贤,忽潜九原幽。万里傥同归,两鳏当对耰。自注:轼丧妇已三年矣,正辅近亦有亡嫂之戚,故云。强歌非真达,何必师庄周。(眉批:用杨敞事不亲切。)

正辅既见和,复次前韵,慰鼓盆,劝学佛

(眉批:不免牵搰之迹,用古人名亦太多。)

稚川真长生,少从郑公游。孝章偶不死,免为文举忧。余龄会有适,独往岂相攸。由来警露鹤,不羡撮蚤鹠。愿加视后鞭,同驾蹢空辀。宁飡堕齿堇,勿忆齐眉羞。何时遂纵壑,归路同首丘。东冈松柏老,西岭橘柚秋。著意寻弥明,长颈高结喉。无心逐定远,燕颔飞虎头。君方卒功名,一泛范蠡舟。我亦沾儒渥,渐解钟仪囚。宁须张子房,万户自择留。犹胜嵇叔夜,孤愤甘长幽。南窗可寄傲,北山早归耰。此语君勿疑,老彭跨商周。

同正辅表兄游白水山

(眉批:笔笔奇矫。)

伟哉造物真豪纵,攫土抟沙为此弄。劈开翠峡走云雷,截破奔流作潭洞。因随化人履巨迹,得与仙兄蹑飞鞚。曳杖不知岩谷深,穿云但觉衣裘重。坐看惊鸟救霜叶,知有老蛟蟠石瓮。金沙玉砾粲可数,古镜宝奁寒不动。念兄独立

与世疏,绝境难到为我共。永辞角上两蛮触,一洗胸中九云梦。浮来山高回望失,武陵路绝无人送。筠篮撷翠爪甲香,素绠分碧银瓶冻。归路霏霏汤谷暗,野堂活活神泉涌。解衣浴此无垢人,身轻可试云间凤。

与正辅游香积寺

(眉批:颇有古意。)

越山少松竹,常苦野火厄。此峰独苍然,感荷佛祖力。茯苓无人采,千岁化琥珀。幽光发中夜,见者惟木客。我岂无长镵,真赝苦难识。灵苗与毒草,疑似在毫发。把玩竟不食,弃置长太息。山僧类有道,辛苦尝谷汲。我惭作机舂,凿破混沌穴。幽寻恐不继,书板记岁月。(眉批:末二句与上文不甚贯,遂觉草草,收束不住。)

次韵正辅同游白水山

只知楚越为天涯,不知肝胆非一家。此身如线自萦绕,左旋右转随缫车。误抛山林入朝市,平地咫尺千崤斜。欲从稚川隐罗浮,先与灵运开永嘉。首参虞舜款韶石,次谒六祖登南华。仙山一见五色羽,雪树两摘南枝花。赤鱼白蟹箸屡下,黄柑绿橘筐常加。糖霜不待蜀客寄,荔支莫信闽人夸。恣倾白蜜收五棱,细剧黄土栽三桠。自注:正辅分人参一苗,归种韶阳。来诗本用"碰"字,惠州无书,不见此字所出,故且从木奉和。朱明洞里得灵草,翩然放杖凌苍霞。岂无轩车驾熟鹿,亦有鼓吹号寒蛙。山人劝酒不用勺,石上自有尊罍洼。径从此路朝玉阙,千里莫遣毫厘差。故人日夜望我归,相迎欲到长风沙。岂知乘槎天女侧,独倚云机看织纱。世间谁似老兄弟,笃爱不复相疵瑕。(眉批:此处入程不甚自然,牵于韵脚之故。然此是吃紧转落处,此处一不得势,遂令全篇削色。)相携行到水穷处,庶几一见留子嗟。千年枸杞常夜吠,无数草棘工藏遮。但令凡心一洗濯,神人仙药不我遐。山中归来万想灭,岂复回顾双云鸦。

次韵程正辅游碧落洞

空山不难到,绝境未易名。何时谪仙人,来作钧天声。胸中几云梦,余地多恢宏。长庚与北斗,错落缀冠缨。黄公献紫芝,赤松馈青精。溪山久寂寞,请续《离骚经》。抱枝寒蜩咽,绕耳飞蚊清。谪仙抚掌笑,笑此羽皇铭。我顷尝独游,自适孤云情。君今又继往,雾雨愁青冥。感君兄弟意,寻羊问初平。玉床分箭镞,不忍独长生。诗成辄寄我,妙绝陶谢并。孤鸿方避弋,老骥犹在坰。鸟兽如可群,永寄槁木形。何山不堪隐,饮水自修龄。

次韵正辅表兄江行见桃花

(眉批:语意洒然,不同禅偈。)

曲士赋《怀沙》,草木伤莽莽。德人无荆棘,坐失岭峤阻。我兄瑚琏姿,流落瘴江浦。净眼见桃花,纷纷堕红雨。萧然振衣袽,笑问散花女。我观解语花,粉色如黄土。一言破千偈,况尔初不语。可怜一转话,他日如何举。(眉批:转转便利。)故复此微吟,清出和意。聊和鸥鸦橹。江边闲草木,闲客当为主。尔来子美瘦,正坐作诗苦。袖手焚笔砚,自谓。清篇真漫与。谓程诗。愿君理北辕,六辔去如组。上林桃花开,水暖鸿北鬐。(眉批:结稍落应酬。)

追饯正辅表兄至博罗,赋诗为别

(眉批:气机自畅。)

孤臣南游堕黄菅,君亦何事来牧蛮。舣舟蜑户龙冈窟,置酒椰叶桄榔间。高谈已笑衰语陋,杰句尤觉清诗孱。博罗小县僧舍古,我不忍去君忘还。君应回望秦与楚,梦涉汉水愁秦关。我亦坐念高安客,神游黄蘖参洞山。何时旷荡洗瑕垢,与君归驾相追攀。梨花寒食隔江路,两山遥对双烟鬟。归耕不用一钱物,惟要两脚飞屏颜。玉床丹镞记分我,助我金鼎光斓斑。

再用前韵

乐天双鬓如霜菅,始知谢遣素与蛮。我兄绿发蔚如故,已了梦幻齐人间。蛾眉劝酒聊尔耳,处仲太忍茂弘孱。(眉批:起六句当有本事,大抵指程姬人耳。)三杯径醉便归卧,海上知复几往还。连娟六幺趁蹋鞠,杳眇三叠萦《阳关》。酒醒梦断何所有,落花流水空青山。(眉批:常情常语,写来别有姿韵。)忽惊铙鼓发半夜,明月不许幽人攀。赠行无物惟一语,莫遣瘴雾侵云鬟。罗浮道人一倾盖,欲系白日留君颜。应知我是香案吏,他年许缀蓬莱班。

戏和正辅一字韵

故居剑阁隔锦官,柑果姜蕨交荆菅。奇孤甘挂汲古绠,佹觊敢揭钩金竿。已归耕稼供藁秸,公贵干蛊高巾冠。改更句格各蹇吃,姑因狡狯加间关。

桄榔杖寄张文潜一首,时初闻黄鲁直迁黔南、范淳父九疑也

睡起风清酒在亡,身随残梦两茫茫。江边曳杖桄榔瘦,林下寻苗荜拨香。(眉批:后半笔力健举,极沉郁顿挫之致。)独步倘逢勾漏令,远来莫恨曲江张。遥知鲁国真男子,独忆平生盛孝章。(眉批:寄杖意在隐跃之间,原非所重,故不以脱略为嫌。)

四月十一日初食荔支

(眉批:生香真色涌现毫端,非此笔不能写此果。)

南村诸杨北村卢,自注:谓杨梅、卢橘也。白华青叶冬不枯。垂黄缀紫烟雨里,特与荔子为先驱。海山仙人绛罗襦,红纱中单白玉肤。不须更待妃子笑,风骨自是倾城姝。不知天公有意无,遣此尤物生海隅。云山得伴松桧老,霜雪自困楂梨粗。先生洗盏酌桂醑,冰盘荐此赪虬珠。似闻江鳐斫玉柱,更洗河豚烹腹腴。自注:予尝谓荔支厚味、高格两绝,果中无比,惟江鳐柱、河豚鱼近之耳。我生

涉世本为口,一官久矣轻莼鲈。人间何者非梦幻,南来万里真良图。(眉批:结乃无聊中自慰之语,宋人诗话以失之太豪,少之所谓以词害意。食荔支何由搅人省怨悔过语耶?)

答周循州

蔬饭藜床破衲衣,扫除习气不吟诗。前生自是卢行者,后学过呼韩退之。未敢叩门求夜话,时叨送米续晨炊。知君清奉难多辍,且觅黄精与疗饥。

荔支叹

(眉批:貌不袭杜,而神似之,出没开合,纯乎杜法。)

十里一置飞尘灰,五里一堠兵火催。颠阮仆谷相枕藉,知是荔支龙眼来。飞车跨山鹘横海,风枝露叶如新采。(眉批:精神飞舞。)宫中美人一破颜,惊尘溅血流千载。永元荔支来交州,天宝岁贡取之涪。至今欲食林甫肉,无人举觞酹伯游。自注:汉永元中,交州进荔支龙眼,十里一置,五里一堠,奔腾死亡,罹猛兽毒虫之害者无数。唐羌字伯游,为临武长,上书言状,和帝罢之。唐天宝中,盖取涪州荔支,自子午谷路进入。(眉批:查云:耳闻目见,无不供其挥霍。香山讽喻诸作,不过以题还题耳,那得如许开拓?)我愿天公怜赤子,莫生尤物为疮痏。雨顺风调百谷登,民不饥寒为上瑞。二句凡猥,宜从集本删之。(眉批:自此以下百端交集,胸中郁勃,有不可以已者;不可以已而言,斯为至言。)君不见武夷溪边粟粒芽,前丁后蔡相笼加。自注:大小龙茶始于丁晋公,而成于蔡君谟。欧阳永叔闻君谟进小龙团,惊叹曰:"君谟士人也,何至作此事耶!"争新买宠各出意,波澜壮阔,不嫌露骨。今年斗品充官茶。自注:今年闽中监司乞进斗茶,许之。吾君所乏岂此物,致养口体何陋耶?洛阳相君忠孝家,可怜亦进姚黄花。自注:洛阳贡花自钱惟演始。(眉批:结处又带一波,更长言不足。)

六月十二日,酒醒步月,理发而寝

(眉批:郁律之中,清气吞吐,老手兴到之作。)

羽虫见月争翾翻,兴也。我亦散发虚明轩。千梳冷快肌骨醒,风露气入霜蓬根。起舞三人漫相属，停杯一问终无言。曲肱薤簟有佳处，梦觉瑶楼空断魂。

和子由次月中梳头韵

（眉批：此便不佳，以太著相故。）

夏畦流膏白雨翻，北窗幽人卧羲轩。风轮晓长春笋节，露珠夜上秋禾根。自注：或谓予曰："草木之长常在昧明间。早作而伺之，乃见其拔起数寸，竹笋尤甚。又夏秋之交，稻方含秀，黄昏月出，露珠起于其根，累累然忽自腾上，若有推之者。或入于茎心，或垂于叶端，稻乃实秀。"验之信然。此二事与子由养生之说契，故以此为寄。从来白发有公道，始信丹经非妄言。此身法报本无二，他年妙绝兼形魂。自注：《传灯录》：有形神俱妙者，乃不复有解化之事。

和陶贫士七首

余迁惠州一年，衣食渐窘，重九俯迩，尊俎萧然。乃和渊明《贫士》七篇，以寄许下、高安、宜兴诸子侄，并令过同作。（眉批：序亦似陶语。）

长庚与残月，耿耿如相依。以我旦暮心，惜此须臾晖。青天无今古，谁知织乌飞。我欲作九原，独与渊明归。（眉批：意深至而气浑成。）俗子不自悼，顾忧斯人饥。堂堂谁有此，千驷良可悲。（眉批：后四句觉过亢，以借渊明说出，尚不甚露。）

夷齐耻周粟，高歌诵虞轩。产禄彼何人，能致绮与园。古来避世士，死灰或余烟。末路益可羞，朱墨手自研。渊明初亦仕，弦歌本诚言。不乐乃径归，视世差独贤。（眉批：借渊明以自托，愈说得平易，愈见身分之高。）

谁谓渊明贫，尚有一素琴。心闲手自适，寄此无穷音。佳辰爱重九，芳菊起自寻。疏巾叹虚漉，尘爵笑空斟。忽饷二万钱，颜生良足钦。急送酒家保，勿违故人心。（眉批：翻用其事，寄朋友莫助之慨耳。）

人皆有耳目，夫子旷与娄。弱毫写万象，水镜无停酬。闲居惜重九，感此岁月周。端如孔北海,只有尊空忧。二子不并世,高风两无俦。我后五百年,清梦未易求。(眉批:忽拉一陪宾并说,恣逸之至。)

芙蓉杂金菊,枝叶长阑干。遥怜退朝人,糕酒出大官。岂知江海上,落英亦可餐。(眉批:"落英"句是以餐花为苦况,非以餐花为高致,观下六句可见。)典衣作重阳,徂岁惨将寒。无衣粟我肤,无酒颒我颜。贫居真可叹,二事长相关。(眉批:置之陶集,几不可辨。)

老詹亦白发,自注:惠州太守詹范,字器之。相对垂霜蓬。赋诗殊有味,涉世非所工。杖藜山谷间,状类渤海龚。半道要我饮,意与王弘同。有酒我自至,不须遣庞通。门生与儿子,杖屦聊相从。(眉批:随手绾和,一一入妙。)

我家六儿子,流落三四州。辛苦见不识,今与农圃俦。买田带修竹,筑室依清流。未能遣一力,分汝薪水忧。坐念北归日,此劳未易酬。我独遗以安,鹿门有前修。(眉批:亦纯乎古音。)

食槟榔

(眉批:有隽语亦有累句,分别观之。)

月照无枝林,夜栋立万础。(眉批:"上有"四句与"月照"四句,同一写状,而语有仙凡之别。)眇眇云闲扇,荫此八月暑。(眉批:起四句如画。)上有垂房子,下绕绛刺御。(眉批:"下绕"句不妥。)风欺紫凤卵,雨暗苍龙乳。裂包一堕地,还以皮自煮。北客初未谙,劝食俗难阻。中虚畏泄气,始嚼或半吐。吸津得微甘,著齿随亦苦。面目太严冷,滋味绝媚妩。(眉批:写照入微。)诛彭勋可策,推毂勇宜贾。瘴风作坚顽,导利时有补。药储固可尔,果录讵用许。先生失膏粱,便腹委败鼓。日啖过一粒,肠胃为所侮。蛰雷殷脐肾,藜藿腐亭午。书灯看膏尽,钲漏历历数。老眼怕少睡,竟使赤眦弩。(眉批:"弩"当作"努"。)渴思梅林咽,饥念黄独举。(眉批:"饥念"句不妥。)奈何农经中,收此困羁旅。牛舌不饷人,一斛肯多与。乃知见本偏,但可酬恶语。

送惠州押监

一声鸣雁破江云,万叶梧桐卷露银。我自飘零足羁旅,更堪秋晚送行人。

(眉批:此陈陈相因之窠臼。以为盛唐之高调,则失之。)

江月五首

岭南气候不常。吾尝曰:菊花开时乃重阳,凉天佳月即中秋,不须以日月为断也。今岁九月,残暑方退,既望之后,月出愈迟。予尝夜起登合江楼,或与客游丰湖,入栖禅寺,叩罗浮道院,登逍遥堂,逮晓乃归。杜子美云:"四更山吐月,残夜水明楼。"此殆古今绝唱也。因其句作五首,仍以"残夜水明楼"为韵。

(眉批:诗亦清历,独五更五首未免小样耳。六朝人自"从军五更转",亦非大方规格,不得借口。)

一更山吐月,玉塔卧微澜。正似西湖上,涌金门外看。冰轮横海阔,香雾入楼寒。停鞭且莫上,照我一杯残。

二更山吐月,幽人方独夜。可怜人与月,夜夜江楼下。风枝久未停,露草不可借。归来掩关卧,唧唧夜虫话。

三更山吐月,栖鸟亦惊起。起寻梦中游,清绝正如此。驱云扫众宿,俯仰迷空水。幸可饮我牛,不须违洗耳。

四更山吐月,皎皎为谁明。幽人赴我约,坐待玉绳横。野桥多断板,山寺有微行。今夕定何夕,梦中游化城。

五更山吐月,窗迥室幽幽。玉钩还挂户,江练却明楼。星河澹欲晓,鼓角冷如秋。不眠翻五咏,清切变蛮讴。

送佛面杖与罗浮长老

十方三界世尊面,都在东坡掌握中。送与罗浮德长老,携归万窍总号风。

十一月九日,夜梦与人论神仙道术,因作一诗八句。既觉,颇记其语,录呈子由弟。后四句不甚明了,今足成之耳

析尘妙质本来空,更积微阳一线功。照夜孤灯长耿耿,闭门千息自蒙蒙。养成丹灶无烟火,点尽人间有晕铜。寄语山神停伎俩,不闻不见我何穷。(眉批:此只可入说部作谈柄耳。)

章质夫送酒六壶,书至而酒不达,戏作小诗问之

白衣送酒舞渊明,急扫风轩洗破觥。岂意青州六从事,化为乌有一先生。(眉批:纤而俚。)空烦左手持新蟹,漫绕东篱嗅落英。南海使君今北海,(眉批:亦太纤。)定分百榼饷春耕。

小圃五咏

(眉批:五诗皆语质而味腴,东坡用意之作。)

人参

上党天下脊,辽东真井底。玄泉倾海腴,白露洒天醴。灵苗此孕毓,肩股或具体。移根到罗浮,越水灌清沚。地殊风雨隔,臭味终祖祢。青桠缀紫萼,圆实堕红米。穷年生意足,黄土手自启。上药无炮炙,龁啮尽根柢。开心定魂魄,忧恚何足洗。糜身辅吾生,既食首重稽。

地黄

地黄饷老马,可使光鉴人。吾闻乐天语,喻马施之身。我衰正伏枥,垂耳气不振。移栽附沃壤,蕃茂争新春。沉水得稚根,重汤养陈薪。投以东阿清,和以北海醇。崖蜜助甘冷,山姜发芳辛。融为寒食饧,咽作瑞露珍。丹田自宿火,渴肺还生津。愿饷内热子,一洗胸中尘。

枸杞

神药不自閟,罗生满山泽。日有牛羊忧,岁有野火厄。越俗不好事,过眼

等茨棘。青荑春自长,绛珠烂莫摘。短篱护新植,紫笋生卧节。根茎与花实,收拾无弃物。大将玄吾鬓,小则饷我客。似闻朱明洞,中有千岁质。灵虺或夜吷,可见不可索。仙人傥许我,借杖扶衰疾。(眉批:忽然跳出题外,方有变化。若首首板结,便无章法。)

甘 菊

越山春始寒,霜菊晚愈好。朝来出细粟,稍觉芳岁老。孤根荫长松,独秀无众草。晨光虽照曜,秋雨半摧倒。先生卧不出,黄叶纷可扫。无人送酒壶,空腹嚼珠宝。香风入牙颊,楚些发天藻。新荑蔚已满,宿根寒不槁。扬扬弄芳蝶,生死何足道。颇讶昌黎翁,恨尔生不早。(眉批:寓慨深至。)

薏 苡

伏波饭薏苡,御瘴传神良。能除五溪毒,不救谗言伤。谗言风雨过,瘴疠久亦亡。两俱不足治,但爱草木长。(眉批:忽以议论装头,章法又别。)草木各有宜,珍产骈南荒。绛囊悬荔支,雪粉剖桄榔。不谓蓬荻姿,中有药与粮。春为茯珠圆,炊作菰米香。子美拾橡栗,黄精诳空肠。今吾独何者,玉粒照座光。(眉批:查云:笔笔开,句句转。)

雨后行菜圃

(眉批:淳古中自作本色。)

梦回闻雨声,喜我菜甲长。平明江路湿,并岸飞两桨。天公真富有,乳膏泻黄壤。霜根一蕃滋,风叶渐俯仰。未任筐筥载,已作杯盘想。(眉批:"霜根"四句写得生动。)艰难生理窄,一味敢专飨。生出一波,方不浅直。小摘饭山僧,清安寄真赏。芥蓝如菌蕈,脆美牙颊响。白菘类羔豚,冒土出蹯掌。谁能视火候,小灶当自养。

残腊独出二首

幽寻本无事,独往意自长。钓鱼丰乐桥,采杞逍遥堂。罗浮春欲动,云日有清光。处处野梅开,家家腊酒香。路逢眇道士,疑是左元放。我欲从之语,恐复化为羊。(眉批:无味。)

　　江边有微行,诘曲背城市。平湖春草合,步到栖禅寺。堂空不见人,老稚掩关睡。所营在一饱,食已宁复事。客来岂无得,施子净扫地。松风独不静,送我作鼓吹。(眉批:此首有自如之致。)

赠包安静先生茶二首

　　皓色生瓯面,堪称雪见羞。东坡调诗腹,今夜睡应休。自注:偶谒大中精蓝中,故人烹日注茶,果不虚,故诗以记之。

　　建茶三十片,不审味如何?奉赠包居士,僧房战睡魔。自注:昨日点日注极佳。点此,复云罐中余者,可示及舟中涤神耳。)

卷四十

古今体诗七十首

新年五首

晓雨暗人日,春愁连上元。水生挑菜渚,烟湿落梅村。小市人归尽,孤舟鹤踏翻。似武功一派。犹堪慰寂寞,渔火乱黄昏。

北渚集群鹭,新年何所之。尽归乔木寺,分占结巢枝。生物会有役,谋生各及时。何当禁毕弋,看引雪衣儿。(眉批:查云:格律纯学少陵。)

海国空自暖,春山无限清。冰溪纷瘴雨,雪菌到江城。更待轻雷发,先催冻笋生。丰湖有藤菜,似可敌莼羹。(眉批:亦是杜语。)

小邑浮桥外,青山石岸东。茶枪烧后有,麦浪水前空。二句稍拙。万户不禁酒,句太易。三年真识翁。(眉批:"三年"句未详,如自指,则殊不妥。)结茅来此住,岁晚有无同。

荔子几时熟,花头今已繁。探春先拣树,买夏欲论园。居士常携客,参军许扣门。自注:周参军家多荔子。明年更有味,怀抱带诸孙。

和陶形赠影

(眉批:本是理题,遂不嫌作理语,言固各有当也。)

天地有常运,日月无闲时。孰居无事中,作止推行之。细察我与汝,相因以成兹。忽然乘物化,岂与生灭期。梦时我方寂,偃然无所思。胡为有哀乐,辄复随涟洏。我舞汝凌乱,相应不少疑。还将醉时语,答我梦中辞。(眉批:此首多陶意。)

和陶影答形

（眉批：此首多本色。）

　　丹青写君容,常恐画师拙。我依月灯出,相肖两奇绝。妍媸本在君,我岂相媚悦。君如火上烟,火尽君乃别。我如镜中像,镜坏我不灭。虽云附阴晴,了不受寒热。无心但因物,万变岂有竭。醉醒皆梦耳,未用议优劣。

和陶神释

（眉批：此首不佳,嫌有颓唐之气。）

　　二子本无我,其初因物著。岂惟老变衰,念念不如故。知君非金石,安得长托附。莫从老君言,亦莫用佛语。仙山与佛国,终恐无是处。甚欲随陶翁,移家酒中住。醉醒要有尽,未易逃诸数。平生逐儿戏,处处余作具。所至人聚观,指目生毁誉。如今一弄火,好恶都焚去。（眉批："如今"句太粗野。）既无负载劳,又无寇攘惧。仲尼晚乃觉,天下何思虑。

和陶咏二疏

　　二疏事汉时,迹寓心已去。许侯何足道,宁识此高趣。可怜魏丞相,免冠谢陋举。中兴多名臣,有道独两傅。世途方毂击,谁肯行此路。是身如委蜕,未蜕何所顾。已蜕则两忘,身后谁毁誉。所以遗子孙,买田岂先务。我尝游东海,所历若有素。神交久从君,屡梦今乃悟。渊明作诗意,妙想非俗虑。庶几二大夫,见微而知著。（眉批：寓自悔之意。）

和陶咏三良

（眉批：与《凤翔八观》诗又别,诗人自写胸怀。托之论古,不妨各出意见,此独恨其运笔太板实耳。）

　　此生太山重,忽作鸿毛遗。三子死一言,所死良已微。贤哉晏平仲,事君不以私。我岂犬马哉，不成句法。从君求盖帷。杀身固有道，大节要不亏。君为社稷死，我则同其归。顾命有治乱，臣子得从违。魏颗真孝爱，三良安足希。仕宦岂不荣，有时缠忧悲。所以靖节翁，服此黔娄衣。（眉批：结四句又化一意。）

和陶咏荆轲

（眉批：此首语尤牵缀。）

秦如马后牛，吕氏非复嬴。天欲厚其毒，假手李客卿。功成志自满，积恶如陵京。灭身会有时，徐观可安行。沙丘一狼狈，笑落冠与缨。凑韵。太子不少忍，顾非万人英。魏韩裂智伯，肘足本无声。胡为弃成谋，托国此狂生。荆轲不足说，田子老可惊。不妥。燕赵多奇士，惜哉亦虚名。杀父囚其母，此岂容天庭。亡秦只三户，况我数十城。渐离虽不伤，陛戟加周营。至今天下人，愍燕欲其成。废书一太息，可见千古情。（眉批：七国之末，惟燕仅存，与三家势均者不同，此比不伦。荆卿之谬，乃在欲生劫秦王耳。如竟杀之，则秦内乱，而六国之烬可乘势以起，不得尽以为非也。三户亡秦，乃始皇崩后，赵高乱政之余，时势不同。）

二月八日，与黄焘、僧昙颖过逍遥堂，何道士宗一问疾

安心守玄牝，闭眼觅《黄庭》。问疾来三士，浇愁有半瓶。风松时落蕊，病鹤不梳翎。尊空我归去，山月照君醒。

次韵高要令刘湜峡山寺见寄

（眉批：莽莽平沙，不见其佳处。）

新闻妙无多，旧学闲可束。犹当隐季主，未遽逃梅福。空肠吐余思，静似蚕缀簇。寸田结初果，秀若铜生绿。（眉批："秀"当作"绣"。）荆棘扫诚尽，梨枣忧不熟。高人宁铸金，下士乃服玉。君看岭峤隘，我欲巾笥蓄。曾攀罗浮顶，亦到朱明谷。旋观真历块，归卧甘破屋。故人老犹仕，世味薄如縠。偶从越女笑，不怕蛮江浴。惊闻尺书到，喜有新诗辱。应怜五管客，曾作八州督。骨销

谗口铄,胆破狱吏酷。陇云不易寄,江月乃可掬。遥知清远寺,不称空明腹。蹇驴步武碎,短瑟弦柱促。仰看泉落佩,俯听石响毂。千峰泻清驶,一往无回蹙。狂雷失晤语,过电不容目。要知僧长饥,正坐山少肉。人间无南北,蜗角空出缩。仇池九十九,自注:仇池有九十九泉,余尝梦至,有诗。嵩少三十六。自注:子由近买田阳翟,北望嵩少,甚近。天人同一梦,仙凡无两录。陋邦真可老,生理亦粗足。便回爇天焰,长作照海烛。自注:"爇天焰"见退之诗。近黄鲁直寄诗云:"莲花合里一寸烛,牝马海中烧百川。"鲁直盖近有得也。

食荔支二首

惠州太守东堂,祠故相陈文惠公,堂下有公手植荔支一株,郡人谓之将军树。今岁大熟,赏啖之余,下逮吏卒,其高不可致者,纵猿取之。

丞相祠堂下,将军大树旁。炎云骈火实,瑞露酌天浆。烂紫垂先熟,高红挂远扬。分甘遍铃下,也到黑衣郎。(眉批:此却蛇足。)

罗浮山下四时春,卢橘杨梅次第新。日啖荔支三百颗,不辞长作岭南人。

寄高令

(眉批:亦不甚似东坡语。)

满地春风扫落花,几番曾醉长官衙。诗成锦绣开胸臆,论极冰霜绕齿牙。别后与谁同把酒,客中无日不思家。田园知有儿孙委,早晚扁舟到海涯。

迁 居

吾绍圣元年十月二日至惠州,寓居合江楼,是月十八日迁于嘉祐寺。二年三月十九日复迁于合江楼。三年四月二十日复归于嘉祐寺。时方卜筑白鹤峰之上新居成,庶几其少安乎。

前年家水东,回首夕阳丽。去年家水西,湿面春雨细。东西两无择,缘尽我辄逝。(眉批:句句透脱。)今年复东徙,旧馆聊一憩。已买白鹤峰,规作终老计。长江在北户,雪浪舞吾砌。青山满墙头,鬖鬖几云髻。虽惭《抱朴子》,金鼎陋蝉蜕。犹贤柳柳州,庙俎荐丹荔。吾生本无待,俯仰了此世。念念自成劫,尘尘各有际。下观生物息,相吹等蚊蚋。(眉批:结语太激。以通首不露此意,此又托之观物,尚不甚显然耳。)

和子由盆中石菖蒲忽生九花

春荑秋荚两须臾,神药人间果有无。无鼻何由识蒨卜,有花今始信菖蒲。芳心未饱两蛱蝶,寒意知鸣几蟋蟀。记取明年十二节,小儿休更粲霜须。

和陶读《山海经》

渊明《读山海经》十三首,其七皆仙语。余读《抱朴子》有所感,用其韵赋之。

(眉批:十三首音节颇古,而意境局促,少悠然自得之致。盖东坡善于用多,不善于用少;善于弄奇,不善于平实。)

今日天始霜,众木敛以疏。幽人掩关卧,明景翻空庐。开心无良友,寓眼得奇书。建德有遗民,道远我无车。无粮食自足,岂谓谷与蔬。愧此稚川翁,千载与我俱。画我与渊明,可作三士图。学道虽恨晚,赋诗岂不如。(眉批:此首口吻似陶。)

稚川虽独善,爱物均孔颜。欲使蟋蟀流,知有龟鹤年。辛勤破封蛰,苦语剧移山。博哉无穷利,千载食此言。

渊明虽中寿,雅志仍丹丘。远矣无怀民,超然邈无俦。奇文出犷息,岂复生死流。我欲作九原,异世为三游。

子政洵奇逸,妙算穷阴阳。淮南枕中诀,养炼岁月长。岂伊臭浊中,争此顷刻光。句有典而不雅。安知青藜火,丈人非中黄。

乱离弃弱女,破家割恩怜。宁知效龟息,三岁号穷山。长生定可学,当信仲弓言。支床竟不死,抱一无穷年。

二山在咫尺,灵药非草木。玄芝生太元,黄精出长谷。仙都浩如海,岂不供一浴。何当从山火,束缊分寸烛。

蜀士李八百,穴居吴山阴。默坐但形语,从者纷如林。其后有李宽,鸡鹄非同音。口耳固多伪,识真要在心。

黄花冒甘谷,灵根固深长。廖井窖丹砂,红泉涌寻常。二女戏口鼻,松膏以为粮。闻此不能寐,起坐夜未央。

谈道鄙俗儒,远自太史走。不妥。仲尼实不死,于圣亦何负。紫文出吴宫,丹雀本无有。辽哉广桑君,独显三季后。

金丹不可成,安期渺云海。谁谓黄门妻,至道乃近在。尸解竟不传,化去空余悔。丹成亦安用,御气本无待。

郑君故多方,元翁所亲指。奇文二百篇,了未出生死。素书在黄石,岂敢辞跪履。万法等成坏,金丹差可恃。

古强本庸妄,蔡诞亦夸士。曼都斥仙人,谒帝轻举止。学道未有得,自欺谁不尔。稚川亦隘人,疏录此庸子。

东坡信畸人,涉世真散材。仇池有归路,自注:在颍州,梦至一官居,顾视堂上,榜曰仇池。觉而念之,仇池,武都氐故地,杨难当所保,余何为而居之?明日以问客,客有赵令畤者曰:"此乃福地小有洞天之附庸也。杜子美盖云:'万古仇池穴,潜通小有天。'"罗浮岂徒来。践蛇及茹蛊,心空了无猜。携手葛与陶,归哉复归哉!

两桥诗

惠州之东,江溪合流,有桥多废坏,以小舟渡。罗浮道士邓守安始作浮桥,以四十舟为二十舫,铁锁石矴,随水涨落,榜曰东新桥。州西丰湖上有长桥,屡作屡坏,栖禅院僧希固筑进两岸,为飞楼九间,尽用石盐木,坚若铁石,榜曰西新桥。皆以绍圣三年六月毕工,作二诗落之。

(眉批:语多潦倒,二诗一辙,皆应酬诗之不必存者。)

东新桥

群鲸贯铁索,背负横空霓。首摇翻雪江,尾插崩云溪。机牙任信缩,涨落随高低。辘轳卷巨绠,青蛟挂长堤。奔舟免狂触,脱筏防撞挤。(眉批:"奔舟"二句太俚。)一桥何足云,欢传满东西。父老有不识,喜笑争攀跻。鱼龙亦惊逃,雷雹生马蹄。嗟此病涉久,公私困留稽。奸民食此险,出没如凫鹥。似卖失船壶,如去登楼梯。不知百年来,几人陨沙泥。岂知涛澜上,安若堂与闺。往来无晨夜,醉病休扶携。使君饮我言,妙割无牛鸡。不云二子劳,叹我捐腰犀。自注:二子造桥,余尝助施犀带。我亦寿使君,一言听扶藜。常当修未坏,勿使后噬脐。

西新桥

昔桥木千柱,挂湖如断霓。浮梁陷积淖,破板随奔溪。笑看远岸没,坐觉孤城低。聊因三农隙,稍进百步堤。炎州无坚植,潦水轻推挤。千年谁在者,铁柱罗浮西。独有石盐木,白蚁不敢跻。似开铜驼峰,如凿铁马蹄。岌岌类鞭石,山川非会稽。嗟我久阁笔,不书纸尾鹥。萧然无尺棰,欲构飞空梯。百夫下一杙,椓此百尺泥。自注:桥柱石磉之下,皆有坚木,椓入泥中丈余,谓之顶桩。探囊赖故侯,宝钱出金闺。自注:子由之妇史,顷入内,得赐黄金钱数千助施。父老喜云集,箪壶无空携。三日饮不散,杀尽西村鸡。似闻百岁前,海近湖有犀。自注:桥下旧名鳄湖,盖尝有鲛鳄之类。那知陵谷变,枯渎生茭藜。后来勿忘今,冬涉水过脐。

悼朝云

绍圣元年十一月,戏作《朝云》诗。三年七月五日,朝云病亡于惠州,葬之栖禅寺松林中东南,直大圣塔。予既铭其墓,且和前诗以自解。朝云始不识字,晚忽学书,粗有楷法。盖尝从泗上比丘尼义冲学佛,亦略闻大义,且死,诵《金刚经》四句偈而绝。

苗而不秀岂其天,不使童乌与我玄。(眉批:起太突,句亦不佳。)驻景恨无千岁药,赠行惟有小乘禅。伤心一念伤前债,弹指三生断后缘。归卧竹根无远近,夜灯勤礼塔中仙。

纵　笔

（眉批：此诗无所讥讽，竟亦贾祸。盖失意之人作旷达语，正是极牢骚耳。）

白头萧散满霜风，小阁藤床寄病容。报道先生春睡美，道人轻打五更钟。

丙子重九二首

（眉批：二诗锋芒较敛，盖坎坷之余，客气渐退矣。）

三年瘴海上，越峤真我家。登山作重九，蛮菊秋未花。惟有黄茅根，堆垄生坳窊。蜑酒蘖众毒，酸甜如梨楂。何以侑一樽，邻家馈蛙蛇。亦复强取醉，欢谣杂悲嗟。今年吁恶岁，僵仆如乱麻。此会我虽健，狂风卷朝霞。使我如霜月，孤光挂天涯。西湖不欲往，暮树号寒鸦。

穷途不择友，过眼如乱云。余子谁复数，坐阅两使君。共饮去年堂，俯看秋水纹。此水与此人，相追两沄沄。老去各休息，造化嗟长勤。佳哉此令节，不惜与子分。何以娱我客，游鱼在清濆。水师三百指，铁网欲掩群。获多虽一快，买放尤可欣。此乐真不朽，明年我归耘。

次韵子由所居六咏

堂前种山丹，错落马瑙盘。堂后种秋菊，碎金收辟寒。草木如有情，慰此芳岁阑。幽人正独乐，不知行路难。（眉批：前半自运本色，后半纯作古音。）

诗人故多感，花发忆两京。石榴有正色，玉树真虚名。粲粲秋菊花，卓为霜中英。萸椒照重九，缬蕊两鲜明。（眉批：此首不甚醒豁。）

幽居有古意，义井分西墙。谁云三伏热，止须一杯凉。先生坐忍渴，群嚣自披猖。（眉批：太激，伤雅。）众散徐酌饮，逡巡味尤长。

先生饭土瑠，无物与刘叉。何以娱醉客，时纇砌下花。井水分西邻，竹阴借东家。萧然行脚僧，一身寄天涯。（眉批：此亦清历。）

东斋手植柏，今复几尺长。知有桓司马，榛茅为遮藏。（眉批：更激，更露。）

近闻南台松,新枝出余僵。年来此怀抱,岂复惊凡亡。

新居已覆瓦,无复风雨忧。桤栽与笼竹,小诗亦可求。尚欲烦贰师,刺山出飞流。应须凿百尺,两绠载一牛。（眉批:此亦朴雅。）

吴子野绝粒不睡,过作诗戏之,芝上人、陆道士皆和,予亦次其韵

聊为不死五通仙,终了无生一大缘。独鹤有声知半夜,老蚕不食已三眠。怜君解比人间梦,自注:芝有梦斋,子由作铭。许我时逃醉后禅。会与江山成故事,不妨诗酒乐新年。

撷 菜

吾借王参军地种菜,不及半亩,而吾与过子终年饱菜。夜半饮醉,无以解酒,辄撷菜煮之。味含土膏,气饱风露,虽粱肉不能及也。人生须底物而更贪耶？乃作四句。

（眉批:颇嫌近俗。）

秋来霜露满东园,芦菔生儿芥有孙。我与何曾同一饱,不知何苦食鸡豚？

和陶岁暮作和张常侍

十二月二十五日,酒尽,取米欲酿,米亦竭。时吴远游、陆道士皆客于余,因读渊明《岁暮和张常侍》诗,亦以无酒为叹,乃用其韵赠二子。

我生有天禄,玄膺流玉泉。何事陶彭泽,乏酒每形言。（眉批:"乏酒"句拙而稚。）仙人与道士,自养岂在繁。但使荆棘除,不忧梨枣悠。（眉批:"不忧"句不妥。）我年六十一,颓景薄西山。岁暮似有得,稍觉散亡还。有如千丈松,常苦弱蔓缠。养我岁寒枝,会有解脱年。米尽初不知,但怪饥鼠迁。二子真我客,不醉亦陶然。（眉批:后半自好。）

海上道人传以神守气诀

（眉批:此不是诗,当时刻石而不入集,其意可知。）

但向起时作,还于作处收。蛟龙莫放睡,雷雨直须休。要会无穷火,尝观不尽油。夜深人散后,惟有一灯留。

和陶移居二首

去岁三月,自水东嘉祐寺迁居合江楼。迨今一年,多病鲜欢,颇怀水东之乐。得归善县后隙地数亩,父老云:"此古白鹤观也。"意欣然,欲居之,乃和此诗。

昔我初来时,水东有幽宅。晨与鸦鹊朝,暮与牛羊夕。谁令迁近市,日有造请役。歌呼杂闾巷,鼓角鸣枕席。出门无所诣,乐事非宿昔。病瘦独弥年,束薪与谁析。

洄潭转碕岸,我作《江郊》诗。今为一廛氓,此邦乃得之。葺为无邪斋,思我尤所思。古观废已久,白鹤归何时。我岂丁令威,千岁复还兹。江山朝福地,古人不我欺。(眉批:绾合有致,此种是东坡本色。)

白鹤峰新居欲成,夜过西邻翟秀才二首

林行婆家初闭户,翟夫子舍尚留关。连娟缺月黄昏后,缥缈新居紫翠间。系闷岂无罗带水,割愁还有剑铓山。自注:韩退之云:"水作青罗带,山如碧玉簪。"柳子厚云:"海上尖峰若剑铓,秋来处处割愁肠。"皆岭南诗也。中原北望无归日,邻火村春自往还。(眉批:查云:"五、六属对绝工,移唐音作宋调,使事天然。"余谓此种终是小样,不可揭以为式。)

瓮间毕卓防偷酒,壁后匡衡不点灯。(眉批:鄙俚太甚。)待凿平江百尺井,要分清暑一壶冰。佐卿恐是归来鹤,次律宁非过去僧。他日莫寻王粲宅,梦中来往本何曾。

和陶时运

丁丑二月十四日,白鹤峰新居成,自嘉祐寺迁入,咏渊明《时运》诗

云：“斯晨斯夕，言息其庐。”以为余发也，乃次其韵。长子迈与余别三年矣，挈携诸孙，万里远至，老朽忧患之余，不能无欣然。

（眉批：除次首"木固无胫"二句自露本色外，余皆居然是陶，猝不易别。）

我卜我居，居非一朝。龟不吾欺，食此江郊。废井已塞，乔木干霄。昔人伊何，谁其裔苗。

下有澄潭，可饮可灌。江山千里，供我遐瞩。木固无胫，瓦岂有足。陶匠自至，啸歌相乐。

我视此邦，如洙如沂。邦人劝我，老矣安归。自我幽独，倚门或挥。岂无亲友，云散莫追。

旦朝丁丁，谁款我庐。子孙远至，笑语纷如。剪鬌垂髦，覆此瓠壶。三年一梦，乃复见余。

和陶东方有一士

瓶居本近危，甑坠知不完。梦求亡楚弓，笑解适越冠。忽然返自照，识我本来颜。归路在脚底，句俚。殽潼失重关。屡从渊明游，云山出毫端。借君无弦琴，寓我非指弹。岂惟舞独鹤，便可摄飞鸾。还将岭茅瘴，一洗月阙寒。自注：此东方一士，正渊明也。不知从之游者谁乎？若了得此一段，我即渊明，渊明即我也。绍圣三年二月二十一日，东坡居士饮醉食饱，默坐思无邪斋，兀然如睡，既觉，写和渊明诗一首，示儿子过。

次韵惠循二守相会

共惜相从一寸阴，酒杯虽浅意殊深。且同月下三人影，莫作天涯万里心。东里近开松菊径，南堂初绝斧斤音。知君善颂如张老，犹望携壶更一临。

又次韵二守许过新居

数亩蓬蒿古县阴，晓窗明快夜堂深。也知卜筑非真宅，聊欲跏趺看此心。

闻道携壶问奇字,更因登木助微音。相娱北户江千顷,直下都无地可临。

又次韵二守同访新居

此生真欲老墙阴,却扫都忘岁月深。拔薤已观贤守政,折蔬聊慰故人心。风流贺监常吴语,憔悴钟仪独楚音。治状两邦俱第一,颍川归去肯重临?

循守临行出小鬟,复用前韵

学语雏莺在柳阴,临行呼出翠帷深。通家不隔同年面,自注:二守同年家。得路方知异日心。趁着春衫游上苑,要求国手教新音。岭梅不用催归骑,截镫须防旧所临。自注:循守近为韶倅。

和陶答庞参军

周循州彦质在郡二年,书问无虚日。罢归过惠,为余留半月。既别,和此诗追送之。

(眉批:六章虽作四言,而皆有古意,不同他四言之不今不古。当由蓝本在前之故。)

我见异人,且得异书。挟书从人,何适不娱。罗浮之趾,卜我新居。子非玄德,三顾我庐。

旨酒荔蕉,绝甘分珍。虽云晚接,数面自亲。(眉批:真语入情。)海隅一笑,岂云无人。无酒酤我,或乞其邻。

将行复止,眷言孜孜。苟有于中,倾倒出之。奕奕千言,粲焉陈诗。觞行笔落,了不容思。

卯妙侍侧,两髦丫分。歌舞寿我,永为欢欣。曲终凄然,仰视浮云。此曲此声,何时复闻。

击鼓其镗,船开橹鸣。顾我而言,雨泣载零。子卿白首,当还西京。辽东万里,亦归管宁。

感子至意,托辞西风。吾生一尘,寓形空中。愿言谦亨,君子有终。功名在子,何异我躬。(眉批:末二句朋友之谊、君子之言。)

种　茶

　　松间旅生茶,已与松俱瘦。茨棘尚未容,蒙翳争交构。天公所遗弃,百岁仍稚幼。紫笋虽不长,孤根乃独寿。移栽白鹤岭,土软春雨后。弥旬得连阴,似许晚遂茂。能忘流转苦,戢戢出鸟咮。未任供春磨,且可资摘嗅。千团输大官,百饼衔私斗。何如此一啜,有味出吾囿。(眉批:委曲真朴,说得苦乐相关。)

白鹤山新居,凿井四十尺遇盘石,石尽乃得泉

　　(眉批:查云:柴桑神骨。)
　　海国困蒸溽,新居利高寒。以彼陟降劳,易此寝处干。但苦江路峻,常惭汲腰酸。(眉批:"常惭"句俚。)矻矻烦四夫,硗硗斫层峦。弥旬得寻丈,下有青石盘。终日但迸火,(眉批:"终日"句更俚。)何时见飞澜。丰我粢与醪,利汝椎与钻。山石有时尽,我意殊未阑。用《列子》愚公意。今朝僮仆喜,黄土复可抟。晨瓶得雪乳,暮瓮停冰湍。我生类如此,何适不艰难。一勺亦天赐,曲肱有余欢。

三月二十九日二首

　　南岭过云开紫翠,北江飞雨送凄凉。酒醒梦回春尽日,闭门隐几坐烧香。
　　门外橘花犹的皪,墙头荔子已斓斑。树暗草深人静处,卷帘敧枕卧看山。

卷四十一

古今体诗四十三首

吾谪海南,子由雷州,被命即行,了不相知。至梧乃闻尚在藤也,旦夕当追及,作此诗示之

　　九疑联绵属衡湘,苍梧独在天一方。孤城吹角烟树里,落月未落江苍茫。有景有情。幽人抚枕坐叹息,(眉批:屡称幽人,其实非谪宦之称。)我行忽至舜所藏。江边父老能说子,白须红颊如君长。莫嫌琼雷隔云海,圣恩尚许遥相望。东坡难得如此和平。(眉批:入得飘忽,凡手定有数行转折。)平生学道真实意,岂与穷达俱存亡。天其以我为箕子,(眉批:比拟不伦。)要使此意留要荒。他年谁作舆地志,海南万里真吾乡。

和陶止酒

　　丁丑岁予谪南海,子由亦贬雷州。五月十一日相遇于藤,同行至雷。六月十一日相别渡海。余时病痔呻吟,子由亦终夕不寐。因诵渊明诗,劝余止酒。乃和原韵,因以赠别,庶几真止矣。

　　时来与物逝,路穷非我止。与子各意行,同落百蛮里。(眉批:说得和平。)萧然两别驾,各携一稚子。子室有孟光,我室惟法喜。相逢山谷间,一月同卧起。茫茫海南北,粗亦足生理。劝我师渊明,力薄且为己。句中有多少事在。微疴坐杯酌,止酒则瘳矣。望道虽未济,隐约见津涘。从今东坡室,不立杜康祀。

行琼、儋间,肩舆坐睡,梦中得句云:"千山动鳞甲,万谷酣笙钟。" 觉而遇清风急雨,戏作此数句

　　(眉批:以杳冥诡异之词,抒雄阔奇伟之气,而不露圭角,不使粗豪,故为上乘。源出太白,而运以己法,不袭其貌,故能各有千古。)

四州环一岛,百洞蟠其中。我行西北隅,如度月半弓。登高望中原,但见积水空。此生当安归,四顾真途穷。有此四句一顿挫,下半乃折宕有力。凡古诗长篇,第一要知顿挫之法。眇观大瀛海,坐咏谈天翁。茫茫太仓中,一米谁雌雄。幽怀忽破散,咏啸来天风。千山动鳞甲,万谷酣笙钟。安知非群仙,钧天宴未终。此一层又烘托得好。长篇须如此展拓,方不单薄。喜我归有期,举酒属青童。急雨岂无意,催诗走群龙。梦云忽变色,笑电亦改容。应怪东坡老,颜衰语徒工。久矣此妙声,不闻蓬莱宫。(眉批:结处兀傲得好,一路来势既大,非此则收裹不住。)

次前韵寄子由

我少即多难,邅回一生中。百年不易满,寸寸弯强弓。老矣复何言,荣辱今两空。泥洹尚一路,自注:古语云:十方薄伽梵,一路涅槃门。所向余皆穷。似闻崆峒西,仇池迎此翁。胡为适南海,复驾垂天雄。下视九万里,浩浩皆积风。回望古合州,属此琉璃钟。离别何足道,我生岂有终。渡海十年归,方镜照两童。还乡亦何有,暂解壶公龙。峨眉向我笑,锦水为君容。天人巧相胜,不独数子工。指点昔游处,蒿莱生故宫。(眉批:亦极奇恣。)

过海得子由书

经过废来久,有弟忽相求。门外三竿日,江关一叶秋。萧疏悲白发,漫浪散穷愁。世事江声外,吾生幸且休。(眉批:"相求"与得书不合,"江关""江声"与过海不合,笔路亦颇平浅,似非东坡之笔。)

安期生

安期生,世知其为仙者也,然太史公曰:"蒯通善齐人安期生,生尝以策干项羽,羽不能用。羽欲封此两人,两人终不肯受,亡去。"予每读此,未尝不废书而叹:嗟乎!仙者非斯人而谁为之?故意战国之士,如鲁连、虞卿皆得道者欤?

安期本策士,平日交蒯通。尝干重瞳子,不见隆准公。应如鲁仲连,抵掌吐长虹。难堪踞床洗,宁揖扛鼎雄。事既两大缪,飘然笑遗风。乃知经世士,出世或乘龙。岂比山泽癯,忍饥啖柏松。纵使偶不死,正堪为仆僮。茂陵秋风客,望祖犹蚁蜂。海上如瓜枣,可闻不可逢。(眉批:英思伟论,雄夸古今。)

儋耳山

(眉批:未喻其意。)

突兀隘空虚,他山总不如。君看道旁石,尽是补天余。

夜　梦

七月十三日至儋州,十余日澹然无一事,学道未至,静极生愁,夜梦如此,不免以书自怡。

(眉批:前题太白像即此体。此体本之工部《大食刀歌》,观此益知前分二首之非。)

夜梦嬉游童子如,父师检责惊走书。计功当毕《春秋》余,今乃粗及桓庄初。怛然悸寤心不舒,起坐有如挂钩鱼。我生纷纷婴百缘,气固多习独此偏。弃书事君四十年,仕不顾留书绕缠。自视汝与丘孰贤,《易》韦三绝丘犹然,如我当以犀革编。

迁居之夕,闻邻舍儿诵书,欣然而作

幽居乱蛙黾,生理半人禽。蹬然已可喜,况闻弦诵音。儿声自圆美,谁家两青衿。且欣集齐咻,未敢笑越吟。九龄起韶石,姜子家日南。用古韵。吾道无南北,安知不生今。海阔尚挂斗,天高欲横参。荆棘短墙缺,灯火破屋深。引书与相和,置酒仍独斟。可以侑我醉,琅然如玉琴。(眉批:收得空阔。若但以勉学意结,则腐矣。)

和陶还旧居

梦归惠州白鹤山居作。

瘗人常念起,夫我岂忘归。不敢梦故山,恐兴坟墓悲。（眉批:入手沉挚。）生世本暂寓,此身念念非。鹅城亦何有,偶拾鹤氅遗。穷鱼守故沼,聚沫犹相依。大儿当门户,时节供丁推。梦与邻翁言,悯默怜我衰。往来付造物,未用相招麾。

和陶和刘柴桑

（眉批:真朴似陶。）

万劫互起灭,百年一踟蹰。漂流四十年,今乃言卜居。且喜天壤间,一席亦吾庐。稍理兰桂丛,尽平狐兔墟。黄橼出旧枿,紫茗抽新畬。我本早衰人,不谓老更劬。邦君助畚锸,邻里通有无。竹屋从低深,山窗自明疏。一饱便终日,高眠忘百须。自笑四壁空,无妻老相如。

和陶酬刘柴桑

（眉批:意言稍尽,然不失古雅。）

红薯与紫芋,远插墙四周。且放幽兰香,莫争霜菊秋。穷冬出瓮盎,磊落胜农畴。淇上白玉延,自注:淇上出山药,一名玉延。能复过此不？一饱忘故山,不思马少游。

和陶劝农

海南多荒田,俗以贸香为业,所产粳稌不足于食,乃以薯芋杂米作粥麋以取饱。予既哀之,乃和渊明《劝农》诗,以告其有知者。

（眉批:语多板,实不为高作。）

咨尔汉黎,均是一民。鄙夷不训,夫岂其真。怨愤劫质,寻戈相因。欺谩莫诉,曲自我人。

天祸尔土,不麦不稷。民无用物,珍怪是植。播厥熏木,腐余是穑。贪夫污吏,鹰挚狼食。

岂无良田,膴膴平陆。兽踪交缔,鸟喙谐穆。惊麜朝射,猛豨夜逐。芋羹薯糜,以饱耆宿。

听我苦言,其福永久。利尔锄耨,好尔邻偶。斩艾蓬藿,南东其亩。父兄挘梃,以扶游手。

天不假易,亦不汝匮。春无遗勤,秋有厚冀。云举雨决,妇姑毕至。我良孝爱,警切语。袒跣何愧。(眉批:此章好。)

逸谚戏侮,博弈顽鄙。投之生黎,俾勿冠履。霜降稻实,千箱一轨。大作尔社,一醉醇美。

和陶九日闲居

明日重九,雨甚,展转不能寐。起索酒,和渊明一篇,醉熟昏然,殆不能佳也。

(眉批:东坡惯押单字姓名,不宜效之。)

九日独何日,欣然惬平生。四时靡不佳,乐此古所名。龙山忆孟子,栗里怀渊明。鲜鲜霜菊艳,溜溜糟床声。闲居知令节,乐事满余龄。登高望云海,醉觉三山倾。长歌振履商,起舞带索荣。坎坷识天意,淹留见人情。但愿饱粳稌,年年乐秋成。(眉批:收得和平而满足。)

闻子由瘦

自注:儋耳至难得肉食。

(眉批:太朴即近俚。)

五日一见花猪肉,十日一见黄鸡粥。土人顿顿食薯芋,荐以熏鼠烧蝙蝠。旧闻蜜唧尝呕吐,稍近虾蟆缘习俗。十年京国厌肥羜,日日烝花压红玉。从来此腹负将军,自注:俗谚云:大将军食饱扪腹而叹曰:"我不负汝。"左右曰:"将军固不负此腹,此腹负将军,未尝出少智虑也。"今者固宜安脱粟。人言天下无正味,蝍蛆未遽贤麋鹿。海康别驾复何为,帽宽带落惊童仆。相看会作两臞仙,还乡定可骑黄鹄。

客俎经旬无肉,又子由劝不读书,萧然清坐,乃无一事

病怯腥咸不买鱼,尔来心腹一时虚。使君不复怜乌攫,属国方将掘鼠余。老去独收人所弃,(眉批:"去"字当作"矣"。)悠哉时到物之初。从今免被孙郎笑,绛帕蒙头读道书。

去岁与子野游逍遥堂,日欲没,因并西山叩罗浮道院,至已三鼓矣,遂宿于西堂。今岁索居儋耳,子野复来相见,作诗赠之

往岁追欢地,寒窗梦不成。笑谈惊半夜,风雨暗长檠。鸡唱山椒晓,钟鸣霜外声。只今那复见,仿佛似三生。

和陶停云

自立冬以来,风雨无虚日,海道断绝,不得子由书,乃和渊明《停云》诗以寄。

停云在空,黯其将雨。嗟我怀人,道修且阻。眷此区区,俯仰再抚。良辰过鸟,逝不我伫。(眉批:此章颇有陶意。)

飓作海浑,天水溟蒙。云屯九河,雪立三江。我不出门,寤寐北窗。念彼海康,神驰往从。

凛然清癯,落其骄荣。馈奠化之,廓兮忘情。万里迟子,晨兴宵征。远虎在侧,以宁先生。

对弈未终,摧然斧柯。再游兰亭,默数永和。梦幻去来,谁少谁多。弹指太息,浮云几何。(眉批:此章自用本色,却佳。)

过子忽出新意，以山芋作玉糁羹，色香味皆奇绝。天上酥酏则不可知，人间决无此味也

香似龙涎仍酽白，味如牛乳更全清。莫将南海金齑脍，轻比东坡玉糁羹。

和陶己酉岁九月九日

十月初吉，菊始开，乃与客作重九，因次韵渊明《己酉岁九月九日》一首。胡广饮菊潭而寿，然《李固传·赞》云：其视胡广，犹粪土也。

（眉批：借情抒愤，然用古人语咏古人，故无痕迹。）

今日我重九，谁谓秋冬交。黄花与我期，草中实后凋。自负语。香余白露干，色映青松高。怅望南阳野，古潭霏庆霄。（眉批："霄"字韵押得稍强。）伯始真粪土，平生夏畦劳。饮此亦何益，内热中自焦。持我万家春，一酬五柳陶。夕英幸可掇，继此木兰朝。

宥老楮

（眉批：题不佳，何不直以"老楮"为题？）

我墙东北隅，张王维老谷。树先樗栎大，叶等桑柘沃。流膏马乳涨，堕子杨梅熟。胡为寻丈地，养此不材木。蹶之得舆薪，规以种松菊。静言求其用，略数得五六。肤为蔡侯纸，子入《桐君录》。黄缯练成素，黝面颊作玉。灌洒蒸生菌，腐余光吐烛。虽无傲霜节，幸免狂醒毒。孤根信微陋，生理有倚伏。投斧为赋诗，德怨聊相赎。（眉批：颇近香山，然笔力自别。）

观　棋

予素不解棋，尝独游庐山白鹤观。观中人皆阖户昼寝，独闻棋声于古松流水之间，意欣然喜之，自尔欲学，然终不解也。儿子过乃粗能者，儋守张中日从之戏，予亦隅坐，竟日不以为厌也。

五老峰前,白鹤遗址。长松荫庭,风日清美。我时独游,不逢一士。谁欤棋者,户外屦二。不闻人声,时闻落子。纹枰坐对,谁究此味。空钩意钓,岂在鲂鲤。小儿近道,剥啄信指。胜固欣然,败亦可喜。优哉游哉,聊复尔耳。(眉批:纯用本色,毫不依傍古人,而未尝不佳。)

籴 米

籴米买束薪,百物资之市。不缘耕樵得,饱食殊少味。再拜请邦君,愿受一廛地。知非笑昨梦,食力免内愧。春秧几时花,夏稗忽已穟。怅焉抚耒耜,谁复识此意。(眉批:托意深微。)

入 寺

曳杖入寺门,辑当作揖。杖挹世尊。我是玉堂仙,谪来海南村。多生宿业尽,一气中夜存。旦随老鸦字俚。起,饥食扶桑暾。光圆摩尼珠,照耀玻璃盆。来从佛印可,稍觉魔忙奔。闲看树转午,坐到钟鸣昏。敛收平生心,耿耿聊自温。(眉批:词意殊浅。)

次韵子由三首

东 亭

仙山佛国本同归,世路玄关两背驰。到处不妨闲卜筑,流年自可数期颐。遥知小槛临廛市,定有新松长棘茨。谁道茅檐劣容膝,海天风雨看纷披。

东 楼

白发苍颜自照盆,董生端合是前身。独栖高阁多词客,为著新书未绝麟。小醉易醒风力软,安眠无梦雨声新。长歌自調真堪笑,底处人间是所欣。自注:柳子厚诗云:"高歌返故室,自調非所欣。"

椰子冠

天教日饮欲全丝,美酒生林不待仪。自滤疏巾邀醉客,更将空壳付冠师。

自注:《前汉·高祖纪》注云:薛有作冠师。规模简古人争看,簪导轻安发不知。更著短檐高屋帽,东坡何事不违时。

次韵子由月季花再生

幽芳本长春,暂瘁如蚀月。且当付造物,未易料枯荑。也知宿根深,便作紫笋茁。乘时出婉娩,为我暖栗洌。先生早贵重,庙论推英拔。而今城东瓜,不记召南芾。陋居有远寄,小圃无阔蹊。查云:小景锻炼至此。还为久处计,坐待行年匝。自注:子由明年六十。腊果缀梅枝,春杯浮竹叶。谁言一萌动,已觉万木活。又云:语含化工。聊将玉蕊新,自注:世谓此玫瑰花也。插向纶巾折。(眉批:借事相宽,善于立言。)

次韵子由浴罢

理发千梳净,风晞胜汤沐。闭息万窍通,雾散名干浴。颓然语默丧,静见天地复。时令具薪水,漫欲濯腰腹。陶匠不可求,盆斛何由足。自注:海南无浴器,故常干浴而已。老鸡卧粪土,振羽双瞑目。倦马骤风沙,奋鬣一喷玉。垢净各殊性,快惬聊自沃。(眉批:从庄子鹏鹢意化出,分明郭子玄注中语也。此境东坡独辟,前无古人。)云母透蜀纱,琉璃莹蕲竹。稍能梦中觉,渐使生处熟。《楞严》在床头,妙偈时仰读。返流归照性,独立遗所瞩。未知仰山禅,已就季主卜。安心会自得,助长毋相督。

借前韵贺子由生第四孙斗老

今日散幽忧,弹冠及新沐。况闻万里孙,已报三日浴。朋来四男子,大壮泰临复。开书喜见面,未饮春生腹。无官一身轻,有子万事足。举家传吉梦,殊相惊凡目。烂烂开眼电,硗硗峙头玉。自注:李贺诗云:"头玉硗硗眉刷翠,杜郎生得真男子。"但令强筋骨,可以耕衍沃。不须富文章,端解耗楮竹。君归定何日,我计久已熟。长留五车书,要使九子读。自注:吾与子由共九孙男矣。箪瓢有内乐,轩冕无流瞩。人言适似我,穷达已可卜。早谋二顷田,莫待八州督。自注:吾前后典八州。

独 觉

(眉批:此却浅滑,开唐六如等一种恶派。)

瘴雾三年恬不怪,反畏北风生体疥。朝来缩颈似寒鸦,焰火生薪聊一快。红波翻屋春风起,先生默坐春风里。浮空眼缬散云霞,无数心花发桃李。翛然独觉午窗明,欲觉犹闻醉鼾声。回首向来萧瑟处,也无风雨也无晴。

十二月十七日夜坐达晓,寄子由

灯烬不挑垂暗蕊,炉灰重拨尚余薰。清风欲发鸦翻树,缺月初升犬吠云。闭眼此心新活计,随身孤影旧知闻。雷州别驾应危坐,跨海清光与子分。

谪居三适

(眉批:题有纲目,开后人俗态。三诗并自在流出,妙不率易平衍,是为老手。)

旦起理发

安眠海自运,浩浩朝黄宫。日出露未晞,郁郁蒙霜松。老栉从我久,齿疏含清风。一洗耳目明,习习万窍通。少年苦嗜睡,朝谒常匆匆。爬搔未云足,已困冠巾重。何异服辕马,沙尘满风鬃。雕鞍响珂月,实与杻械同。解放不可期,枯柳岂易逢。谁能书此乐,献与腰金公。

午窗坐睡

蒲团蟠两膝,竹几阁双肘。此间道路熟,径到无何有。身心两不见,息息安且久。睡蛇本亦无,何用钩与手。神凝疑夜禅,体适剧卯酒。我生有定数,禄尽空余寿。事出《太平广记》。枯杨不飞花,膏泽回衰朽。谓我此为觉,恰是坐睡。物至了不受。谓我今方梦,此心初不垢。非梦亦非觉,请问希夷叟。

夜卧濯足

长安大雪年,束薪抱衾裯。云安市无井,斗水宽百忧。今我逃空谷,孤城啸鹈鹕。得米如得珠,食菜不敢留。况有松风声,釜鬲鸣飕飕。瓦盎深及膝,时复冷暖投。明灯一爪剪,快若鹰辞韝。天低瘴云重,地薄海气浮。土无重膇药,独以薪水瘳。谁能更包裹,冠履装沐猴。

卷四十二

古今体诗五十一首

和陶游斜川

正月五日与儿子过出游作。

（眉批：有自然之乐，形神俱似陶公。）

谪居澹无事，何异老且休。虽过靖节年，未失斜川游。绾合正月五日好。春江渌未波，人卧船自流。我本无所适，泛泛随鸣鸥。中流遇洑洄，舍舟步层丘。有口可与饮，何必逢我俦。过子诗似翁，我唱而辄酬。未知陶彭泽，颇有此乐不？回顾三、四句，密。问点尔何如，不与圣同忧。问翁何所笑，不为由与求。

子由生日

（眉批：此太板腐。）

上天不难知，好恶与我一。方其未定间，人力破阴骘。小忍待其定，报应真可必。季氏生而仁，观过见其实。端如柳下惠，焉往不三黜。天有时而定，寿考未易毕。儿孙七男子，自注：子由三子四孙。次第皆逢吉。遥知设罗门，独掩县罄室。回思十年事，无愧箧中笔。但愿白发兄，年年作生日。

以黄子木拄杖为子由生日之寿

灵寿扶孔光，菊潭饮伯始。（眉批：起得极阔远，又极紧切。）虽云闲草木，岂乐蒙此耻。一时偶收用，千载相瘢痏。海南无嘉植，野果名黄子。坚瘦多节目，天材任操倚。嗟我始剪裁，世用或缘此。直入本位，更不作一转折，只两两对照，各不相属，笔墨高绝。贵从老夫手，往配先生几。相从归故山，不愧仙人杞。自注：

《本草》:枸杞,一名仙人杖。(眉批:"贵"字写得有身分,"老夫""先生"字俱极郑重,与起处"孔""胡"箭锋相直。)

上元夜过赴儋守召,独坐有感

自注:戊寅岁。

使君置酒莫相违,守舍何妨独掩扉。静看月窗盘蜥蜴,卧闻风幔落伊威。灯花结尽吾犹梦,香篆消时汝欲归。搔首凄凉十年事,传柑归遗满朝衣。

过于海舶,得迈寄书、酒。作诗,远和之,皆粲然可观。子由有书相庆也,因用其韵赋一篇,并寄诸子侄

(眉批:语语紧健。)

我似老牛鞭不动,雨滑泥深四蹄重。汝如黄犊走却来,海阔山高百程送。庶几门户有八慈,不恨居邻无二仲。他年汝曹笏满床,中夜起舞踏破瓮。会当洗眼看腾跃,莫指痴腹笑空洞。誉儿虽是两翁癖,积德已自三世种。岂惟万一许生还,尚恐九十烦珍从。六子晨耕箪瓢出,众归夜绩灯火共。春秋古史乃家法,诗笔《离骚》亦时用。但令文字还照世,粪土腐余安足梦。

和陶郭主簿

清明日闻过诵书,声节闲美,感念少时,怅焉追怀先君宫师之遗意,且念淮、德二幼孙。无以自遣,乃和渊明二篇,随意所寓,无复伦次也。

今日复何日,高槐布初阴。良辰非虚名,清和盈我襟。孺子卷书坐,诵诗如鼓琴。却去四十年,玉颜如汝今。闭户未尝出,出为邻里钦。家世事酌古,百史手自斟。当年二老人,喜我作此音。淮德入我梦,角羁未胜簪。孺子笑问我,君何念之深。

雀鷇含淳音,竹萌抱静节。自注:此两句先君少时诗,失其全首。诵我先君诗,肝肺为澄澈。犹如鸣鹤和,未作获麟绝。愿因骑鲸李,追此御风列。丈夫贵出

世,功名岂人杰。家书三万卷,独取《服食诀》。地行即空飞,何必挟日月。

海南人不作寒食,而以上巳上冢。予携一瓢酒寻诸生,皆出矣。独老符秀才在,因与饮至醉。符盖儋人之安贫守静者也

(眉批:用四人名碑格。)

老鸦衔肉纸飞灰,万里家山安在哉!苍耳林中太白过,鹿门山下德公回。管宁投老终归去,王式当年本不来。记取城南上巳日,木绵花落刺桐开。

往年宿瓜步,梦中得小绝,录示谢民师

吴塞兼葭空碧海,隋宫杨柳只金堤。春风自恨无情水,吹得东流竟日西。

(眉批:后两句沉痛之至,便有玉溪生意味。)

五色雀

海南有五色雀,常以两绛者为长,进止必随焉,俗谓之凤凰云。久旱而见辄雨,潦则反是。吾卜居儋耳城南,尝一至庭下,今日又见之进士黎子云及其弟威家。既去,吾举酒祝曰:"若为吾来者,当再集也。"已而果然,乃为赋诗。

粲粲五色羽,炎方凤之徒。青黄缟玄服,翼卫两绂朱。仁心知闵农,常告雨雾符。(眉批:"仁心"二句平钝。)我穷惟四壁,破屋无瞻乌。惠然此粲者,来集竹与梧。锵鸣如玉佩,意欲相嬉娱。寂寞两黎生,食菜真臞儒。小圃散春物,野桃陈雪肤。举杯得一笑,见此红鸾雏。高情如飞仙,未易握粟呼。胡为去复来,眷眷岂属吾。回翔天壤间,何必怀此都。

和陶乞食

(眉批:此无佳处。)

庄周昔贷粟,犹欲舂脱之。鲁公亦乞米,炊煮尚不辞。渊明端乞食,亦不

避嗟来。呜呼天下士，死生寄一杯。斗水何所直，远汲苦姜诗。幸有余薪米，养此老不才。至味久不坏，可为子孙贻。

和陶和胡西曹示顾贼曹

长春如稚女，飘飖倚轻飔。卯酒晕玉颊，红绡卷生衣。低颜香自敛，含睇意颇微。宁当娣黄菊，未肯姒戎葵。（眉批："娣""姒"字是东坡用字法也。）谁言此弱质，阅世观盛衰。頮然疑薄怒，沃盥未可挥。瘴雨吹蛮风，凋零岂容迟。老人不解饮，短句余清悲。（眉批：结得凄婉。）

和陶乙巳岁三月为建威参军使都经钱溪

游城北谢氏废园作。

乔木卷苍藤，浩浩崩云积。谢家堂前燕，对语悲宿昔。（眉批：起得紧切。）仰看桄榔树，玄鹤舞长翮。新年结荔子，主人黄壤隔。溪阴宜馆我，稍省薪水役。相如卖车骑，五亩亦可易。但恐鹏鸟来，此生还荡析。谁能插篱槿，护此残竹柏。

和陶拟古九首

有客叩我门，系我门前柳。庭空鸟雀散，门闭客立久。主人枕书卧，梦我平生友。忽闻剥啄声，惊散一杯酒。句俚。倒裳起谢客，梦觉两愧负。坐谈杂今古，不答颜愈厚。强押。问我何处来，我来无何有。（眉批：结二句调用刘随州。然刘语觉峭拔，此觉近佻，非古人淳厚气象，由全篇体格不同也。）

酒尽君可起，我歌已三终。由来竹林人，不数涛与戎。有酒从孟公，慎勿从扬雄。崎岖颂沙麓，尘埃污西风。昔我未尝达，今者亦安穷。穷达不到处，我在阿堵中。亦佻。

客去室幽幽，鹏鸟来座隅。引吭伸两翅，太息意不舒。吾生如寄耳，何者为吾庐。去此复何之，少安与汝居。夜中闻长啸，月露荒榛芜。无问亦无答，吉凶两何如。（眉批：用得变化，便觉超妙。）

少年好远游，荡志隘八荒。九夷为藩篱，四海环我堂。卢生与若士，何足期渺茫。稍喜海南州，自古无战场。奇峰望黎母，何异嵩与邙。飞泉泻万仞，舞鹤双低昂。分流未入海，膏泽弥此方。芋魁傥可饱，无肉亦奚伤。（眉批：此亦朴老。）

冯冼古烈妇，翁媪国于兹。策勋梁武后，开府隋文时。三世更险易，一心无磷缁。锦伞平积乱，犀渠破余疑。庙貌空复存，碑版漫无辞。我欲作铭志，慰此父老思。遗民不可问，俚句莫予欺。犦牲菌鸡卜，我当一访之。铜鼓壶卢笙，歌此送迎诗。（眉批：此则平钝。）

沉香作庭燎，甲煎粉相和。岂若炷微火，萦烟袅清歌。贪人无饥饱，胡椒亦求多。朱刘两狂子，陨坠如风花。本欲竭泽渔，奈此明年何。自注：朱初平、刘谊欲冠带黎人，以取水沉耳。

鸡窠养鹤发，及与唐人游。来孙亦垂白，颇识李崖州。再逢卢与丁，阅世真东流。斯人今在亡，未遽掩一邱。我师吴季子，守节到晚周。一见春秋末，渺焉不可求。（眉批：后四句未详。）

城南有荒池，琐细谁复采。幽姿小芙蕖，香色独未改。欲为中州信，浩荡绝云海。遥知玉井莲，落蕊不相待。攀跻及少壮，已失那容悔。（眉批：此首纯乎古音，绝无本色，置之曲江、正字之间，不可复辨。）

黎山有幽子，形槁神独完。负薪入城市，笑我儒衣冠。生不闻诗书，岂知有孔颜。翛然独往来，荣辱未易关。日暮鸟兽散，家在孤云端。问答了不通，叹息指屡弹。似言君贵人，草莽栖龙鸾。遗我古贝布，海风今岁寒。（眉批：以对照见意，感慨以言外寓之。）

和陶癸卯岁始春怀古田舍二首

儋人黎子云兄弟居城东南，躬农圃之劳，偶与军使张中同访之。居临大池，水木幽茂，坐客欲为醵钱作屋，予亦欣然同之。名其屋曰载酒堂，用渊明《始春怀古田舍》韵作二首。

退居有成言,垂老竟未践。何曾渊明归,屡作敬通免。休闲等一味,妄想生愧睹。自注:渊明本用缅字,今聊取其同音字。聊将自知明,稍积在家善。城东两黎子,室迩人自远。呼我钓其池,人鱼两忘反。使君亦命驾,恨子林塘浅。

茅茨破不补,嗟子乃尔贫。菜肥人愈瘦,灶闲井常勤。我欲致薄少,解衣劝坐人。临池作虚堂,雨急瓦声新。客来有美载,果熟多幽欣。丹荔破玉肤,黄柑溢芳津。借我三亩地,结茅为子邻。鴂舌倪可学,化为黎母民。

和陶辛丑七月赴假还江陵,夜行途中作口号

郊行步月作。

缺月不早出,长林踏青冥。犬吠主人怒,愧此闾里情。(眉批:"犬吠"十字真至。)怪我夜不归,茜袂窥柴荆。云间与地上,待我两友生。惊鹊再三起,树端已微明。白露净原野,始觉丘陵平。暗蛩方夜绩,孤萤亦宵征。归来闭户坐,寸田且默耕。莫赴花月期,免为诗酒萦。诗人如布谷,聒聒常自名。(眉批:激语,妙于竟住,遂不甚露。)

和陶庚戌岁九月中于西田获早稻

蓬头三獠奴,谁谓愿且端。晨兴洒扫罢,饱食不自安。愿治此圃畦,少资主游观。昼功不自觉,夜气乃潜还。早韭欲争春,晚菘先破寒。人间无正味,美好出艰难。早知农圃乐,岂有非意干。(眉批:常语,却极深至。)尚恨不持锄,未免骍我颜。此心苟未降,何适不间关。休去复歇去,菜食何所叹。

和陶丙辰岁八月中于下潠田舍获

聚粪西垣下,凿泉东垣隈。劳辱何时休,宴安不可怀。天公岂相喜,雨霁与意谐。黄菘养土膏,老楮生树鸡。未忍便烹煮,绕观日百回。跨海得远信,冰盘鸣玉哀。茵陈点脍缕,照坐如花开。一与蜑叟醉,苍颜两摧颓。齿根日浮

动,自与粱肉乖。食菜岂不足,呼儿拆鸡栖。

答海上翁

山翁不复见新诗,疑是河南石壁曦。海水岂容鲸饮尽,然犀何处觅琼枝。

贫家净扫地

贫家净扫地,贫女好梳头。下士晚闻道,聊以拙自修。叩门有佳客,一饭相邀留。春炊勿草草,此客未易偷。慎勿用劳薪,感我和薰莸。德人抱衡石,铢黍安可廋。

新　居

(眉批:查云:神似杜陵。余谓正在韦、柳间耳。)

朝阳入北林,竹树散疏影。短篱寻丈间,寄我无穷境。旧居无一席,逐客犹遭屏。结茅得兹地,翳翳村巷永。数朝风雨凉,畦菊发新颖。俯仰可卒岁,何必谋二顷。

和陶与殷晋安别

送昌化军使张中。

(眉批:情真,而语未超拔。)

孤生知永弃,末路嗟长勤。久安儋耳陋,日与雕题亲。海国此奇士,官居我东邻。卯酒无虚日,夜棋有达晨。小瓮多自酿,一瓢时见分。仍将对床梦,伴我五更春。暂聚水上萍,忽散风中云。恐无再见日,笑谈来生因。空吟清诗送,不救归装贫。

和陶王抚军座送客

再送张中。

（眉批：此首真至。）

胸中有佳处，海瘴不能腓。（眉批："腓"原作"病"字解，然以代"病"字则不可。）三年无所愧，十口今同归。汝去莫相怜，我生本无依。相从大块中，几合几分违。莫作往来相，而生爱见悲。悠悠含山日，炯炯留清辉。悬知冬夜长，恨不晨光迟。梦中与汝别，作诗记忘遗。

和陶答庞参军

三送张中。

（眉批：此首浅近。）

留灯坐达晓，要与影晤言。下帷对古人，何暇复窥园。使君本学武，少诵《十三篇》。颇能口击贼，戈戟亦森然。才智谁不如，功名叹无缘。独来向我说，愤懑当奚宣。一见胜百闻，往鏖皋兰山。白衣挟三矢，趁此征辽年。

次韵子由赠吴子野先生二绝句

马迹车轮满四方，若为闭著小茅堂。安心欲捉左元放，痴疾还同顾长康。

江令苍苔围故宅，谢家语燕集华堂。先生笑说江南事，只有青山绕建康。

（眉批：亦是窠臼语。）

被酒独行，遍至子云、威、徽、先觉四黎之舍三首

半醒半醉问诸黎，竹刺藤梢步步迷。但寻牛矢觅归路，（眉批："牛矢"字俚甚。）家在牛栏西复西。

总角黎家三四童，口吹葱叶送迎翁。莫作天涯万里意，溪边自有舞雩风。

（眉批：末句亦腐气。）

符老风情奈老何，朱颜减尽鬓丝多。投梭每困东邻女，换扇惟逢春梦婆。

自注：是日复见符林秀才，言换扇之事。

过黎君郊居

半园荒草没佳蔬,煮得占禾半是薯。万事思量都是错,不如还叩仲尼居。

(眉批:此更腐。)

和陶示周续之祖企谢景夷三郎

游城东学舍作。

闻有古学舍,窃怀渊明欣。摄衣造两塾,窥户无一人。邦风方杞夷,庙貌犹殷因。先生馔已缺,弟子散莫臻。忍饥坐谈道,嗟我亦晚闻。永言百世祀,未补平生勤。今此复何国,岂与陈蔡邻。永愧虞仲翔,弦歌沧海滨。(眉批:此首殊难收拾。如此结法,遂令讽刺化为忠厚。)

和陶连雨独饮

吾谪海南,尽卖酒器以供衣食。独有一荷叶杯,工制美妙,留以自娱。乃和渊明《连雨独饮》二首。

平生我与尔,举意辄相然。岂止磁石针,虽合犹有间。此外一子由,出处同偏仙。晚景最可惜,分飞海南天。(眉批:插入子由,极平而极奇。)纠缠不吾欺,宁此忧患先。(眉批:"纠缠"二句未详。)顾引一杯酒,谁谓无往还。寄语海北人,今日为何年。醉里有独觉,梦中无杂言。

阿堵不解醉,谁欤此颓然。误入无功乡,掉臂嵇阮间。饮中八仙人,与我俱得仙。渊明岂知道,醉语忽谈天。偶见此物真,遂超天地先。醉醒可还酒,此觉无所还。清风洗徂暑,连雨催丰年。床头伯雅君,此子可与言。(眉批:缴还本位,完密。)

和陶赠羊长史

得郑嘉会靖老书,欲于海舶载书千余卷见借。因读渊明《赠羊长史》

诗云:"愚生三季后,慨然念黄虞。得知千载事,上赖古人书。"次其韵以谢郑君。

我非皇甫谧,门人如挚虞。不持两鸱酒,肯借一车书。(眉批:三、四太易。)欲令海外士,观经似鸿都。结发事文史,俯仰六十逾。老马不耐放,长鸣思服舆。故知根尘在,未免病药俱。念君千里足,历块犹踟蹰。好学真伯业,比肩可相如。此书久已熟,救我今荒芜。顾惭桑榆迫,久厌诗书娱。奏赋病未能,草玄老更疏。犹当距杨墨,稍欲惩荆舒。(眉批:结指半山。)

和陶五月旦日作和戴主簿

海南无冬夏,安知岁将穷。时时小摇落,荣悴俯仰中。上天信包荒,佳植无由丰。锄櫌代肃杀,有泽非霜风。手栽兰与菊,侑我清宴终。撷芳眼已明,饮酒腹尚冲。(眉批:未喻其意。)草去土自隤,井深墙愈隆。勿笑一亩园,蚁垤齐衡嵩。

和陶怨诗楚调,示庞主簿、邓治中

当欢有余乐,在戚亦颓然。渊明得此理,安处故有年。嗟我与先生,所赋良奇偏。人间少宜适,惟有归耘田。我昔堕轩冕,毫厘真市廛。困来卧重裀,忧愧自不眠。如今破茅屋,一夕或三迁。风雨睡不知,黄叶满枕前。宁当出怨句,惨惨如孤烟。但恨不早悟,犹推渊明贤。

倦　夜

(眉批:查云:通首俱得少陵神味。)

倦枕厌长夜,小窗终未明。孤村一犬吠,残月几人行。衰鬓久已白,旅怀空自清。荒园有络纬,虚织竟何成。(眉批:结有意致,遂令通体俱有归宿。若非此结,则成空调。)

用过韵，冬至与诸生饮酒

小酒生黎法，干糟瓦盎中。芳辛知有毒，滴沥取无穷。冻醴寒初泫，春醅暖更醲。华夷两尊合，醉笑一欢同。里闬峨山北，田园震泽东。归期那敢说，安讯不曾通。鹤鬓惊全白，犀围尚半红。愁颜解符老，寿耳斗吴翁。得谷鹅初饱，亡猫鼠益丰。黄姜收土芋，苍耳斫霜丛。儿瘦缘储药，奴肥为种松。频频非窃食，数数尚乘风。河伯方夸若，灵娲自舞冯。（眉批：冯夷之"冯"，皮冰反，入东韵，误。）归途陷泥淖，炬火燎茅蓬。膝上王文度，家传张长公。和诗仍醉墨，戏海乱群鸿。

纵笔三首

寂寂东坡一病翁，白须萧散满霜风。小儿误喜朱颜在，一笑那知是酒红。（眉批：叹老意。如此出之，语妙天下。）

父老争看乌角巾，应缘曾现宰官身。溪边古路三叉口，独立斜阳数过人。（眉批：含情不尽。）

北船不到米如珠，醉饱萧条半月无。明日东家当祭灶，只鸡斗酒定膰吾。（眉批：真得好。）

夜烧松明火

（眉批：琐屑题写得大雅。）

岁暮风雨交，客舍凄薄寒。夜烧松明火，照室红龙鸾。快焰初煌煌，碧烟稍团团。幽人忽富贵，蕙帐芳椒兰。珠煤缀屋角，香潾流铜盘。自注：香潾，松沥也，出《本草》注。坐看十八公，俯仰灰烬残。齐奴朝爨蜡，莱公夜长叹。海康无此物，烛尽更未阑。

卷四十三

古今体诗五十二首

庚辰岁人日作，时闻黄河已复北流，老臣旧数论此，今斯言乃验二首

（眉批："时闻"以下十九字应注在"三策"句下。若标于题中，则似为此事而作，题与诗不相应矣。）

老去仍栖隔海村，梦中时见作诗孙。天涯已惯逢人日，归路犹欣过鬼门。三策已应思贾让，孤忠终未赦虞翻。典衣剩买河源米，屈指新篘作上元。（眉批：五句非自誉语，乃冀幸语也，故不失忠厚之旨。）

不用长愁挂月村，槟榔生子竹生孙。自注：海南勒竹，每节生枝如竹竿大，盖竹孙也。新巢语燕还窥研，旧雨来人不到门。春水芦根看鹤立，夕阳枫树见鸦翻。此生念念随泡影，莫认家山作本元。（眉批：末亦无聊自宽之语，勿以禅悦视之。）

庚辰岁正月十二日，天门冬酒熟，予自漉之，且漉且尝，遂以大醉二首

自拨床头一瓮云，幽人先已醉浓芬。天门冬熟新年喜，（眉批：三句太质。）曲米春香并舍闻。自注：杜子美诗云：闻道云安曲米春，盖酒名也。菜圃渐疏花漠漠，竹扉斜掩雨纷纷。拥裘睡觉知何处，吹面东风散缬纹。

载酒无人过子云，年来家酝有奇芬。醉乡杳杳谁同梦，睡息齁齁得自闻。（眉批："齁齁"字不雅。）口业向诗犹小小，眼花因酒尚纷纷。点灯更试淮南语，泛溢东风有縠纹。自注：《淮南子》云：东风至而酒泛溢。许慎注云：酒泛，清酒也。

追和戊寅岁上元

宾鸿社燕巧相违，白鹤峰头白板扉。石建方欣洗楠厕，姜庞不解叹蟏蛸。

一凫京口嗟春梦,万炬钱塘忆夜归。合浦卖珠无复有,当年笑我泣牛衣。(眉批:语亦恺至。)

和陶杂诗十一首

(眉批:十一首俱浑然深厚,逼近陶公,字句偶露本色,所谓形骸之外。)

斜日照孤隙,始知空有尘。微风动众窍,谁信我忘身。一笑问儿子,与汝定何亲。从我来海南,幽绝无四邻。耿耿如缺月,独与长庚晨。此道固应尔,不当怨尤人。

故山不可到,飞梦隔五岭。真游有黄庭,闭目寓两景。室空无可照,火灭膏自冷。披衣起视夜,海阔河汉永。西窗半明月,散乱梧楸影。(眉批:情在景中。)良辰不可系,逝水无留骋。我苗期后枯,持此一念静。

真人有妙观,俗子多妄量。区区劝粒食,此岂知子房。我非徒跣相,终老怀未央。兔死缚淮阴,狗功指平阳。哀我亦可羞,世路皆羊肠。

相如偶一官,嗤鄙蜀父老。不记犊鼻时,涤器混佣保。著书曾几何,渴肺灰土燥。琴台有遗魄,笑我归不早。作书遗故人,皎皎我怀抱。余生幸无愧,可与君平道。(眉批:如此落下,奇绝之笔。)

孟德黠老狐,奸言哄鸿豫。哀哉丧乱世,枭鸾各腾骛。逝者知几人,文举独不去。(眉批:以孔融自比。)天方斫汉室,岂计一郗虑。昆虫正相啮,乃比蔺相如。我知公所坐,大名难久住。细德方险微,岂有容公处。既往不可悔,庶为来者惧。(眉批:结出主意。)

博大古真人,老聃关尹喜。独立万物表,长生乃余事。稚川差可近,倘有接物意。我顷登罗浮,物色恐相值。徘徊朱明洞,沙水自清驶。满把菖蒲根,叹息复弃置。

蓝乔近得道,常苦世褊迫。西游王屋山,不践长安陌。尔来宁复见,鸟道度太白。昔与吴远游,同藏一瓢窄。潮阳隔云海,岁晚倘见客。伐薪供养火,看作栖凤宅。

南荣晚闻道,未肯化庚桑。陶顽铸强犷,枉费尘与糠。越子古成之,韩生教休粮。参同得灵钥,九锁启伯阳。鹅城见诸孙,贫苦我为伤。空余焦先室,不传元化方。遗像似李白,一奠临江觞。

余龄难把玩,妙解寄笔端。常恐抱永叹,不及丘明迁。亲友复劝我,放心饯华颠。虚名非我有,至味知谁餐。思我无所思,安能观诸缘。已矣复何叹,旧说《易》两篇。

申韩本自圣,陋古不复稽。巨君纵独欲,借经作岩崖。遂令青衿子,珠璧人人怀。凿齿井蛙耳,信谓天可弥。大道久分裂,破碎日愈离。我如终不言,谁悟角与羁。吾琴岂得已,昭氏有成亏。（眉批:此刺荆公也。）

我昔登朐山,出日观沧凉。欲济东海县,恨无石桥梁。今兹黎母国,何异于公乡。蚝浦既黏山,暑退亦飞霜。所欣非自调,不怨道里长。

和陶始作镇军参军经曲阿

（眉批:此未浑圆。）

虞人非其招,欲往畏简书。穆生责醴酒,先见我不如。江左古弱国,强臣擅天衢。渊明堕诗酒,遂与功名疏。我生值良时,朱金义当纡。天命适如此,幸收废弃余。独有愧此翁,大名难久居。不思牺牛龟,兼取熊掌鱼。北郊有大赉,南冠解囚拘。眷言罗浮下,白鹤返故庐。

和陶桃花源

世传桃源事多过其实。考渊明所记,止言先世避秦乱来此,则渔人所见似是其子孙,非秦人不死者也。又云杀鸡作食,岂有仙而杀者乎？旧说南阳有菊花,水甘而芳,民居三十余家,饮其水皆寿,或至百二三十岁。蜀青城山老人村,有见五世孙者,道极险远,生不识盐醯。而溪中多枸杞,根如龙蛇,饮其水故寿。近岁道稍通,渐能致五味,而寿亦益衰。桃源盖此比也欤。使武陵太守得而至焉,则已化为争夺之场久矣。尝意天壤间若此者甚众,不独桃源。予在颍州,梦至一官府,人物与俗间无异,而山川清远,有足乐者。顾视堂上,榜曰仇池。觉而念之,仇池武都氏故地,杨难当所保,余何为居之。明日以问客,客有赵令畤德麟者,曰:"公何问此,此乃福地,小有洞天之附庸也。杜子美盖云:'万古仇池穴,潜通小有天。'他日工部侍郎王钦臣仲至,谓余曰:'吾尝奉使过仇池,有九十九泉,万山环之,可以避世,如桃源也。'"

凡圣无异居,清浊共此世。心闲偶自见,念起忽已逝。一篇主意。欲知真一处,要使六用废。桃源信不远,杖藜可小憩。躬耕任地力,绝学抱天艺。臂鸡有时鸣,尻驾无可税。苓龟亦晨吸,枸杞或夜吠。耘樵得甘芳,龁啮谢炮制。子骥虽形隔,渊明已心诣。高山不难越,浅水何足厉。不如我仇池,高举复几岁。从来一生死,近又等痴慧。蒲涧安期境,自注:在广州。罗浮稚川界。梦往从之游,神交发吾蔽。桃花满庭下,流水在户外。即所谓心闲偶见也。却笑逃秦人,有畏非真契。(眉批:翻入一层,用意超妙,笔力亦曲折自如。)

和陶归去来兮辞

子瞻谪居昌化,追和渊明《归去来辞》,盖以无何有之乡为家,虽在海外,未尝不归云尔。

(眉批:此亦桃源诗意,然词究不宜入之诗集,陶词亦与诸文同编。)

归去来兮,吾方南迁安得归。卧江海之颓洞,吊鼓角之凄悲。迹泥蟠而愈深,时电往而莫追。怀西南之归路,梦良是而觉非。悟此生之何常,犹寒暑之异衣。岂袭裘而念葛,盖得粗而丧微。我归甚易,匪驰匪奔。俯仰还家,下车阖门。藩垣虽缺,堂室故存。挹我天醴,注之洼尊。饮月露以洗心,飡朝霞而眩颜。混客主而为一,俾妇姑之相安。知盗窃之何有,乃掊门而折关。廓圜镜以外照,纳万象而中观。治废井以晨汲,瀹百泉之夜还。守静极以自作,时爵跃而鲵桓。归去来兮,请终老于斯游。我先人之敝庐,复舍此而焉求?均海南与汉北,挈往来而无忧。畸人告予以一言,非八卦与九畴。方饥须粮,已济无舟。忽人牛之皆丧,但乔木与高丘。警六用之无成,自一根之返流。望故家而求息,曷中道之三休。已矣乎,吾生有命归有时,我初无行亦无留。驾言随子听所之,岂以师南华而废从安期。谓汤稼之终枯,遂不溉而不耔。师渊明之雅放,和百篇之新诗。赋《归来》之清引,我其后身盖无疑。

归去来集字十首

予喜读渊明《归去来辞》,因集其字为十诗,令儿曹诵之,号《归去来集字》云。

(眉批:此亦借事消闲,不得谓之诗,然亦不恶。十首皆代渊明语。)

命驾欲何向,欣欣春木荣。世人无往复,乡老有将迎。云内流泉远,风前飞鸟轻。相携就衡宇,酌酒话交情。

涉世恨形役,告休成老夫。良欣就归路,不复向迷途。去去径犹菊,行行田欲芜。情亲有还往,清酒引尊壶。

与世不相入,膝琴聊自欢。风光归笑傲,云物寄游观。言话审无倦,心怀良独安。东皋清有趣,植杖日盘桓。

世事非吾事,驾言归路寻。向时迷有命,今日悟无心。庭内菊归酒,窗前风入琴。寓形知已老,犹未倦登临。

云岫不知远,巾车行复前。仆夫寻老木,童子引清泉。矫首独傲世,委心还乐天。农夫告春事,扶老向良田。

富贵良非愿,乡关归去休。携琴已寻壑,载酒复经丘。翳翳景将入,涓涓泉欲流。老农人不乐,我独与之游。

觞酒命童仆,言归无复留。轻车寻绝壑,孤棹入清流。乘化欲安命,息交还绝游。琴书乐三径,老矣亦何求。

归去复归去,帝乡安可期。鸟还知已倦,云出欲何之。入室还携幼,临流亦赋诗。春风吹独立,不是傲亲知。

役役倦人事,来归车载奔。征夫问前路,稚子候衡门。入息亦诗策,出游常酒尊。交亲书已绝,云壑自相存。

寄傲疑今是,求荣感昨非。聊欣尊有酒,不恨室无衣。丘壑世情远,田园生事微。柯庭还独眄,时有鸟归飞。

题过所画枯木竹石三首

老可能为竹写真,小坡今与石传神。山僧自觉菩提长,心境都将付卧轮。散木支离得自全,交柯蚴蟉欲相缠。不须更说能鸣雁,要以空中得尽年。倦看涩勒暗蛮村,乱棘孤藤束瘴根。惟有长身六君子,猗猗犹得似淇园。

真一酒歌

布算以步五星,不如仰观之捷;吹律以求中声,不如耳齐之审。铅汞以为药,策易以候火,不如天造之真也。是故神宅空乐出虚,蹋踘者以气升,孰能推是类以求天造之药乎?于此有物,其名曰真一。远游先生方治此道,不饮不食,而饮此酒,食此药,居此堂。予亦窃其一二,故作《真一之歌》,其词曰:

室中细茎插天芒,不生沮泽生陵冈。涉阅四气更六阳,森然不受螟与蝗。飞龙御月作秋凉,苍波改色屯云黄。天旋雷动玉尘香,起溲十裂照坐光。跏趺牛噍安且详,动摇天关出琼浆。壬公飞空丁女藏,三伏遇井了不尝。酿与真一和而庄,三杯俨如侍君王。湛然寂照非楚狂,终身不入无功乡。(眉批:太章咒气。)

汲江煎茶

(眉批:细腻而出于脱洒。细腻诗易于粘滞,如此脱洒为难。)

活水还须活火烹,自临钓石取深清。大瓢贮月归春瓮,小杓分江入夜瓶。雪乳已翻煎处脚,松风忽作泻时声。枯肠未易禁三碗,坐听荒村长短更。(眉批:入情无迹。)

赠李兕彦威秀才

（眉批：用唐人转韵古格，亦自流畅，但非东坡佳处耳。）

魏王大瓢实五石，种成濩落将安适。可怜公子持十牛，海上三年竟何得。先生少负不羁才，从军数到单于台。天山直欲三箭取，白衣将军何人哉。夜逢怪石曾饮羽，戏中戟枝何足数。誓将马革裹尸还，肯学班超苦儿女。封侯卫霍知几许，老矣先生困羁旅。酒酣聊复说平生，结袜犹堪一再鼓。弃书捐剑学万人，（眉批：去"敌"字不妥。）纨绔儒冠皆误身。穷途政似不龟手，与世羞为西子颦。如今唯有谈天口，云梦胸中吞八九。世间万事寄黄粱，且与先生说乌有。

戏赠孙公素

披扇当年笑温峤，握刀晚岁战刘郎。不须戚戚如冯衍，便与时时说李阳。

儋耳

霹雳收威暮雨开，独凭阑槛倚崔嵬。垂天雌霓云端下，快意雄风海上来。野老已歌丰岁语，除书欲放逐臣回。残年饱饭东坡老，一壑能专万事灰。

余来儋耳，得吠狗曰乌觜，甚猛而驯。随予迁合浦，过澄迈，泗而济，路人皆惊，戏为作此诗

（眉批：小品亦佳。）

乌喙本海獒，幸我为之主。食余已瓠肥，终不忧鼎俎。昼驯识宾客，夜悍为门户。知我当北还，掉尾喜欲舞。跳踉趁童仆，吐舌喘汗雨。长桥不肯蹑，径渡清深浦。拍浮似鹅鸭，登岸剧虓虎。盗肉亦小疵，闲情有致。鞭棰当贳汝。再拜谢厚恩，天不遣言语。何当寄家书，黄耳定乃祖。

澄迈驿通潮阁二首

倦客愁闻归路遥，眼明飞阁俯长桥。贪看白鹭横秋浦，不觉青林没晚潮。

余生欲老海南村,帝遣巫阳招我魂。杳杳天低鹘没处,青山一发是中原。(眉批:神来之笔。)

泂酌亭

琼山郡东,众泉鬵发,然皆冽而不食。丁丑岁六月,南迁过琼,始得双泉之甘于城之东北隅,以告其人。自是汲者常满。泉相去咫尺而异味。庚辰岁六月十七日,迁于合浦,复过之。太守承议郎陆公,求泉上之亭名与诗。名之曰泂酌,其诗曰:

泂酌彼两泉,挹彼注兹。一瓶之中,有渑有淄。以瀹以烹,众喊莫齐。自江徂海,浩然无私。岂弟君子,江海是仪。既味我泉,亦哜我诗。

六月二十日夜渡海

参横斗转欲三更,苦雨终风也解晴。比也。云散月明谁点缀,天容海色本澄清。空余鲁叟乘桴意,粗识轩辕奏乐声。九死南荒吾不恨,兹游奇绝冠平生。

自雷适廉,宿于兴廉村净行院

荒凉海南北,佛舍如鸡栖。忽行榕林中,跨空飞栱枅。当门浏碧井,洗我两足泥。高堂磨新砖,(眉批:二句皆俚。)洞户分角圭。倒床便甘寝,鼻息如虹霓。僮仆不肯去,我为半日稽。晨登一叶舟,醉兀十里溪。醒来知何处,归路老更迷。

雨夜宿净行院

芒鞋不踏利名场,一叶轻舟寄渺茫。林下对床听夜雨,静无灯火照凄凉。

廉州龙眼质味殊绝,可敌荔支

龙眼与荔支,异出同父祖。端如甘与橘,未易相可否。异哉西海滨,琪树罗玄圃。累累似桃李,一一流膏乳。坐疑星陨空,又恐珠还浦。(眉批:"坐疑"二句可删。)图经未尝说,玉食远莫数。独使皱皮生,弄色映雕俎。蛮荒非汝辱,幸免妃子污。(眉批:寓意作结。)

合浦愈上人以诗名岭外,将访道南岳,留诗壁上云:"闲伴孤云自在飞。"东坡居士过其精舍,戏和其韵

孤云出岫岂求伴,锡杖凌空自要飞。为问庭松向西指,不知老奘几时归。

梅圣俞之客欧阳晦夫,使工画茅庵,己居其中,一琴横床而已。曹子方作诗四韵,仆和之云

寂寞王子猷,回船剡溪路。迢遥戴安道,雪夕谁与度。倒披王恭氅,半掩袁安户。应调折弦琴,自和捻须句。

欧阳晦夫惠琴枕

中郎不眠仰看屋,得此古椽围尺竹。轮囷㔶落非笛材,剖作袖琴徽轸足。流传几处到渊明,卧枕纶巾酒新漉。《孤鸾》《别鹄》谁复闻,鼻息齁齁自成曲。

琴　枕

清眸作金徽,素齿为玉轸。响泉竟何用,金带常苦窘。斓斑渍珠泪,宛转堆云鬓。君若安七弦,应弹卓氏引。

留别廉守

(眉批:殊不成语。)
编箪以苴猪,墐涂以涂之。小饼如嚼月,中有酥与饴。悬知合浦人,长诵东坡诗。好在真一酒,为我醉宗资。

瓶 笙

庚辰八月二十八日,刘幾仲饯饮东坡。中觞闻笙箫声,杳杳若在云霄间,抑扬往返,粗中音节。徐而察之,则出于双瓶,水火相得,自然吟啸,盖食顷乃已。坐客惊叹得未曾有,请作《瓶笙诗》记之。

(眉批:历落有奇逸之气。)

孤松吟风细泠泠,独茧长繴女娲笙。陋哉石鼎逢弥明,蚯蚓窍作苍蝇声。瓶中宫商自相赓,昭文无亏亦无成。东坡醉熟呼不醒,但云作劳吾耳鸣。

欧阳晦夫遗接䍦琴枕,戏作此诗谢之

携儿过岭今七年,晚途更着黎衣冠。白头穿林要藤帽,赤脚渡水须花縵。不愁故人惊绝倒,但使俚俗相恬安。见君合浦如梦寐,挽须握手俱汍澜。妻缝接䍦雾縠细,儿送琴枕冰徽寒。无弦且寄陶令意,倒载犹作山公看。我怀汝阴六一老,眉宇秀发如春峦。羽衣鹤氅古仙伯,炭炭两柱扶霜纨。至今画像作此服,凛如退之加渥丹。尔来前辈皆鬼录,我亦带脱巾欹宽。作诗颇似六一语,往往亦带梅翁酸。(眉批:似有阙文。)

卷四十四

古今体诗四十三首

次韵王郁林

晚途流落不堪言，海上春泥手自翻。汉使节空余皓首，此事屡用俱不切。故侯瓜在有颓垣。平生多难非天意，此去残年尽主恩。（眉批：五、六诗人之言。）误辱使君相抆拭，宁闻老鹤更乘轩。

藤州江上夜起对月，赠邵道士

（眉批：清光朗澈，无复笔墨之痕，此为神来之候。）

江月照我心，江水洗我肝。端如径寸珠，堕此白玉盘。我心本如此，月满江不湍。起舞者谁欤，莫作三人看。峤南瘴疠地，有此江月寒。乃知天壤间，何人不清安。床头有白酒，盎若白露漙。独醉还独醒，夜气清漫漫。仍呼邵道士，取琴月下弹。相将乘一叶，夜下苍梧滩。

徐元用使君与其子端，常邀仆与小儿过同游东山浮金堂，戏作此诗

（眉批：平直，少兴象。）

昔与徐使君，共赏钱塘春。爱此小天竺，时来中圣人。松如迁客老，酒似使君醇。系舟藤城下，弄月镡江滨。江月夜夜好，山云朝朝新。使君有令子，真是石麒麟。率句。我子乃散材，有如木轮囷。二老白接䍦，两郎乌角巾。醉卧松下石，扶归江上津。浮桥半没水，揭此碧鳞鳞。

送鲜于都曹归蜀灌口旧居

籴尽霜须照碧铜，依然春雪在长松。朝行犀浦催收芋，夜渡绳桥看伏龙。

莫叹倦游无驷马,要将老健敌千钟。子云三世惟身在,为向西南说病容。

书堂屿

(眉批:轻率。)

苍山古木书堂屿,北出湘水百余步。谁为往来亏世界,至今人指安禅处。岂无惊蛇与飞鸟,后来那复知其趣。不知我身今是否,空记名称在常住。

送邵道士彦肃还都峤

乞得纷纷扰扰身,结茅都峤与仙邻。少而寡欲颜常好,老不求名语益真。许迈有妻还学道,陶潜无酒亦从人。相随十日还归去,万劫清游结此因。

书韩幹二马

赤髯碧眼老鲜卑,回策如萦独善骑。赭白紫骝俱绝世,马中湛岳有妍姿。

观大水望朝阳岩作

(眉批:效杜吴体,未为高老。吴体拗折,非浑然天成不可。)

朝阳岩前不结庐,下眺江水百步余。春泉溅溅出乳窦,青沙白石半洿涂。不到津头二三日,谁知江水涨天墟。遥望横杯不敢济,岩口正有人罾鱼。

将至广州,用过韵寄迈、迨二子

皇天遣出家,临老乃学道。北归为儿子,破戒堪一笑。披云见天眼,回首失海潦。蛮唱与黎歌,余音犹杳杳。大儿收众稚,四岁守孤峤。次子病学医,三折乃粗晓。小儿耕且养,得暇为书绕。我亦困诗酒,去道愈茫渺。纷纷何时定,所至皆可老。莫为柳仪曹,诗书教蛮獠。亦莫事登陟,溪山有何好。安居与我游,闭户净洒扫。(眉批:刻意摆脱,直而不剽。)

赠郑清叟秀才

（眉批：微有剽意，然语有顿宕，尚不甚滑。）

风涛战扶胥，海贼横泥子。胡为犯二怖，博此一笑喜。问君奚所欲，欲谈仁义耳。我才不逮人，所有聊足已。安能相付与，过听君误矣。霜风扫瘴毒，冬日稍清美。年来万事足，所欠惟一死。澹然两无求，滑净空棐几。（眉批："年来"二句，宋人诗话亦议之。然东坡特自言万念皆空，故不立语言文字之意，非有所怨尤。论者未看上下文义耳。）

和孙叔静兄弟李端叔唱和

（眉批：题有脱误处。）

病骨瘦欲折，霜髯籁更疏。喜闻新国政，兼得故人书。秉烛真如梦，倾杯不敢余。天涯老兄弟，怀抱几时摅。（眉批：浑老有情，不同空调。）

广倅萧大夫借前韵见赠，复和答之二首

（眉批：此便浅率。）

生还粗胜虞，早退不如疏。垂死初闻道，平生误信书。风涛惊夜半，疾病送灾余。赖有萧夫子，忧怀得少摅。

心闲诗自放，笔老语翻疏。赠我皆强韵，知君得异书。滔滔汨叟是，绰绰孟生余。一笑沧溟侧，应无愤可摅。

周教授索枸杞，因以诗赠，录呈广倅萧大夫

邺侯藏书手不触，嗟我嗜书终日读。短檠照字细如毛，怪底昏花悬两目。扶衰赖有王母杖，名字于今挂仙录。荒城古堑草露寒，碧叶丛低红菽粟。春根夏苗秋着子，尽付天随耻充腹。兰伤桂折缘有用，尔独何损丹其族。赠君慎勿比薏苡，采之终日不盈掬。外泽中干非尔俦，敛藏更借秋阳曝。鸡壅桔梗一称

帝,堇也虽尊等臣仆。时复论功不汝遗,异时谨事东篱菊。(眉批:结寓感慨。)

跋王进叔所藏画

(眉批:五首各有寄托,风调亦复不乏,惟《山茶》一首,怨而太怒。)

徐熙杏花

江左风流王谢家,尽携书画到天涯。却因梅雨丹青暗,洗出徐熙落墨花。(眉批:此首自寓。)

赵昌四季

倚竹佳人翠袖长,天寒犹着薄罗裳。扬州近日红千叶,自是风流时世妆。芍药。(眉批:此首以刺小人。)

枫林翠壁楚江边,踯躅千层不忍看。开卷便知归路近,(眉批:"知"字疑"如"字之误。)剑南樵叟为施丹。踯躅。(眉批:此首独用赋体,但寓乡心,并无别意。)

轻肌弱骨散幽葩,真是青裙两髻丫。便有佳名配黄菊,应缘霜后苦无花。寒菊。(眉批:此刺小人之乘时得进。)

游蜂掠尽粉丝黄,落蕊犹收蜜露香。待得春风几枝在,年来杀菽有飞霜。山茶。(眉批:此结太露,亦太激,以其时论之,亦不应作此语。)

和黄秀才鉴空阁

(眉批:灵空超妙,不减前藤州江上作。)

明月本自明,无心孰为境。挂空如水鉴,写此山河影。我观大瀛海,巨浸与天永。九州居其间,无异蛇盘镜。空水两无质,相照但耿耿。妄云桂兔蟆,俗说皆可屏。我游鉴空阁,缺月正凄冷。黄子寒无衣,对月句愈警。借君方诸泪,一沐管城颖。谁言小丛林,清绝冠五岭。

韦偃《牧马图》

(眉批:语颇道紧,后半纯是寓言。)

神工妙技帝所收,江都曹韩逝莫留。人间画马唯韦侯,当年为谁扫骅骝。

至今霜蹄踏长楸,圉人困卧沙垄头。沙苑茫茫蒺藜秋,风鬃雾鬣寒飕飕。龙种尚与驽骀游,长秸短豆岂我羞。八銮六辔非马谋,古来西山与东丘。

题灵峰寺壁

灵峰山上宝陀寺,白发东坡又到来。前世德云今我是,依稀犹记妙高台。

广州何道士众妙堂

湛然无观古真人,我独观此众妙门。夫物芸芸各归根,众中得一道乃存。道人晨起开东轩,趺坐一醉扶桑暾。余光照我玻璃盆,倒射窗几清而温。欲收月魄餐日魂,我自日月谁使吞。

题冯通直明月湖诗后

老衍清篇墨未枯,小冯新作语尤殊。呼儿净洗涵星砚,为子赓歌堕月湖。闻道样江空抱珥,自注:南诏有西珥河,即古样柯江也。河形如月抱珥,故名之西珥云。年来合浦自还珠。请君多酿莲花酒,准拟王乔下履凫。

次韵郑介夫二首

一落泥涂迹愈深,尺薪如桂米如金。长庚到晓空陪月,太岁今年合守心。相与啮毡持汉节,何妨振履出商音。(眉批:总用此事不可解。二公虽远谪,犹宋土也。)孤云倦鸟空来往,自要闲飞不作霖。(眉批:结二句自好。)

一生忧患萃残年,心似惊蚕未易眠。海上偶来期汗漫,苇间犹得见延缘。良医自要经三折,老将何妨败两甄。收取桑榆种梨枣,祝君眉寿似增川。

昔在九江与苏伯固唱和。其略曰："我梦扁舟浮震泽,雪浪横江千顷白。觉来满眼是庐山,倚天无数开青壁。"盖实梦也。昨日又梦伯固手持乳香婴儿示予,觉而思之,盖南华赐物也。岂复与伯固相见于此耶？今得来书,知已在南华相待数日矣。感叹不已,故先寄此诗

扁舟震泽定何时,满眼庐山觉又非。春草池塘惠连梦,上林鸿雁子卿归。水香知是曹溪口,眼净同看古佛衣。不向南华结香火,此生何处是真依。（眉批:又用此事,真不可解。）

追和沈辽赠南华诗

善哉彼上人,了知明镜台。欢然不我厌,肯致远公杯。莞尔无心云,胡为出岫来。一堂安寂灭,卒岁肩苍苔。

曹溪夜观《传灯录》,灯花落一僧字上,口占

山堂夜岑寂,灯下看传灯。不觉灯花落,烨毗一个僧。（眉批:此岂是诗？）

南华老师示四韵,事忙,姑以一偈答之

恶业相缠五十年,常行八棒十三禅。却着衲衣归玉局,自疑身是五通仙。

次韵韶守狄大夫见赠二首

华发萧萧老遂良,自注:褚河南帖云:即日,遂良须发尽白,盖谪长沙时也。一身萍挂海中央。无钱种菜为家业,有病安心是药方。才疏正类孔文举,痴绝还同顾长康。万里归来空泣血,七年供奉殿西廊。自注:迩英阁,在延和殿西廊下。

森森画戟拥朱轮,坐咏梁公觉有神。白傅闲游空诵句,自注:事见白乐天《吴郡诗石记》。拾遗穷老敢论亲。自注:事见子美《赠狄明府诗》。东海莫怀疏受意,西风幸免庾公尘。为公过岭传新唱,催发寒梅一信春。

次韵韶倅李通直二首

一篇泷吏可书绅,莫向长沮更问津。老去常忧伴新鬼,归来且喜是陈人。曾陪令尹苍髯古,又见郎君白发新。回首天涯一惆怅,却登梅岭望枫宸。(眉批:语浅意深,常语而不觉其旧。)

青山只在古城隅,万里归来卜筑初。曾见四山朝鹤驾,更看三李跨鲸鱼。欲从抱朴传家学,应怪中郎得异书。待我丹成驭风去,借君琼佩与霞裾。自注:仆昔为开封幕,先公为赤令,暇日相与论内外丹,且出其丹示仆。今三十年,而见君曲江,同游南华,宿山水间数日,道旧感叹,且劝我卜居于舒,故诗中皆及。

狄韶州煮蔓菁芦菔羹

(眉批:浅近。)

我昔在田间,寒庖有珍烹。常支折脚鼎,自煮花蔓菁。中年失此味,想像如隔生。谁知南岳老,解作东坡羹。中有芦菔根,尚含晓露清。勿语贵公子,从渠嗜膻腥。

李伯时画其弟亮工《旧隐宅图》

乐天早退今安有,摩诘长闲古亦无。五亩自栽池上竹,十年空看辋川图。(眉批:查云:颔联分承起二句。)近闻陶令开三径,应许扬雄寄一区。晚岁与君同活计,如云鹅鸭散平湖。

东坡居士过龙光,求大竹作肩舆,得两竿。南华珪首座方受请为此山长老,乃留一偈院中,须其至授之,以为他时语录中第一问

斫得龙光竹两竿,持归岭北万人看。竹中一滴曹溪水,涨起西江十八滩。

赠岭上老人

(眉批:自幸之词,然亦太浅。)

鹤骨霜髯心已灰,青松合抱手亲栽。问翁大庾岭头住,曾见南迁几个回?

赠岭上梅

梅花开尽百花开,过尽行人君不来。不趁青梅尝煮酒,要看细雨熟黄梅。

余昔过岭而南,题诗龙泉钟上,今复过而北,次前韵

(眉批:用古韵。)

秋风卷黄落,朝雨洗绿净。人贪归路好,节近中原正。下岭独徐行,艰险未敢忘。遥知叔孙子,已致鲁诸生。

过岭二首

暂着南冠不到头,却随北雁与归休。平生不作兔三窟,今古何殊貉一丘。当日无人送临贺,至今有庙祀潮州。(眉批:五、六自好,然不宜自况。)剑关西望七千里,乘兴真为玉局游。

七年来往我何堪,又试曹溪一勺甘。梦里似曾迁海外,醉中不觉到江南。波生濯足鸣空涧,雾绕征衣滴翠岚。谁遣山鸡忽惊起,半岩花雨落毵毵。(眉批:结言机心已尽,不必相猜之意,非写景也。)

过岭寄子由

投章献策谩多谈,能雪冤忠死亦甘。一片丹心天日下,数行清泪岭云南。光荣归佩呈佳瑞,瘴疠幽居弄晚岚。从此西风庾梅谢,却迎谁与马毵毵。

卷四十五

古今体诗四十二首

留题显圣寺

渺渺疏林集晚鸦,孤村烟火梵王家。幽人自种千头橘,远客来寻百结花。浮石已干霜后水,焦坑闲试雨前茶。只疑归梦西南去,翠竹江村绕白沙。

予初谪岭南,过田氏水阁,东南一峰丰下锐上,里人谓之鸡笼山,予更名独秀峰。今复过之,戏留一绝

倚天巉绝玉浮图,肯与彭郎作小姑。独秀江南知有意,要三二别四三壶。
(眉批:此从"六五帝四三王"语化来,然入诗不成句法。)

寄题潭州徐氏春晖亭

瞳瞳晓日上三竿,客向东风竞倚栏。穿竹鸟声惊步武,(眉批:"步武"字腐。)入檐花影落杯盘。勿嫌步月临玄圃,冷笑乘槎向海滩。胜概直应吟不尽,凭君寄与画图看。

乞数珠赠南禅湜老

(眉批:太剽。)

从君觅数珠,老境仗消遣。未能转千佛,且从千佛转。儒生推变化,乾策数大衍。道士守玄牝,龙虎看舒卷。我老安能为,万劫付一喘。嘿坐阅尘界,往来八十反。区区我所寄,蠖缩蚕在茧。适从海上回,蓬莱又清浅。

郁孤台

自注:再过虔州和前韵。

吾生如寄耳,岭海亦闲游。赣石三百里,寒江尺五流。楚山微有瘴,越瘴久无秋。望断横云峤,魂飞咤雪洲。晓钟时出寺,暮鼓各鸣楼。归路迷千嶂,劳生阅百州。不随猿鹤化,甘作贾胡留。只有貂裘在,犹堪买钓舟。

虔守霍大夫、监郡许朝奉见和,复次前韵

大邦安静治,小院得闲游。赣水雨已涨,廉泉春未流。同烹贡茗雪,一洗瘴茅秋。秋思生莼鲙,寒衣待橘洲。扬雄未有宅,王粲且登楼。老景无多日,归心梦几州。敢因逃酒去,端为和诗留。旧箧藏新语,清风自满舟。

赠虔州术士谢晋臣

属国新从海外归,君平且莫下帘帷。前生恐是卢行者,后学过呼韩退之。(眉批:"前生"二句重出。)死后人传戒定慧,生时宿直斗牛箕。(眉批:查云:五、六分承三、四。)凭君为算行年看,便数生时到死时。

虔州景德寺荣师湛然堂

(眉批:直是偈咒。)

卓然精明念不起,兀然灰槁照不灭。方定之时慧在定,定慧照寂非两法。妙湛总持不动尊,默然真入不二门。语息则默非对语,此话要将《周易》论。诸方人人把雷电,不容细看真头面。欲知妙湛与总持,更问江东三语掾。

次韵阳行先

自注:用郁孤台韵。

室空惟法喜,心定有天游。摩诘原无病,须洹不入流。苦嫌寻直枉,坐待

寸田秋。虽未麒麟阁,已逃鹦鹉洲。酒醒风动竹,梦断月窥楼。众谓元德秀,自称阳道州。拔葵终相鲁,辟谷会封留。用舍俱无碍,飘然不系舟。

再用数珠韵赠湜老

(眉批:亦剽。)

嗣宗虽不言,叔宝犹理遣。东坡但熟睡,一夕一展转。南迁昔虞翻,却扫今冯衍。古佛既手提,诸方皆席卷。当年清隐老,鹤瘦龟不喘。和我弹丸诗,百发亦百反。耆年日凋丧,但有犀角茧。时来窥方丈,共笑虎毛浅。

和犹子迟赠孙志举

(眉批:殊嫌冗漫。)

轩裳大炉鞴,陶冶一世人。从横落模范,谁复甘饥贫。可怜方回痴,初不疑嘉宾。颇念怀祖黠,嗔儿与兵姻。失身堕浩渺,投老无涯垠。回看十年旧,谁似数子真。孙郎表独立,霜戟交重闑。深居不汝觌,岂问亲与邻。连枝皆秀杰,英气推伯仁。我从海外归,喜及崆峒春。新年得异书,西郭有逸民。自注:阳行先以《登真隐诀》见借。小孙又过我,欢若平生亲。清诗五百言,句句皆绝伦。养火虽未伏,要是丹砂银。我家六男子,朴学非时新。诗词各璀璨,老语徒周谆。愿言敦宿好,永与竹林均。六子岂可忘,从我屡厄陈。

南禅长老和诗不已,故作《六虫篇》答之

凤凰览德辉,远引不待遣。鹧鸪恋庭宇,倏忽来千转。那将坐井蛙,而比谈天衍。蠹鱼著文字,槁死犹遭卷。老牛疲耕作,见月亦妄喘。东坡方三问,南禅已五反。老人但目击,侍者应足茧。最后《六虫》篇,深寄恨语浅。

明日,南禅和诗不到,故重赋数珠篇以督之二首

未来不可招,已过那容遣。中间见在心,一一风轮转。自从一生二,巧历

莫能衍。不如袖手坐,六用都怀卷。风雷生謦欬,万窍自号喘。诗人思无邪,孟子内自反。大珠分一月,细缏合两茧。累然挂禅林,妙用夫岂浅。

朝来取饭化,乃是维摩遣。全锋虽未露,半藏已曾转。说有陋裴颁,谈无笑王衍。看经聊尔耳,遮眼初不卷。三咤故自醒,一呋何由喘。请归视故楗,静夜珠当反。安居三十年,古衲磨山茧。持珠尚默坐,岂是功用浅。

用前韵再和霍大夫

文字先生饮,自注:谓刘执中。江山清献游。典刑传父老,尊俎继风流。度岭逢梅雨,还家指麦秋。自惭鸿雁侣,争集稻梁洲。野阔横双练,城坚耸百楼。行看凤尾诏,却下虎头州。君意已吴越,我行无去留。归途应食粥,乞米使君舟。

用前韵再和许朝奉

高门元世旧,客路晚追游。清绝闻诗语,疏通岂法流。传家有衣钵,断狱尽春秋。邂逅陪车马,寻芳谢朓洲。凄凉望乡国,得句仲宣楼。(眉批:"邂逅"四句,隔句对法,唐人有此格。)恨赋投湘水,悲歌祀柳州。何如五字律,相与一尊留。更约登尘外,归时月满舟。

用前韵再和孙志举

人众者胜天,天定亦胜人。邓通岂不富,郭解安得贫。惊飞贺厦燕,走散入幕宾。醉眠中山酒,结梦南柯姻。宠辱能几何,悲欢浩无垠。回视人间世,了无一事真。洒扫古玉局,香火通帝阍。我室思无邪,我堂德有邻。所至为乡里,事贤友其仁。之子富经术,蔚如井大春。蜿蟺楚南极,淑气生此民。唱高和自寡,非我谁当亲。譬彼嶰谷竹,翦裁待伶伦。俗学吁可鄙,纸缯配刍银。聊将调痴鬼,亦复争华新。愿子事笃实,浮言扫谵谆。穷通付造物,得丧理本均。期子如太仓,会当发陈陈。

崔文学甲携文见过,萧然有出尘之姿,问之,则孙介夫之甥也。故复用前韵赋一篇示志举

象服盛簪珥,岂是邢夫人。弊衣破冠履,可怜范叔贫。君看崔员外,晚就观国宾。当年颇赫赫,翁妪争为姻。自注:见退之《赠崔员外诗》。蹭蹬阻风水,横斜挂边垠。青衫映白发,今似梅子真。道存百无害,甘守吴市阓。自言总角岁,慈母为择邻。邦人惊似舅,矫矫恶不仁。诗文非他师,家法乃富春。岂非空同秀,为国产隽民。挺然齐鲁生,近出姬姜亲。为文不在多,一颂了伯伦。清诗要锻炼,乃得铅中银。自我迁岭外,七见槐火新。著书已绝笔,一嘿含千谆。蕢桴和苇籥,天节非人均。时时自娱嬉,岂为俗子陈。

戏赠虔州慈云寺鉴老

居士无尘堪洗沐,道人有句借宣扬。窗间但见蝇钻纸,门外惟闻佛放光。遍界难藏真薄相,一丝不挂且逢场。却须重说圆通偈,千眼熏笼是法王。

画车二首

何人画此只轮车,便是当年攲器图。上易下难须审细,左提右挈免疏虞。

(眉批:此首凡近。)

九衢歌舞颂王明,谁恻寒泉独自清。赖有千车能散福,化为膏雨满重城。

(眉批:此首未详。)

虔州吕倚承事年八十三,读书作诗不已,好收古今帖,贫甚至食不足

扬雄老无子,冯衍终不遇。不识孔方兄,但有灵照女。家藏古今帖,墨色照箱筥。饥来据空案,一字不堪煮。枯肠五千卷,磊落相撑拄。吟为蜩蛩声,时有岛可句。为语里长者,德齿敬已古。如翁有几人,薄少可时助。

王子直去岁送子由北归,往返百舍,今又相逢赣上,戏用旧韵作诗留别

米尽无人典破裘,送行万里一邹游。解舟又欲携君去,归舍聊须与妇谋。闻道年来丹伏火,不愁老去雪蒙头。剩买山田添鹤口,庙堂新拜富民侯。

次韵江晦叔二首

人老家何在,龙眠雨未惊。酒船回太白,稚子候渊明。幸与登仙郭,同依坐啸成。小楼看月上,剧饮到参横。

钟鼓江南岸,归来梦自惊。浮云时事改,孤月此心明。雨已倾盆落,诗仍翻水成。二江争送客,木杪看桥横。

次韵江晦叔兼呈器之

横空初不跨鹏鳌,但觉胡床步步高。自注:器之言,尝梦飞,自觉身与坐床皆起空中。一枕昼眠春有梦,扁舟夜渡海无涛。归来又见颠茶陆,自注:往在钱塘,尝语晦叔:陆羽茶颠,君亦然。多病仍逢止酒陶。自注:陶渊明有《止酒》诗,器之少时饮量无敌,今不复饮矣。笑说南荒底处所,只今榕叶下庭皋。

寒食与器之游南塔寺寂照堂

城南钟鼓斗清新,端为投荒洗瘴尘。总是镜空堂上客,谁为寂照镜中人。红英扫地风惊晓,绿叶成阴雨洗春。记取明年作寒食,杏花曾与此翁邻。

器之好谈禅,不喜游山,山中笋出,戏语器之可同参玉版长老,作此诗

丛林真百丈,法嗣有横枝。自注:玉版、横枝,竹笋也。不怕石头路,来参玉版师。聊凭柏树子,与问箨龙儿。瓦砾犹能说,此君那不知。

永和清都观道士童颜鬓发,问其年,生于丙子,盖与予同,求此诗

镜湖敕赐老江东,未似西归玉局翁。鼓枕未容春梦断,清都宛在默存中。每逢佳境携儿去,试问行年与我同。自笑余生消底物,半篙清涨百滩空。自注:予与刘器之同发虔州,江水忽清涨丈余。赣石三百里,无一见者。至永和,器之解舟先去,予独游清都,作此诗。

赠诗僧道通

雄豪而妙苦而腴,(眉批:是何言语?)只有琴聪与蜜殊。自注:钱塘僧思聪,总角善琴,后舍琴而学诗,复弃诗而学道。其诗似皎然而加雄放。安州僧仲殊诗,敏捷立成,而工妙绝人远甚,殊辟谷,常啖蜜。语带烟霞从古少,自注:李太白云:他人之文,如山无烟霞,春无草木。气含蔬笋到公无。自注:谓无酸馅气也。香林乍喜闻薝卜,古井惟惭断辘轳。为报韩公莫轻许,从今岛可是诗奴。

张竞辰永康所居万卷堂

(眉批:亦殊浅易。)

君家四壁如相如,卷藏天禄吞石渠。岂惟邺侯三万轴,家有世南行秘书。儿童拍手笑何事,笑人空腹谈经义。未许中郎得异书,且与扬雄说奇字。清江萦山碧玉环,下有老龙千古闲。知君好事家有酒,化为老人夜扣关。留侯之孙书满腹,玉函宝方何用读。濠梁空复五车多,圯上从来一编足。

刘壮舆长官是是堂

(眉批:太涉理路。)

闲燕言仁义,是非安可无。非非义之属,是是仁之徒。非非近乎讪,是是近乎谀。当为感麟翁,善恶分锱铢。抑为阮嗣宗,臧否两含糊。刘君有家学,三世道益孤。陈古以刺今,纲史行天诛。皎皎大明镜,百陋逢一姝。鹗立时四

顾,何由扰群狐。作堂名是是,自说行坦途。孜孜称善人,不善自远徂。愿君置座右,此语禹所谟。

绝　句

(眉批:小有情致,然不似东坡吐属。)

柴桑春晚思依依,屋角鸣鸠雨欲飞。昨日已收寒食火,吹花风起却添衣。

梦中绝句

(眉批:亦不似东坡语。)

楸树高花欲插天,暖风迟日共茫然。落英满地君方见,惆怅春光又一年。

予昔作《壶中九华》诗,其后八年复过湖口,则石已为好事者取去,乃和前韵以自解云

江边阵马走千峰,问讯方知冀北空。尤物已随清梦断,自注:刘梦得以九华为造物一尤物。真形犹在画图中。自注:道藏有《五岳真形图》。归来晚岁同元亮,却扫何人伴敬通。赖有铜盆修石供,仇池玉色自璁珑。自注:家有铜盆贮仇池石,正绿色,有洞水达背。予又尝以怪石供佛印师,作《怪石供》一篇。

次韵郭功甫观予画雪雀有感二首

早知臭腐即神奇,(眉批:起句粗。)海北天南总是归。九万里风安税驾,云鹏今悔不卑飞。

可怜倦鸟不知时,空羡骑鲸得所归。玉局西南天一角,万人沙苑看孤飞。

次韵法芝举旧诗一首

春来何处不归鸿,非复赢牛踏旧踪。但愿老师真似月,谁家瓮里不相逢。

次旧韵赠清凉长老

过淮入洛地多尘,举扇西风欲污人。但怪云山不改色,岂知江月解分身。安心有道年颜好,遇物无情句法新。送我长芦舟一叶,笑看雪浪满衣巾。

睡起,闻米元章冒热到东园送麦门冬饮子

一枕清风直万钱,无人肯买北窗眠。开心暖胃门冬饮,(眉批:竟是药店榜子。)知是东坡手自煎。

梦中作寄朱行中

(眉批:故隐其词,如格格不吐者然,然殊有古意。非《风月堂诗话》注明此诗,殆不可解,是以诵诗读书,必知其人论其世。)

舜不作六器,谁知贵玙璠。哀哉楚狂士,抱璞号空山。相如起睨柱,头璧与俱还。何如郑子产,有礼国自闲。虽微韩宣子,鄙夫亦辞环。至今不贪宝,凛然照尘寰。

答径山琳长老

与君皆丙子,各已三万日。一日一千偈,电往那容诘。大患缘有身,无身则无疾。平生笑罗什,神咒真浪出。

此一卷皆冗漫浅易之作,盖至是而菁华竭矣。

卷四十六

今体诗六十五首

(眉批：馆阁之诗,限于体制,虽东坡亦无所见长。)

春帖子词

皇帝阁六首

霭霭龙旗色,琅琅木铎音。数行宽大诏,四海发生心。

旸谷宾初日,清台告协风。愿如风有信,长与日俱中。

草木渐知春,萌芽处处新。从今八千岁,合抱是灵椿。

圣主忧民未解颜,天教瑞雪报丰年。苍龙挂阙农祥正,老稚相呼看藉田。

昨夜东风入律新,玉关知有受降人。圣恩与解河湟冻,得共中原草木春。

翰林职在明光里,行乐诗成拜舞中。不待惊开小桃杏,始知天子是天公。

太皇太后阁六首

雕刻春何力,欣荣物自知。发生虽有象,覆载本无私。

小殿黄金榜,珠帘白玉钩。一声双日跸,春色满皇州。

仗下春朝散,宫中昼漏稀。两厢休侍御,应下读书帏。

五日占云十日风,忧勤终岁为三农。春来有喜何人见,好学神孙类祖宗。

共道十年无腊雪,且欣三白压春田。尽驱南亩扶犁手,稍发中都朽贯钱。

不独清心能省事,应缘克己自销兵。传闻塞外千君长,欲趁新年贺太平。

皇太后阁六首

宝册琼瑶重,新庭松桂香。雪消春未动,碧瓦丽朝阳。

瑞日明天仗,仙云拥寿山。猗兰春昼永,金母在人间。

朝罢金铺掩，人间宝瑟尘。欲知慈俭德，书史乐青春。

仙家日月本长闲，送腊迎春亦偶然。翠管银罂传故事，金花彩胜作新年。

肜史年来不绝书，三朝德化妇承姑。宫中侍女减珠翠，雪里贫民得裤襦。

边庭无事羽书稀，闲遣词臣进小诗。共助至尊歌喜事，今年春日得春衣。

皇太妃阁五首

苇桃犹在户，椒柏已称觞。岁美风先应，朝回日渐长。

甲观开千柱，飞楼擢九层。雪残乌鹊喜，翔舞下觚棱。

孝心日奉东朝养，俭德应师大练风。太史新年瞻瑞气，四星明润紫宫中。

九门挂月未催班，清禁风和玉漏闲。崇庆早朝银烛下，佩环声在五云间。

东风弱柳万丝垂，的皪残梅尚一枝。茧馆乍欣蚕浴后，禖坛犹记燕来时。

夫人阁四首

彩胜镂新语，酥盘滴小诗。升平多乐事，应许外庭知。

细雨晓风柔，春深入御沟。已漂新荇没，犹带断冰流。

扶桑初日映帘升，已觉铜瓶暖不冰。七种共挑人日菜，千枝先剪上元灯。

雪消鸳瓦已流澌，风暖犀盘尚镇帷。缥缈紫箫明月下，壁门桂影夜参差。

端午帖子词

皇帝阁六首

盛德初融后，潜阴未姤时。侍臣占易象，明两作重离。

采秀撷群芳，争储百药良。太医初荐艾，庶草验蕃昌。

微凉生殿阁，习习满皇都。试问吾民愠，南风为解无。

西槛新来玉宇风，侍臣茗碗得雍容。庭槐似识天颜喜，舞破清阴作两龙。

讲余交翟转回廊，始觉深宫夏日长。扬子江心空百炼，只将《无逸》鉴兴亡。

一扇清风洒面寒，应缘飞白在冰纨。坐知四海蒙膏泽，沐浴君王德似兰。

太皇太后阁六首

渐台通翠浪，暑殿转清风。帘卷东朝散，金乌未遽中。

日永蚕收簇,风高麦上场。朝来耤田令,菰黍献时芳。

舞羽诸羌伏,销兵万汇苏。只应黄纸诰,便是赤灵符。

令节陈诗岁岁新,从官何以寿吾君。愿储医国三年艾,不作沉湘《九辩》文。

忠臣谅节今千岁,孝女孤风满四方。不复巫阳占郢梦,空余仲御扣《河章》。

长养恩深动植均,只忧贪吏尚残民。外廷已拜枭羹赐,应助吾君去不仁。

皇太后阁六首

露簟琴书冷,雕盘餐饵新。深宫犹畏日,应念暑耘人。

万岁菖蒲酒,千金琥珀杯。年年行乐处,新月挂池台。

翠筒初裹楝,芗黍复缠菰。水殿开冰鉴,琼浆冻玉壶。

秘殿扶疏夏木深,雨余初有一蝉吟。应将嬴女乘鸾扇,更助南风长棘心。

上林珍木暗池台,蜀产吴包万里来。不独櫑中见卢橘,时于粽里得杨梅。

闽楚遗风万古情,沅湘旧俗到金明。翠舆黄伞何时幸,画鹢飞凫尽日横。

皇太妃阁五首

午景帘栊静,薰风草木酣。谁知恭俭德,彩缕出亲蚕。

雨细方梅夏,风高已麦秋。应怜百花尽,绿叶暗红榴。

辟兵已佩灵符小,续命仍紫彩缕长。不为祈禳得天助,要令风俗乐时康。

玉盆沉李滟清泉,金鸭嘘空袅细烟。自有梧楸障畏日,仍欣麦黍报丰年。

良辰乐事古难同,绣茧朱丝奉两宫。仁孝自应禳百沴,艾人桃印本无功。

夫人阁四首

肃肃槐庭午,沉沉玉漏稀。皇恩乐佳节,斗草得珠玑。

节物荆吴旧,娱游禁掖闲。仙风随画筵,拜赐落人间。

五彩萦筒秫稻香,千门结艾鬓髾张。旋开宝典寻风物,要及灵辰共祓禳。

欲晓铜瓶下井栏,铿锽金殿发清寒。似闻人世南风热,日上墙东问几竿。

兴龙节集英殿宴口号

臣闻帝武造周,已兆兴王之迹;日符祚汉,实开受命之祥。非天私我有邦,惟圣乃作神主。仰止诞弥之庆,集于建丑之正。瑞玉旅庭,爰讲比邻之好;虎臣在泮,复通西域之琛。式燕示慈,与人均福。恭惟皇帝陛下,睿思冠古,濬哲自天。焕乎有文,日讲六经之训;述而不作,思齐累圣之仁。夷夏宅心,神人协德。卜年七百,方过历以承天;有臣三千,咸一心而戴后。彤庭振万,玉座传觞。诵干戈载戢之诗,作君臣相悦之乐。斯民何幸,白首太平。猥以微生,亲逢盛日。始庆猗兰之会,愿赓《击壤》之音。下采民言,上陈口号。

凛凛重瞳日月新,四方惊喜识天人。共知若木初升旦,且种蟠桃莫计春。请吏黑山归属国,给扶黄发拜严宸。紫皇应在红云里,试问清都侍从臣。

又兴龙节集英殿宴口号

臣闻天所眷命,生而神灵。惟三代受命之符,萃于兹日;实万世无疆之福,延及我民。候南极之祥辉,交北邻之瑞节。同趋镐燕,争颂华封。恭惟皇帝陛下,稽古温文,乘乾刚粹。体生知而犹学,藏妙用于何言。故得六圣承休,三灵眷佑。德隆星晷,齐六符而泰阶平;河行地中,锡九畴而彝伦正。属诞弥之令旦,履长发之嘉祥。凤设九宾于庭,遍舞六代之乐。日无私于临照,葵藿自倾;天有信于发生,勾萌必达。臣等滥尘法部,获造彤墀。下采民言,得三万里之谣诵;登歌寿斝,以八千岁为春秋。不度芜音,敢进口号。

风卷云舒合两班,曈曈瑞日映天颜。观书已获千秋镜,积德长为万岁山。腊雪未消三务起,壬人不用五兵闲。相逢父老争相贺,却笑华胥是梦间。

坤成节集英殿宴口号

臣闻视履考祥,既占怀月之梦;对时育物,必有继天之功。方大火之西流,属阴灵之既望。帝于是日,诞降仁人。意使斯民,咸归寿域。共庆千秋之遇,得生二圣之朝。式燕示慈,与民同乐。恭惟皇帝陛下,文思天纵,濬哲生知。力行汤禹之仁,常恐一夫之不获;躬蹈曾闵之孝,故得万国之欢心。恭惟太皇太后陛下,道契天人,德超载籍。知人则哲,盖帝尧之所难;修已安民,虽虞舜其犹病。风云从而万物睹,日月照而四时行。自然动植之咸安,莫知天地之何力。三宫交庆,群后骏奔。宝邻通四牡之欢,航海致重译之赆。洞庭九奏,始识咸池之音;灵岳三呼,共献后天之祝。臣等叨居法部,辄采民言。上渎宸聪,敢陈口号。

三朝遗老九门前,又见承平大有年。文母忧勤初化俗,曾孙仁孝已通天。史书元祐三千牍,乐奏坤成第一篇。欲采蟠桃归献寿,蓬莱清浅半桑田。

斋日口号

旋复阴阳,配五支于六干;诞弥岁月,与元日为三申。神后降庆于当年,曾孙效诚于兹旦。不烦巧力,自契真符。道俗欢谣,天人协应。太皇太后陛下,功高任姒,德配唐虞。上推顾托之心,下布仰成之政。宝慈与俭,蹈光宪之成规;却狄安邦,袭武烈之余庆。三朝顺履,万寿维新。虽绛县之老人,难穷甲子;如楚南之灵木,莫计春秋。臣贱等草茅,心倾葵藿。采民讴于《击壤》,效乐语之陈诗。

娲皇得道自神仙,金母长生不计年。甲子会逢三朔旦,岁星行看两周天。消兵渐觉腰无犊,种德方知福有田。彤管何人书后会,椒花椿颂一时编。

集英殿春宴口号

臣闻人和则气和,故王道得而四时正;今乐犹古乐,故民心悦而八音平。幸此圣朝,陶然化国。饧三农于保介,维莫之春;兴五福于太平,既醉以酒。恭惟皇帝陛下,乘乾有作,出震无私。宪章六圣之典谟,斟酌百王之礼乐。天方祚于舜孝,人已诵于尧言。故得彝伦叙而水土平,北流轨道;壬人退而蛮夷服,西旅在庭。稍宽中昃之忧,一均湛露之泽。方将曲蘖群贤而恶旨酒,鼓吹六艺而放郑声。虽《白雪阳春》,莫致天颜之一笑;而献芹负日,各尽野人之寸心。臣猥以贱工,叨尘法部。幸获望云之喜,敢陈《击壤》之音。不揆芜才,上进口号。

万人歌舞乐芳辰,长养恩深第四春。令下风雷常有信,时来草木岂知仁。璇玑已正三阶泰,玉琯初知九奏均。更欲年年同此乐,故应相继得元臣。

紫宸殿正旦口号

臣闻行夏之时,正莫加于人统;采周之旧,王方在于镐京。惟吉月之布和,休庶工而未作。使华远集,邻好交修。萃簪笏于九门,来车书于万里。将兴嗣岁,以乐太平。恭惟皇帝陛下,躬履至仁,诞膺眷命。法天地四时之运,民日用而不知;传祖宗六圣之心,我无为而自化。九德咸事,三年有成。始御八音之和,以临元日之会。人神相庆,夷夏来同。臣等忝与贱工,得亲壮观。知舆情之愿颂,顾盛德之难形。不度荒芜,敢进口号。

九霄清跸一声雷,万物欣荣意已开。晓日自随天仗出,春风不待斗杓回。行看菖叶催耕耤,共喜椒花映寿杯。欲识太平全盛事,振振鹓鹭满云台。

集英殿秋宴口号

臣闻天无言而四时成,圣有作而万物睹。清净自化,虽仰则于帝心;岂弟不回,亦俯同于众乐。属此九秋之候,粲然万宝之成。吾王不游,何以劳农而休老;君子如喜,则必大烹以养贤。恭惟皇帝陛下,孝通神明,仁及草木。行尧、禹之大道,守成、康之小心。华夷来同,天地并应。以为福莫大于无事,瑞莫加于有年。南极呈祥,候秋分而老人见;西夷慕义,涉流沙而天马来。嘉与臣工,肃陈燕俎。礼元侯于三夏,谐庶尹于九成。宣示御觞,耸近臣之荣观;胪传天语,溢两庑之欢声。臣等亲觏昌辰,叨尘法部。采谣言于《击壤》,助蒙瞍之陈诗。仰奉威颜,敢进口号。

霜霏碧瓦尚生烟，日泛彤庭已集仙。霭霭四门多吉士，熙熙万国屡丰年。高秋爽气明宫殿，元祐和声入管弦。菊有芳兮兰有秀，从臣谁和《白云篇》。

黄楼口号

百川反壑，五稼登场。初成百尺之楼，适及重阳之会。高高下下，既休畚锸之劳；岁岁年年，共睹茱萸之美。恭惟知府学士，民人所恃，忧乐以时。度余力而取羡材，因备灾而成胜事。起东郊之壮观，破西楚之淫名。宾客如云，来四方之豪杰；鼓钟殷地，竦万目之观瞻。实与徐民，长为佳话。

一新柱石壮严闉，更值西风落帽辰。不用游从夸燕子，直将气焰压波神。山川尚绕当时国，城郭犹飘广陌尘。谁凭阑干赏风月，使君留意在斯民。

赵倅成伯母生日口号

昔年占梦，适当重九之佳辰；今日献香，愿祝大千之遐算。庆妇姑之同日，杂茱萸以称觞。杀鸡已效于庞公，剪发敢资于陶母。但某叨居乐部，忝预年家。不度芜材，上尘口号。

今朝寿酒泛黄花，郁郁葱葱气满家。愿得唐儿舞一曲，莫嫌国小向长沙。

王氏生子口号

人中五日，知织女之暂来；海上三年，喜花枝之未老。事协紫衔之梦，欢倾白发之儿。好人相逢，一杯径醉。伏以某人女郎，苍梧仙裔，南海贡余。怜谢端之早孤，潜炊相助；叹张镐之没兴，遇酒辄欢。采杨梅而朝飞，攀青莲而暮返。长新玉女之年貌，未厌金膏之扫除。万里乘桴，已慕仲尼而航海；五丝绣凤，将从老子以俱仙。东坡居士，尊俎千峰，笙簧万籁。聊设三山之汤饼，共倾九酝之仙醪。寻香而来，藉天风之引步；此兴不浅，炯江月之升楼。

罗浮山下已三春,松笋穿阶昼掩门。太白犹逃水仙洞,紫箫来问玉华君。天容水色聊同夜,发泽肤光自鉴人。万户春风为子寿,坐看沧海起扬尘。

寒食宴提刑口号

良辰易失,四者难并。故人相逢,五斗径醉。况中年离合之感,正寒食清明之间。时乎不可再来,贤者而后乐此。恭惟提刑学士,才本天授,学为人师。事业存乎斯民,文章盖其余事。望之已试于冯翊,翁子暂还于会稽。知府学士,接好邻邦,缔交册府。莫逆之契,义等于天伦;不腆之辞,意勤于地主。力讲两君之好,可无七字之诗。欲使异时,传为盛事。

云间画鼓叠春雷,千骑寻芳戏马台。半道已逢山简醉,万人争看谪仙来。淮西按部威尤凛,历下怀仁首重回。还把去年留客意,折花临水更徘徊。

卷四十七

古今体诗六十二首①

戏足柳公权联句

宋玉对楚王："此独大王之雄风也,庶人安得而共之?"讥楚王知己而不知人也。柳公权小子与文宗联句,有美而无箴,故为足成其篇云。

人皆苦炎热,我爱夏日长。薰风自南来,殿阁生微凉。一为居所移,苦乐永相忘。愿言均此施,清阴分四方。（眉批:存此一段道理则可,诗则未佳。）

送 别

鸭头春水浓如染,水面桃花弄春脸。衰翁送客水边行,沙衬马蹄乌帽点。（眉批:前四句是诗余。）昂头问客几时归,客道秋风黄叶飞。系马绿杨开口笑,傍山依约见斜晖。

寄周安孺茶

大哉天宇内,植物知几族。灵品独标奇,迥超凡草木。名从姬旦始,渐播《桐君录》。赋咏谁最先？厥传惟杜育。唐人未知好,论著始于陆。常李亦清流,当年慕高躅。遂使天下士,嗜此偶于俗。岂但中土珍,兼之异邦鬻。鹿门有佳士,博览无不瞩。邂逅天随翁,篇章互赓续。开园颐山下,屏迹松江曲。有兴即挥毫,粲然存简牍。伊予素寡爱,嗜好本不笃。粤自少年时,低徊客京毂。虽非曳裾者,庇荫或华屋。颇见纨绮中,齿牙厌粱肉。小龙得屡试,粪土

---

① 实录六十四首。

视珠玉。团凤与葵花,碔砆杂鱼目。贵人自矜惜,捧玩且缄椟。未数日注卑,定知双井辱。于兹事研讨,至味识五六。自尔入江湖,寻僧访幽独。高人固多暇,探究亦颇熟。闻道早春时,携籝赴初旭。惊雷未破蕾,采采不盈掬。旋洗玉泉蒸,芳馨岂停宿。须臾布轻缕,火候谨盈缩。不惮顷间劳,经时废藏蓄。髹筒净无染,箬笼匀且复。苦畏梅润侵,暖须人气奥。有如刚耿性,不受纤芥触。又若廉夫心,难将微秽渎。晴天敞虚府,石碾破轻绿。永日遇闲宾,乳泉发新馥。香浓夺兰露,色嫩欺秋菊。闽俗竞传夸,丰腴面如粥。自云叶家白,颇胜中山醁。好是一杯深,午窗春睡足。清风击两腋,去欲凌鸿鹄。嗟我乐何深,《水经》亦屡读。子咤中泠泉,次乃康王谷。嫫培顷曾尝,瓶罂走僮仆。如今老且懒,细事百不欲。美恶两俱忘,谁能强追逐。姜盐拌白土,稍稍从吾蜀。尚欲外形骸,安能徇口腹。由来薄滋味,日饭止脱粟。外慕既已矣,胡为此羁束。昨日散幽步,偶上天峰麓。山圃正春风,蒙茸万旗簇。呼儿为招客,采制聊亦复。地僻谁我从,包藏置厨簏。何尝较优劣,但喜破睡速。况此夏日长,人间正炎毒。幽人无一事,午饭饱蔬菽。困卧北窗风,风微动窗竹。乳瓯十分满,人世真局促。意爽飘欲仙,头轻快如沐。昔人固多癖,我癖良可赎。为问刘伯伦,胡然枕糟曲。(眉批:此东坡第一长篇,虽非佳作,然一气滔滔,不冗不杂,自是难事。)

颜 阖

(眉批:语意凡近。)

颜阖古有道,躬耕自衣食。区区鲁小邦,不足隐明德。辎车来我门,聘币继金璧。出门应使者,耕稼不谋国。但疑误将命,非敢惮行役。使者反锡命,户庭空履迹。薄俗徇世荣,截趾履之适。所重易所轻,隋珠弹飞翼。伊人畏照影,独往就阴息。鼎俎荐忠贤,谁能死燔炙。念彼藏皮冠,安知获尧客。(眉批:"尧"当作"逃"。)

梦 雪

残杯失春温,破被生夜悄。开门万山白,俯仰同一照。虽时出圭角,固自绝瑕窍。儿童勿惊怪,调汝得一笑。

戏赠田辨之琴姬

流水随弦滑,清风入指寒。坐中有狂客,莫近绣帘弹。

书黄筌画《翎毛花蝶图》二首

短翎长喙喜喧卑,曳练双翔亦自奇。赖有黄鹂斗嬛好,独依藓石立多时。

绿阴青子已愁人,忍见中庭燕麦新。怊怅刘郎今白首,时来看卷觅余春。

(眉批:此首特有情致。)

寒食夜

(眉批:此不似东坡笔墨,有甜熟之气故也。)

漏声透入碧窗纱,人静秋千影半斜。沉麝不烧金鸭冷,淡云笼月照梨花。

和寄天选长官

(眉批:语虽平漫,然确是东坡风格。)

寓形宇宙间,侁我方以老。流光安足恃,百岁同过鸟。顷予紫网罗,文采缘自表。自古山林人,何曾识机巧。但记寒岩翁,论心秋月皎。黄香十年旧,禅学参众妙。虚怀养天和,肯徇奔走闹。(眉批:"肯徇"句俚。)官居职事理,晨起何用早。桐阴满西斋,叱吏供洒扫。眷予东南来,野饭煮芹蓼。葆光既清尚,令尹亦高蹈。相将古寺行,软语颓晚照。(眉批:"颓晚照"谓至晚耳,然语不明了。)公家有畸人,自注:公有族人隐嵩山。虚缘能自保。卜筑嵩山阳,何当从结好。中山饶胜景,一览未易了。何时命巾车,共陟云外峤。翻思筋力疲,不复追踊跳。

（眉批："踊跳"俗。）公诗拟《南山》，雄拔千丈峭。形容逼天真，邂逅识其要。藩篱吾未窥，敢议穷阃奥。（眉批：结得草草，收不住通篇。）

次韵张甥棠美昼眠

炎歊六月北窗凉，更觉甘如饭稻粱。宰我粪墙讥敢避，孝先经笥谑兼忘。（眉批：前四句凡鄙之至。）忧虞心谢知时雁，安稳身同挂角羊。要识熙熙不争竞，华胥别是一仙乡。

陆莲庵

何妨红粉唱迎仙，来伴山僧到处禅。陆地生花安足怪，而今更有火中莲。

书寄韵

已将镜镊投诸地，喜见苍颜白发新。历数三朝轩冕客，色声谁是独完人。

谒敦诗先生因留一绝

凛凛人言君似雪，我言凛凛雪如君。时人尽怪苏司业，不解将钱与广文。

绝句二首

（眉批：二首可观，然不必定是东坡笔。）

峨峨叠石立何孤，赖有萧萧翠竹俱。日暮无人鸥鸟散，空留野水伴寒芦。

漠漠秋高露气清，新蒲倚石近溪生。夜来雨后西风急，静向窗前似有声。

春　夜

春宵一刻值千金，花有清香月有阴。歌管楼台声细细，秋千院落夜沉沉。

醉睡者

有道难行不如醉，有口难言不如睡。先生醉卧此石间，万古无人知此意。

（眉批：俚句。）

数日前梦人示余一卷文字，大略若谕马者用"吃蹶"两字，梦中甚赏之，觉而忘其余，戏作数语足之

天骥虽老，举鞭脱逸。交驰蚁封，步中衡石。旁睨驽骀，丰肉灭节。徐行方轨，动辄吃蹶。天资相绝，未易致诘。

村醪二尊献张平阳三首

（眉批：真迹未必不偶存，而伪迹正复不少。贾人射利，百巧竞出，未可遽言为逸作。况集中既已不载，又安知非芟弃之余乎？一概收之以炫博，未可谓之真识也。）

万户春浓酒似油，想须百瓮到床头。主人日饮三千客，应笑穷官送督邮。

诗里将军已筑坛，后来裨将欲登难。（眉批：俚甚。）已惊老健苏梅在，更作风流王谢看。□出定知书满腹，瘦生应为语雕肝。□□洒落江山外，留与人间激懦官。

张公高躅不可到，我欲挽肩才觉难。（眉批：浅拙乃尔，何以嫁名于东坡！）事业已归前辈录，典刑留与后人看。诗如啄雪清牙颊，身觑飞龙吐胆肝。少负清名晚方用，白头翁竟作何官。

失　题

（眉批：依托之作。）

独鹤南飞送好音，山中桥梓共成阴。深衣伛偻如初命，卮酒从容向晚斟。城里谁家开寿域，堂东多士作儒林。清霜未落黄花在，笑折高枝绕鬓簪。

题王维画

（眉批：此亦依托。乍看似是，再玩则非矣。）

摩诘本词客，亦自名画师。平生出入辋川上，鸟飞鱼泳嫌人知。山光盎盎

著眉睫,水声活活流肝脾。行吟坐咏皆自见,飘然不作世俗辞。高情不尽落缣素,连山绝涧开重帷。百年流落存一二,锦囊玉轴酬不赀。谁令食肉贵公子,不觉祖父驱熊罴。细毡净几读文史,落笔璀璨传新诗。青山长江岂君事,一挥水墨光淋漓。手中五尺小横卷,天末万里分毫厘。谪官南出止均颍,此心通达无不之。归来缠裹任纨绮,天马性在终难羁。人言摩诘是初世,欲从顾老痴不痴。桓公崔公不可与,但可与我宽衰迟。自注:桓元尝窃长康画,崔圆尝使摩诘画壁。

安平泉

策杖徐徐步此山,拨云寻径兴飘然。凿开海眼知何代,种出菱花不计年。烹茗僧夸瓯泛雪,炼丹人化骨成仙。当年陆羽空收拾,遗却安平一片泉。

和张均题峡山

孤舟转岩曲,古寺出云坳。岸迫鸟声合,水平山影交。堂虚泉漱玉,砌静笋遗苞。我为图名利,无因此结茅。

题女唱驿

揽辔金房道,崎岖难具陈。浮岚常作雨,冷气不知春。少见宽平路,多逢臃肿民。欲知何处远,巫峡是西邻。

溪堂留题

三径萦回草树蒙,忽惊初日上千峰。平湖种稻如西蜀,高阁连云似渚宫。残雪照山光耿耿,轻冰笼水暗溶溶。溪边野鹤冲人起,飞入南山第几重。

新葺小园二首

(眉批:二首却甚似。)

短竹萧萧倚北墙,斩茅披棘见幽芳。使君尚许分池绿,邻舍何妨借树凉。亦有杏花充窈窕,更烦莺舌奏铿锵。身闲酒美谁来劝,坐看花光照水光。

三年辄去岂无乡,种树穿池亦漫忙。暂赏不须心汲汲,再来惟恐鬓苍苍。应成庾信吟枯柳,谁记山公醉夕阳。去后莫忧人剪伐,西邻幸许庇甘棠。

与李彭年同送崔岐归二曲,马上口占

霜干木落爱秦川,兴发身轻逐鸟翩。(眉批:"翩"字悬脚。)贪看暮山忘远近,强陪羽客更留连。貂裘犯雪观形胜,骏马随鹰搏野鲜。为问南溪李夫子,壮心应未逐流年。

二月十六日,与张、李二君游南溪,醉后相与解衣濯足,因咏韩公《山石》之篇,慨然知其所以乐,而忘其在数百年之外也,次其韵

(眉批:老健,非东坡不办。)

终南太白横翠微,自我不见心南飞。行穿古县并山麓,野水清滑溪鱼肥。须臾渡溪踏乱石,山光渐近行人稀。穷探愈好去愈锐,意未满足枵如饥。忽闻奔泉响巨硙,隐隐百步摇窗扉。跳波溅沫不可向,散为白雾纷霏霏。醉中相与弃拘束,顾劝二子解带围。褰裳试入插两足,飞浪激起冲人衣。君看麋鹿隐丰草,岂羡玉勒黄金鞿。人生何以易此乐,天下谁肯从我归。

送虢令赵荐

嗟我去国久,得君如得归。今君舍我去,从此故人稀。不惜故人稀,但恐晤语非。西方佳人子,佩服贝与玑。宛兮若处女,未始识户扉。何必识户扉,潜玉有光辉。

亡伯提刑郎中挽诗二首,甲辰十二月八日凤翔官舍书

才贤世有几,廊庙忍轻遗。公在不早用,人今方见思。故山松郁郁,旧史

印累累。惟有同乡老,闻名尚涕洟。

挥手东门别,朱颜鬓未霜。至今如梦寐,未信有存亡。后事书千纸,新坟天一方。谁能悲楚相,抵掌悟君王。

谢张太原送蒲桃

冷官门户日萧条,亲旧音书半寂寥。惟有太原张县令,年年专遣送蒲桃。

读《晋史》

沧海横流血作津,干戈角出竞称真。中原岂是无豪杰,天遣群雄杀晋人。

(眉批:此真传奇中语,何以入之诗集。)

读《王衍传》

文非经国武非英,终日虚谈取盛名。至竟开门延敌寇,始知清论误苍生。

读后魏《贺狄干传》

外敌争雄宇内残,文风犹自到长安。当时枉被诗书误,惟有鲜卑贺狄干。

入　馆

黄省文书分道山,静传钟鼓建章闲。天边玉树西风起,知有新秋到世间。

(眉批:末二句自佳。)

赠蔡茂先

(眉批:此似东坡不经意作。)

京城三日雨留人,吴市门前访子真。赤脚长须俱好事,新诗软语坐生春。邺侯久有牙签富,太史犹探禹穴新。不惜为君挥尺素,却忧善守备三邻。

送司勋子才丈赴梓州

（眉批：纯入香山门径，然细看却是东坡应酬诗。）

别日已苦迫，见日未可期。曷不惜此日，相从把酒卮。人生初甚乐，譬若枰上棋。纵横听汝手，聚散岂吾知。胡为复嗟叹，实恨相识迟。念昔非亲旧，闻名自童儿。不见常隐忧，见之百忧披。相从未云儿，别泪遽已垂。有如云间鹤，影过落寒池。举头已千里，可见不可追。我本蜀诸生，能言公少时。初为成都掾，治狱官苦卑。高才绝伦辈，邦伯忘等夷。是时最少年，白皙未有髭。风流能痛饮，敏捷好论诗。勇于鞲上鹰，不啻囊中锥。去蜀曾未久，得县复来眉。薄书纷满前，指画涣无疑。一年吏已服，渐能省鞭笞。二年民尽信，不复烦文移。三年厌闲寂，终日事桐丝。客来投其辖，醉倒不容辞。至今三十年，父老犹嗟咨。东川晚乃至，观者塞路岐。但见东人喜，不知西人悲。如今又继往，人事亦何奇。嗟此信偶然，或云数使之。王城多高爵，要路人争驰。公来席未暖，去不渐晨炊。屡为蜀人得，毋乃天见私。吾徒本学道，穷达理素推。况为二千石，所至可乐嬉。细思为县日，宾友存者谁。或终卧茅屋，或去悬金龟。或已登鬼籍，墓木如门楣。感时何倏忽，抚旧应涕洟。紫绶著更好，红颜蔚不衰。权奇玉勒马，阿那胡琴姬。逢人可与乐，慎勿苦相思。

送宋君用游辇下

（眉批：东坡诗如此汗漫者有之，然无如此细碎作法。）

暴雨涨荒溪，尺水生洪流。中有泼泼鲤，泛然方快游。安知赤日烁，沸浪生浮沤。石密岸狭束，鳞鬣窘若囚。一失在藻乐，遂有辙鲋忧。誓将泛江湖，雪此煦沫羞。江湖与荒溪，巨细虽不侔。此流彼之派，联接讵阻修。超然奋跃去，势若鹰离鞲。浮沉谢群蛙，窟穴依长洲。洗刷沮洳泥，被服白纹裘。谁知岁月久，涌浪生咽喉。赖尔溪中物，虽困有远谋。不似沼沚间，四合狱万鳅。纵知有江湖，绵绵隔山丘。人生岂异此，穷达皆有由。吾乡广平君，少与轻薄游。堆金等屋梁，穛穬百顷秋。朝筵罗红颜，夜庖炙肥牛。落魄穷书生，多以金帛收。高赀一朝尽，里巷谁青眸。儿女号饥寒，亲友寡馈䬳。中夜起长叹，慷慨商声讴。我非田农家，安能事锄耰。又非将帅种，不惯挥戈矛。平生负壮气，岂可遂尔休。今我中丞公，位隆职兼优。官爵连九族，一门千骅骝。虽云富贵殊，敢以贫贱投。姻戚苦未远，我困岂我雠。八月秋风高，驾言动轻辀。将行来告别，求赠安敢廋。嗟子穷已甚，倚伏理亦周。溪鱼解如此，况子知公侯。马壮仆正健，去去其无留。

咏怪石

（眉批：此真恶札。）

家有粗险石，植之疏竹轩。人皆喜寻玩，吾独思弃捐。以其无所用，晓夕空崭然。砧础则甲斫，砥砚乃枯顽。于缴不可礶，以碑不可镌。凡此六用无一取，令人争免长物观。谁知兹石本灵怪，忽从梦中至吾前。初来若奇鬼，肩股何屡颜。渐闻碻磝声，久乃辨其言。云我石之精，愤子辱我欲一宣。天地之生我，族类广且蕃。子向所称用者六，星罗雹布盈溪山。伤残破碎为世役，虽有小用乌足贤。（眉批：此样凑泊，岂东坡所肯为？）如我之徒亦甚寡，往往挂名经史间。居海岱者充禹贡，雅与铅松相差肩。处魏榆者白昼语，意欲警惧骄君悛。或在骊山拒强秦，万牛喘汗力莫牵。或从扬州感庐老，代我问答多雄篇。子今我得岂无益，震霆凛霜我不迁。雕不加文磨不莹，子盍节概如我坚。以是赠子岂不伟，何必责我区区焉。吾闻石言愧且谢，丑状欻去不可攀。骇然觉坐想其语，勉书此诗席之端。

题西湖楼

少年过了未衰颜，正在悲欢季孟间。细雨溟蒙湖上寺，东风摇荡酒中山。（眉批：第四句好。）千金用尽终须老，百计寻思不似闲。醉里下楼知早晚，喧喧扶路笑歌还。

题双竹堂壁

江上樯竿一百尺,山中楼台十二重。山僧楼上望江上,遥指樯竿笑杀侬。

风水洞闻二禽

林外一声青竹笋,坐间半醉白头翁。春山最好不归去,惭愧春禽解劝侬。

法惠小饮,以诗索周开祖所作

立著巫娥多少时,安排云雨待清词。酒酣鲁叟频相忆,曲罢周郎尚不知。海鹘无踪飞过速,云龙有报发来迟。从今莫入寻春会,为欠梅花一首诗。

次韵陈时发太博双竹

千年谁复继夷齐,凛凛箱筠此斗奇。要识苍龙联蜕意,拟容丹凤宿凰枝。扶持有伴雪应怕,裁剪无人风自吹。莫遣骚人说连理,君看高节孰如雌。

周夫人挽词

教子通经古所贤,安贫守道节尤坚。当熊遗烈传家世,投烛诸郎慰眼前。不待金花书诰命,忽惊玉树掩新阡。凯风吹棘君休咏,我亦孤怀一泫然。

天圣二僧皆蜀人,不见留二绝

家山忘了脚腾腾,试作巴谈却解膺。不为游人问乡里,岂知身是锦城僧。

方丈门开怪不迎,给孤邀供未还城。兴来且作寻安道,醉后何须觅老兵。

会饮有美堂,答周开祖湖上见寄

杜牧端来觅紫云,狂言警倒石榴裙。岂知野客青筇杖,独卧山僧白簟纹。且向东皋伴王绩,未遑南越吊终军。新诗过与佳人唱,从此应难减一分。

和吴少卿绝句

欲伴骚人赋百篇,归心要及菊花前。明朝知覆谁家瓿,犹有桓谭道必传。

题沈氏天隐楼

楼上新诗二百篇,三吴处士最应贤。非夷非惠真天隐,忘世忘身恐地仙。散尽黄金犹好客,归来碧瓦自生烟。灵犀美璞无人识,蔚蔚空惊草木妍。

和人登海表亭

谯门对耸压危坡,览胜无如此得多。尽见西山遮岱岭,迥分东野隔新罗。花时千圃堆红锦,雪昼双城叠白波。回首球场尤醒眼,一番风送鉴重磨。

会双竹席上奉答开祖长官

松柏萧萧满故丘,知君怀抱尚悲秋。算来九九无多日,唱著三三忆旧游。皓月徘徊应许共,清诗妙绝不容酬。梅花社燕难相并,莫为吴娘暗泪流。

次韵答开祖

泪滴秋风不为麟,虚名何用实之宾。烝豚未害为纯孝,狸首何妨助故人。好唤游湖缘路便,难邀入社为诗频。知君颇有东山兴,喝石岩前自过春。

北山广智大师回自都下,过期而归。时率开祖、无悔同访之,因留渌净堂竹鹤二绝

渌净堂前竹,秋期赴白云。不知缘底事,一日可无君。
渌净堂前鹤,孤栖守竹轩。胸中无限事,恨汝不能言。

欲往湖州见孙莘老,别公辅、希元、彦远、醇之、穆仲

秋来欲见紫髯翁,待得梅花细萼红。记取上元灯火夜,道人犹在水晶宫。

富阳道中

清晨振衣起,起步方池侧。徘徊俯丹楹,倒影见欹仄。不识陶靖节,定非风尘格。遥怀谢灵运,本自林泉客。予生忽世事,不以形为役。顾彼冕弁人,冕弁非予适。

赠青潍将谢承制

吾皇有意缚单于,槌破铜山铸虎符。骁将新除三十六,精兵共领五千都。周王常德须攘狄,汉帝雄才亦尚儒。君学本兼文武术,功名不必读孙吴。

过潍州驿,见蔡君谟题诗壁上云"绰约新娇生眼底,逡巡旧事上眉尖。春来试问愁多少,得似春潮夜夜添",不知为谁而作也,和一首

长垂玉箸残妆脸,肯为金钗露指尖。万斛闲愁何日尽,一分真态更难添。

卷四十八

古今体诗九十首

黄州春日杂书四绝

楚乡春冷早梅天,柳色波光已斗妍。淮上雁行皆北向,可无消息到侬边。(眉批:在黄州,则淮上不应云"北向"。)

中州腊尽春犹浅,只有梅花最可怜。坐遣牡丹成俗物,丰肌弱骨不成妍。(眉批:此似东坡口吻,但"中州"二字何著?)

清晓披衣寻杖藜,隔墙已见最繁枝。老人无计酬清丽,夜就寒光读《楚辞》。(眉批:亦似。)

病腹难堪七碗茶,晓窗睡起日西斜。贫无隙地栽桃李,日日门前看卖花。(眉批:此不甚似,然自好。)

晚游城西开善院,泛舟暮归二首

晚照余乔木,前村起夕烟。棋声虚阁上,酒味早霜前。远谪何须恨,来游不偶然。风光类吾土,乃是蜀江边。

放船江濑浅,城郭近连村。水槛松筠静,市桥灯火繁。谁家挂鱼网,小舫系柴门。卜筑计未定,何妨试买园。

和人雪晴书事

消尽琼瑶云驭归,余寒犹复助风威。垂帘渐学秋霖滴,满地犹疑夜月辉。冻壤相和开荜户,流澌半释拥苔矶。可怜乌鹊饥无食,日暮空林何所依。

奉酬仲闵食新面汤饼,仍闻籴麦甚盛,因以戏之

初见煌煌秀两岐,俄惊落硙雪霏霏。可烦都尉热成汗,绝胜临淄贫易衣。

尚有清才对风月,未妨便腹贮书诗。知君货殖夸长袖,满籴千箱待一饥。

读仲闵诗卷,因成长句

喜见西风吹麦秋,年年为谊老农忧。沾涂手足经年种,荐载珠玑一倍收。壮齿君能亲稼穑,异时我亦困锄耰。独怜紫竹堂前月,清夜娟娟照客愁。

送酒与崔诚老

雪堂居士醉方熟,玉涧山人冷不眠。送与安州泼醅酒,从今三日是三年。

与郭生游寒溪,主簿吴亮置酒,郭生喜作挽歌,酒酣发声,坐为凄然。郭生言吾恨无佳词,因为略改乐天《寒食》诗歌之,坐客有泣者。其词曰

乌啼鹊噪昏乔木,清明寒食谁家哭。风吹旷野纸钱飞,古墓累累春草绿。棠梨花映白杨路,尽是死生离别处。冥漠重泉哭不闻,萧萧暮雨人归去。

戏作切语竹诗

隐约安幽奥,萧骚雪薮西。交加工结构,茂密渺冥迷。引叶油云远,攒丛聚族齐。奔鞭迸壁背,脱箨吐天梯。烟筱散孙息,高竿拱桷枅。漏阑零露落,庭度独蜩啼。扫洗修纤笋,窥看诘曲溪。玲珑绿醽醴,邂逅盍闲携。

山行见月四言

吟哦傲兀,仰晤岩月。迈巘迎崖,银刌玉啮。源鱼噞喁,岸雁鵾鶂。卧玩我语,聱牙岌嶪。

忆黄州梅花五绝

郏城山下梅花树,腊月江风好在无?争似姑山寻绰约,四时常见雪肌肤。
一枝价重万琼琚,直恐姑山雪不如。尽爱丹铅竞时好,不如风雪养天姝。

虽老于梅心未衰,今朝谁赠楚江枝。旋倾尊酒临清影,正是吴姬一笑时。(眉批:二句自佳。)

不用相催已白头,一生判却见花羞。扬州何逊吟情苦,不枉清香与破愁。

玉琢青枝蕊缀金,仙肌不怕苦寒侵。淮阳城里娟娟月,樊口江边耿耿参。

访散老不遇

君来不遇我,我到不逢君。古殿依修柏,寒花对暮云。

和王定国

离歌添唧唧,古曲拟行行。不作相随燕,空吟久住莺。用戎昱事。萱腾君上马,寂寞我回城。明日东门外,空舟独自横。(眉批:不失古格,亦无新趣。)

试院观伯时画马绝句

竹头抢地风不举,(眉批:鄙俚至极。)文书堆案睡自语。看马欲骤顿风尘,亦思归家洗袍裤。

出局偶书

急景归来早,穷阴晚不开。倾杯不能饮,留待卯君来。

觅俞俊笔

笔工近岁说吴俞,李葛虚名总不如。虽是玉堂挥翰手,自怜白首尚抄书。

鼠须笔

太仓失陈红,狡穴得余鼠。既兴丞相叹,又发廷尉怒。磔肉饲饥猫,分髯杂霜兔。插架刀槊健,落纸龙蛇骛。物理未易诘,时来即所遇。穿墉何卑微,托此得佳誉。(眉批:有东坡规格,而边幅少狭。)

琴　枕

高情闲处任君弹,幽梦来时与子眠。彭泽漫知琴上趣,邯郸深得枕中仙。试寻玉轸抛何处,闲唤香云在那边。平素不须烦按抑,秦娥自解语如弦。

书李宗晟《水帘图》

宗晟一轴《水帘图》,寄与南舒李大夫。未向林泉归得去,炎天酷日且令无。(眉批:拙甚。)

书《龙马图》

先皇御马三千匹,仗下曾骑玉骆骢。金鼎丹成龙亦化,圉人空栈泣西风。

皎然禅师《赠吴凭处士》诗云:"世人不知心是道,只言道在西方妙。还如聋者望长安,长安在东向西笑。"东坡居士代答云

寒时便具热时风,饥汉那知食药功。莫怪禅师向西笑,缘师身在长安东。

灯花一首赠王十六

金粟钗头次第多,起看缺月带斜河。悬知瑞草桥边夜,笑指灯花说老坡。

王晋卿得破墨三昧,又尝闻祖师第一义,故画邢和璞、房次律《论前生图》,以寄其高趣。东坡居士既作《破琴诗》以记异梦矣,复说偈云

(眉批:明说是偈,乃收于集中。)

前梦后梦真是一,彼幻此幻非有二。正好长松水石间,更忆前生后生事。

和芝上人竹轩

洞外复空中,千千万万同。劳师唱竹颂,知是阿谁风。

戏赠秀老

拆却相公庵,泥却驸马竹。天下人总知,流入《传灯录》。(眉批:是何言语?)

和晁美叔老兄

反观皆自直,相诋竟谁谀。事过始堪笑,梦中今了无。珍材尚空谷,瘦马正长途。未识造物意,茫然同一炉。

暮归

牛羊久已下,寂寞掩柴扉。水鹳鸣城堞,飞萤上戟衣。夜凉江海近,天阔斗牛微。何日招舟子,寒江北渡归。

待旦

(眉批:题有脱字。)

梦破山骨冷,扶桑未放晓。披衣坐虚堂,缺月犹皎皎。扬泉漱寒冽,激齿冰雪绕。百体喜坚壮,万象觉清悄。簪履事朝谒,神魂飞窅渺。龛灯蚌珠剖,炉穗玉绳袅。浮念恍已消,真庭谅非杳。须臾霁霞起,赫奕射林表。高树引凉蝉,深枝聒栖鸟。二虫彼何为,逐动自纷扰。悠悠天宇内,岂复论大小。覆盎舞醯鸡,浓昏恣飞绕。定知达观士,方寸常了了。世无陶靖节,此乐知者少。

(眉批:此非东坡不能作。)

约吴远游与姜君弼吃蕈馒头

天下风流笋饼餤,人间济楚蕈馒头。事须莫与缪汉吃,送与麻田吴远游。

除夕访子野食烧芋戏作

松风溜溜作春寒,伴我饥肠响夜阑。牛粪火中烧芋子,山人更吃懒残残。

北归度岭寄子由

青松盈尺间香梅,尽是先生去后栽。应笑来时无一物,手携拄杖却空回。

《鸣泉思》,思君子也。君子抱道且殆,而时弗与,民咸思之。鸣泉故基堙圮殆尽,眉山苏轼搔首踟蹰,作《鸣泉思》以思之

(眉批:颇仿李白,然终是野调。)

鸣泉鸣泉,经云而潺湲。拔为毛骨者修竹,蒸为云气者霏烟。山夔莫能隐其怪,野翟讵敢藏其奸。茅庐肃肃,昔有人焉。其高如山,其清如泉。其心金与玉,其道砥与弦。执德没世,落月入地,英名皎然,阳曦丽天。旧隐寂寂,新篁娟娟。思彼君子,我心如悬。谷鸟在上,岩花炫前。鸣泉鸣泉,使我菀结而华颠。

丰年有高廪诗

颂声歌盛旦,多黍乐丰年。近见藏高廪,遥知熟大田。在畴纷已获,如阜隐相连。《鲁史》详而记,神仓赋且全。(眉批:凡近语。)春人洪蓄积,祖庙享恭虔。圣后忧农切,宜哉报自天。

万菊轩

一轩高为黄花设,富拟人间万石君。佳本尽从方外得,异香多在月中闻。引泉北涧分清露,开径南山破白云。此意欲为知者道,陶翁犹自未离群。

韩幹马

(眉批:此却是东坡笔墨。)

少陵翰墨无形画,韩幹丹青不语诗。此画此诗今已矣,人间驽骥漫争驰。

送煮菜赠包安静先生

野菜此出珍又珍,送与西邻病酒人。便须起来和热吃,不消洗面裹头巾。

沿流馆中得二绝句

(眉批:确是东坡所作。)

淮西功业冠吾唐,吏部文章日月光。千载断碑人脍炙,不知世有段文昌。

李白当年流夜郎,中原无复汉文章。纳官赎罪人何在?壮士悲歌泪万行。

梦中赋裙带

百叠漪漪风皱,六铢继继云轻。植立含风广殿,微闻环佩摇声。

王定国自彭城往南都,时子由在宋幕,求家书,仆醉不能作,独以一绝句与之

王郎西去路漫漫,野店无人霜月寒。泪尽粉笺书不得,凭君送与卯君看。

司命宫杨道士息轩

(眉批:诗虽不佳,然非伪托。)

无事此静坐,一日似两日。若活七十年,浅率。便是百四十。黄金几时成,白发日夜出。开眼三千秋,速如驹过隙。是故东坡老,贵汝一念息。时来登此轩,目送过海席。家山归未能,题诗寄屋壁。

赠黄州官妓

东坡五载黄州住,何事无言及李宜。却似西川杜工部,海棠虽好不吟诗。

六言乐语

桃园未必无杏,银矿终须有铅。荇带岂能拦浪,藕花却解留莲。

题领巾绝句

临池妙墨出元常，弄玉娇姿笑柳娘。吟雪要看惊太傅，断弦何必试中郎。

（眉批：乃试文姬，非试中郎。）

书裙带绝句

任从酒满翻香缕，不愿书来系彩笺。半接西湖横绿草，双垂南浦拂红莲。

虎跑泉

金沙泉涌雪涛香，洒作醍醐大地凉。解妒九天河影白，遥通百谷海声长。僧来汲月归灵石，人到寻源宿上方。更续《茶经》校奇品，山瓢留待羽仙尝。

端砚诗

（眉批：酷摹昌黎，绝无佳处。而正得其不佳者，所谓形骸之外，去之愈远。）

披云离北岩，度岭入中夏。重藉剪楚茅，方函斫英榢。骚坛意莫逆，匠石语□夡。匪垩劳运斤，如带防毁锩。砺□□□，观隅整同厦。津津剖马肝，索索模羊觟。气逼松滋豪，姻联雪涛姹。登堂却蹒跚，饮水何甜閜。守墨面宜黔，含贞口终哑。静惟有寿焉，玷尚可磨也。《鲁史》记获麟，晋帖题裹鲊。供给到唐文，护持等商斝。眉形空爱纤，风字仍嫌哆。载观七八评，咸本六一写。退然敢摩肩，信矣俱出跨。始知尹公他，不媚王孙贾。铭诗与器传，篆刻当碑打。严韵拾子遗，微才任聊且。

张无尽过黄州，徐君猷为守。有四侍人，姓为孙、姜、阎、齐。适张夫人携其一往婿家，既暮复还，乃阎姬也，最为徐所宠，因书绝句云

（眉批：此真张打油矣。）

玉笋纤纤揭绣帘，一心偷看绿萝尖。使君三尺毡头帽，须信从来只有檐。

铜陵县陈公园双池二首

南北山光照绿萝,濯缨洗耳不须多。天空月满宜登眺,看取青铜两处磨。
落帆重到古铜官,长是江风阻往还。要使谪仙回舞袖,千年醉拂五松山。

咏槟榔

异味谁栽向海滨,亭亭直干乱枝分。开花树杪翻青箨,结子苞中皱锦纹。可疗饥怀香自吐,能消瘴疠暖如薰。堆盘何物堪为偶,菱叶清新卷翠云。

正月八日招王子高饮

屋雪号风苦战贫,纸窗迎日稍知春。正如蕾卜林中坐,更对芙蓉城里人。昨想玉堂空冷彻,谁分银槛送清醇。海山知有东南角,正看归鸿作小鬐。

醉中题鲛绡诗

天地虽虚廓,惟海为最大。圣王皆祀事,位尊河伯拜。祝融为异号,恍惚聚百怪。二气变流光,万里风云快。灵旗摇红纛,赤虬喷滂湃。家近玉皇楼,彤光照世界。若得明月珠,可偿逐客债。

无 题

帘卷窗穿户不扃,隙尘风叶任纵横。幽人睡足谁呼觉,攲枕床前有月明。

葛延之赠龟冠

南海神龟三千岁,兆协朋从生庆喜。智能周物不周身,未免人钻七十二。谁能用尔作小冠,峋嵝耳孙创其制。君今此去宁复来,欲慰相思时整视。

别海南黎民表

(眉批:虽浅率,而确是东坡语。)

我本海南民，寄生西蜀州。忽然跨海去，譬如事远游。平生生死梦，三者无劣优。知君不再见，欲去且少留。

雅安人日次旧韵二首

人日滞留江上村，定知芳草怨王孙。题诗寄远方挥翰，扶杖登高独出门。柳色忍看成感叹，花前归思自飞翻。浮阳披冻虽才弄，已觉春工漏一元。

似闻高隐在前村，坐膝扶床戏子孙。自赏春光携桂酒，喜逢晴色款柴门。屏间带日金人活，头上迎风彩胜翻。蓬鬓扶疏吾老矣，岂能旧貌改新元。

和代器之

雨过郊原一番新，寻芳车马踏无尘。普天冷食闻前古，萧寺清游属两人。不作佺期问新历，颇同之问感余春。明年归藉梨花上，应会群贤及四邻。

自题金山画像

（眉批：此是像赞，不宜入之诗集。）

心似已灰之木，身如不系之舟。问汝平生功业，黄州惠州儋州。

《归来引》送王子立归筠州

归去来兮，世不汝求胡不归？涡北望之横流兮，渺西顾之尘霏。纷野马之决骤兮，幸余首之未靰。出彭城而南骛兮，眷丘陇而增欷。乱清淮而俯鉴兮，惊昔容之是非。念东坡之遗老兮，轻千里而款余扉。共雪堂之清夜兮，揽明月之余辉。曾鸡黍之未熟兮，叹空室之伊威。我挽袖而莫留兮，仆夫在门歌《式微》。归去来兮，路渺渺其何极。将税驾于何许兮？北江之南，南江之北。于此有人兮，俨峨峨其丰硕。孰居约而尔肥兮？非糠核其何食。久抱一而不试兮，愈温温而自克。吾居世之荒浪兮，视昏昏而听默默。非之子莫振吾过兮，久不见恐自贼。吾欲往而道无由兮，子何畏而不即。将以彼为玉人兮，以子为之璞也。

黄泥坂词

出临皋而东骛兮,并丛词而北转。走雪堂之坡陀兮,历黄泥之长坂。大江汹以左缭兮,渺云涛之舒卷。草木层累而右附兮,蔚柯丘之葱蒨。余旦往而夕还兮,步徙倚而盘桓。虽信美而不可居兮,苟娱余于一盼。余幼好此奇服兮,袭前人之诡幻。老更变而自哂兮,悟惊俗之来患。释宝璐而被缯絮兮,杂市人而无辨。路悠悠其莫往来兮,守一席而穷年。时游步而远览兮,路穷尽而旋反。朝嬉黄泥之白云兮,暮宿雪堂之青烟。喜鱼鸟之莫余惊兮,幸樵苏之我嫚。初被酒以行歌兮,忽放杖而醉偃。草为茵而块为枕兮,穆华堂之清宴。纷坠露之湿衣兮,升素月之团团。感父老之呼觉兮,恐牛羊之予践。于是蹶然而起,起而歌曰月明兮星稀,迎余往兮饯余归。岁既宴兮草木腓,归来归来兮,黄泥不可以久嬉。

清溪词

大江南兮九华西,泛秋浦兮乱清溪。水渺渺兮山无蹊,路重复兮居者迷。烂青红兮粲高低,松十里兮稻千畦。山无人兮云朝隮,霭蒙蒙兮澒凄凄。啸林谷兮号水泥,走鼪鼯兮下凫鹥。忽孤垒兮隐重堤,杳冥茫兮闻犬鸡。郁万瓦兮鸟翼齐,浮轩楹兮飞栱枅。雁南归兮寒蜩嘶,弄秋水兮把玻璃。朝市合兮杂髦鲵,挟箪瓢兮佩锄犁。鸟兽散兮相扶携,隐惊雷兮鹜长霓。望翠微兮古招提,挂木杪兮翔云梯。若有人兮怅幽栖,石为门兮云为闺。块虚堂兮法喜妻,呼猿狙兮子鹿麛。我欲往兮奉杖藜,独长啸兮谢阮嵇。

上清词

南山之幽,云冥冥兮。孰居此者？帝侧之神君。君胡为兮山之幽,顾宫殿兮久淹留。又曷为一朝去此而不顾兮,悲此空山之人也。来不可得而知兮,去固不可得而讯也。君之来兮天门空，从千骑兮驾飞龙。隶辰星兮役太岁，俨昼降兮雷隆隆。朝发轸兮帝庭，夕弭节兮山宫。懒有妖兮虐下土，精为星兮气为虹。爰流血之滂沛兮，又嗜疟疠与螟虫。啸盲风而涕淫雨兮，时又吐旱火之爌融。衔帝命以下讨兮，建千仞之修锋。乘飞霆而追逸景兮，欻舂扫灭而无踪。忽崩播其来会兮，走海岳之神公。龙车兽鬼不知其数兮，旗纛晻霭而冥蒙。渐俯伛以旅进兮，锵剑佩之相舂。司杀生之必信兮，知上帝之不汝容。既约束以反职兮，退战栗而愈恭。泽充塞于四海兮，独澹然其无功。君之去兮天门开，款阊阖兮朝玉台。群仙迎兮塞云汉，俨前导兮纷后陪。历玉阶兮帝迎劳，君良苦兮马虺颓。闵人世兮追陷，陈下土兮帝所哀。返琼宫之嵯峨兮，役万灵之喧豗。默清净以无为兮，时节狩于斗魁。诣通明而献黜陟兮，轶荡荡其无回。忽表里之焕霍兮，光下烛于九垓。时游目以下览兮，五岳为豆，四溟为杯。俯故宫之千柱兮，若毫端之集埃。来非以为乐兮，去非以为悲。谓神君之既返兮，曾颜咫尺之不违。升秘殿以内悰兮，魂凛凛而上驰。忽寤寐以有得兮，敢沐浴而献辞。是耶非耶，臣不可得而知也。

山坡陀行

山坡陀兮下属江，势崖绝兮游波所荡如颓墙。松萧律兮百尺傍，拔此惊葛藟之。上不见日兮下可依，吾曳杖兮吾僮亦吾之书随。貌余望兮水中沚，颀然而长者黄冠而羽衣。浣颐坦腹盘石箕坐兮，山亦有趾安不危，四无人兮可忘饥。仙人倨佺自言其居瑶之圃，一日一夜飞相往来不可数。使其开口言兮，岂惟河汉无极惊余心。默不言兮，謇昭氏之不鼓琴。憺将山河与日月长在，若有人兮，梦中仇池我归路。此非小有兮，噫乎何以乐此而不去。昔余游于葛天兮，身非陶氏犹与偕。乘渺茫良未果兮，仆夫悲余马怀。聊逍遥兮容与，晞余发兮兰之渚。余论世兮千载一人犹并时，余行诘曲兮欲知余者稀。峨峨洋洋余方乐兮，譬余系舟于水，鱼潜鸟举亦不知。何必每念辄得，应余若响，坐如此兮人子期。

醉翁操

　　琅琊幽谷,山水奇丽,泉鸣空涧,若中音会。醉翁喜之,把酒临听,辄欣然忘归。既去十余年,而好奇之士沈遵闻之往游焉。以琴写其声,曰《醉翁操》,节奏疏宕而音指华畅,知琴者以为绝伦。然有其声而无其辞。翁虽为作歌,而与琴声不合。又依《楚辞》作《醉翁引》,好事者亦倚其辞以制曲。虽粗合均度,而琴声为辞所绳约,非天成也。后三十余年,翁既捐馆舍,而遵亦殁久矣。有庐山玉涧道人崔闲,特妙于琴,恨此曲之无词,乃谱其声,而请于东坡居士以补之云。

　　琅然,清圜,谁弹,响空山,无言。此十一字依调谱点句,又一谱以"圜"字、"响"字、"言"字点三句,万红友已驳之。惟翁醉中和其天。月明风露娟娟,人未眠。荷蒉过山前,曰有心也哉此贤。醉翁啸咏,声和流泉。醉翁去后,空有朝吟夜怨,山有时而童颠,水有时而回川。思翁无岁年,翁今为飞仙,此意在人间。试听徽外三两弦。(眉批:此首前人收入词谱,"醉翁"以下是后半阕,乃双调也。入之诗集非是,不得以昌黎《琴操》为例。)

次韵借观《睢阳五老图》

(眉批:此伪托之最可笑者。)
　　国老安荣心自闲,紫袍金带旧簪冠。星骑箕簸扬糠粃,斗掌权衡表汉桓。冬有愆阳嫌薄热,夏多沴气畏轻寒。赖得五贤清雅出,俾人敬慕肃容看。

题金山寺回文体

　　潮随暗浪雪山倾,远浦渔舟钓月明。桥对寺门松径小,槛当泉眼石波清。迢迢绿树江天晓,霭霭红霞晚日晴。遥望四边云接水,碧峰千点数鸥轻。

赠姜唐佐

　　生长茅间有异芳,风流稷下古诸姜。适从琼管鱼龙窟,秀出羊城翰墨场。

沧海何曾断地脉,白袍端合破天荒。锦衣他日千人看,始信东坡眼力长。

水月寺

千尺长松挂薜萝,梯云岭上一声歌。湖山深秀有何处,水月池中桂影多。

半月泉。苏轼、曹辅、刘季孙、鲍朝懋、郑嘉会、苏固同游,元祐六年三月十一日

请得一日假,来游半月泉。何人施大手,擘破水中天。

游何山

(眉批:亦全不似。)

今日何山是胜游,乱峰萦转绕沧洲。云含老树明还灭,石碍飞泉咽复流。遍岭烟霞迷俗客,一溪风雨送归舟。自嗟尘土先衰老,底事孤僧亦白头。

自题临文与可画竹

石室先生清兴动,落笔纵横飞小凤。借君妙意写筼筜,留与诗人发吟讽。

宝墨亭

山阴不见换鹅经,京口空传《瘗鹤铭》。潇洒谪仙来作郡,风流太守为开亭。两篇玉蕊尘初涤,四体银钩迹尚青。我久临池无所得,愿观遗法快沉冥。

双井白龙

(眉批:鄙野之词。)

岩泉未入井,蒙然冒沙石。泉嫩石为厌,石老生罅隙。异哉寸波中,露此横海脊。先生酌泉笑,泉秀神龙蛰。举手玉箸插,忽去银钉掷。大身何时布,大翮翔霹雳。谁言鹏背大,更觉宇宙窄。

瑞金东明观

（眉批：亦是伪托。）

浮金最好溪南景,古木楼台画不成。天籁远兼流水韵,云璈常听步虚声。青鸾白鹤蟠空下,翠草玄芝匝地生。咫尺仙都隔尘世,门前车马任纵横。

题清淮楼

观鱼惠子台芜没,梦蝶庄生冢木秋。惟有清淮供四望,年年依旧背城流。

西湖绝句

毕竟西湖六月中,风光不与四时同。接天莲叶无穷碧,映日荷花别样红。

戏答佛印

远公沽酒饮陶潜,佛印烧猪待子瞻。采得百花成蜜后,不知辛苦为谁甜。

失题三首

（眉批：三首真伪不可知,然诗自佳。）

木落沙明秋浦,云卧烟淡潇湘。曾学扁舟范蠡,五湖深处鸣榔。
望断水云千里,横空一抹晴岚。不见邯郸归路,梦中略到江南。
公子只应见画,此中我独知津。写到水穷天杪,定非尘土间人。

来鹤亭

鸿渐偏宜丹凤南,冠霞帔月影毵毵。酒酣亭上来看舞,有客新名唤作耽。

卷四十九

古今体诗四十七首

老翁井

井中老翁误年华,白沙翠石翁之家。公来无踪去无迹,井面团团水生花。翁今与世两何与,无事纷纷惊牧竖。改颜易服与世同,毋使世人知有翁。

送蜀僧去尘

十年读《易》费膏火,尽日吟诗愁肺肝。不解丹青追世好,欲将芹芷荐君盘。谁为善相宁嫌瘦,后有知音可废弹?(眉批:五、六是到骨送格,然用意甚深。)挂杖挂经须倍道,故乡春蕨已阑干。

和人回文五首

红窗小泣低声怨,永夕春寒斗帐空。中酒落花飞絮乱,晓莺啼破梦匆匆。
同谁更倚闲窗绣,落日红扉小院深。东复西流分水岭,恨兼愁续断弦琴。
寒信凤飘霜叶黄,冷灯残月照空床。看君寄忆传文锦,字字萦愁写断肠。
前堂画烛夜凝泪,半夜清香荔惹衾。烟锁竹枝寒宿鸟,水沉天色霁横参。
蛾翠敛时闻燕语,泪珠弹处见鸿归。多情妾似风花乱,薄幸郎如露草晞。

送淡公二首

(眉批:东坡诗之极不佳者。)

燕本冰雪骨,越淡莲花风。五言双宝刀,联响高飞鸿。翰苑钱舍人,诗韵铿雷公。识本不识淡,仰咏嗟无穷。清韵生物表,朗玉倾壶中。常于冷竹坐,相语道意冲。嵩洛兴不薄,稽江事难同。明日若不来,我作黄石翁。何以兀其心,为君学虚空。

坐重青草公,意合沧海滨。渺渺独见水,悠悠不闻人。镜浪洗手渌,剡花入心春。虽然防外触,眼前绕衣新。行当译文字,慰此吟殷勤。

黄　州

南山一尺雪,雪尽山苍然。涧谷深自暖,梅花应已繁。使君厌骑从,车马留山前。行歌招野叟,共步青林间。长松得高荫,盘石堪醉眠。只乐听山鸟,携琴写幽泉。爱之欲忘反,但苦世俗牵。归来始觉远,明月高峰颠。

古　风

精神洞元化,白日升高旻。俯仰凌倒景,龙行逸如神。半道过紫府,弭节聊逡巡。金床设宝几,璀璨明月珍。仙者二三子,眷然骨肉亲。饮我霞石杯,放杯恍如春。遂朝玉虚上,冠剑班列真。无端拜失仪,放弃令自新。云霄难遽反,下土多埃尘。淮南守天庖,嗟我复何人。

无　题

引手攀红樱,红樱落似霰。仰首看红日,红日走如箭。年光与时景,顷刻互衰变。况是血肉身,安得常强健。人心苦执迷,慕贵忧贫贱。忧色常在眉,欢容不上面。吾今头半白,把镜非不见。何必花下杯,更待他人劝。

古　意

儿童鞭笞学官府,翁怜儿痴旁笑侮。翁出坐曹鞭复呵,贤于群儿能几何。儿曹鞭人以为戏,公怒鞭人血流地。等为戏剧谁复先,我笑谓翁儿更贤。

雷州八首

(眉批:前四首佳。)

白发坐钩党,南迁濒海州。灌园以糊口,身自杂苍头。篱落秋暑中,碧花蔓牵牛。谁知把锄人,旧日东陵侯。

荔子无几何,黄甘遽如许。迁臣不惜日,恣意移寒暑。层巢俯云木,信美非吾土。草芳自有时,鶗鴂何关汝。（眉批:怨而不怒。）

下居近流水,小巢依欹岑。终日数椽间,但闻鸟遗音。炉香入幽梦,海月明孤斟。鹪鹩一枝足,所恨非故林。

培塿无松柏,驾言此焉游。读书与意会,却扫可忘忧。尺蠖以时屈,其伸亦非求。得归良不恶,未归且淹留。

粤岭风俗殊,有疾时勿药。束带趋房祀,用史巫纷若。弦歌荐茧栗,奴至洽觞酌。呻吟殊未已,更把鸡骨灼。

粤女市无常,所至辄成区。一日三四迁,处处售鰕鱼。青裙脚不袜,臭味猿与狙。孰云风土恶？白洲生绿珠。

海康腊已酉,不论冬孟仲。杀牛挝鼓祭,城郭为倾动。虽非尧颁历,自我先人用。苦笑荆楚人,嘉平腊云梦。

旧时日南郡,野女出成群。此去尚应远,东风已如云。蛮氓托丝布,相逢通殷勤。可怜秋胡子,不遇卓文君。

申王画马图

（眉批:真有东坡之意。）

天宝诸王爱名马,千金争致华轩下。当时不独玉花骢,飞电流云绝潇洒。两坊岐薛宁与申,凭陵内厩多清新。肉鬃汗血尽龙种,紫袍玉带真天人。骊山射猎包原隰,御前急诏穿围入。扬鞭一蹙破霜蹄,万骑如风不能及。雁飞兔走惊弦开,翠华按辔从天回。五家锦绣变山谷,百里乌珥遗纤埃。青骡蜀栈西超忽,高准浓娥散荆棘。苜蓿连天鸟自飞,五陵佳气春萧瑟。

老人行

（眉批:此真恶札。）

有一老翁老无齿,处处无人问年纪。白发如丝向下垂,一双眸子碧如水。不裹头,又无履,相识虽多少知己。问翁毕竟何所止？笑言只在红尘里。秋风猎猎行云飞,老人此意无人会,目注云归心自知。黄口小儿莫相笑,老人旧日曾年少。浪迹常如不系舟,地角天涯知自跳。亦曾乐半夜,传筹醉朱阁。美人如花弄弦索,只恨尊前明月落。亦曾忧羁旅,他乡迫暮秋。故国日边无信息,断鸿空逐水长流。或安贫,或安富,或爵通侯封万户。一任秋霜换鬓毛,本来面目长如故。水有蘋兮山有芝,人意虽存事已非。有时却忆经游处,都似茫茫春梦归。尔来尤解安贫贱,不为公卿强陪面。皎如明月在秋潭,动著依前还不见。还不见,可奈何,空使远人增眷恋。但只从他随物转,青楼黄阁长相见。若相见,莫殷勤,却是翁家旧主人。

又赠老谦

泻汤旧得茶三昧,觅句近窥诗一斑。清夜漫漫困披览,斋肠那得许悭顽。

送公为游淮南

负米万里缘其亲,运甓无度忧其身。读书莫学流麦士,挟策莫比亡羊人。乃翁辛苦到白首,汝今勉强当青春。昔时管鲍以君霸,此两士贾宁非贫。

池上二首

小池新凿会天雨,一部鼓吹从何来。有蟾正碧乱草色,时泅出没东南隈。井干跳梁亦足乐,洞庭鱼龙何有哉。能歌德声莫入月,清池与尔俱忘回。

不作太白梦日边,还同乐天赋池上。池上新年有荷叶,细雨鱼儿噞轻浪。男儿学易不应举,幽人一友吾得尚。此池便可当长江,欲榜茅斋来荡漾。

赠仲素寺丞致仕归隐潜山

潜山隐君七十四,绀瞳绿发方谢事。腹中灵液变丹砂,江上幽居连福地。

彭城为我住三日,明月满舟同一醉。丹书细字口传诀,顾我沉迷真弃耳。年来四十发苍苍,始欲求方救憔悴。他年若访潜山居,慎勿逃人改名字。

扬州以土物寄少游

鲜鲫经年秘醺酥,团脐紫蟹脂填腹。后春莼茁滑于酥,先社姜芽肥胜肉。鸟子累累何足道,饾饤盘飧亦时欲。淮南风俗事瓶罂,方法相传竟旨蓄。且同千里寄鹅毛,何用孜孜饮麋鹿。

再过泗上二首

眼明初见淮南树,十客相逢九吴语。旅程已付夜帆风,客睡不妨背船雨。黄甘紫蟹见江海,红稻白鱼饱儿女。殷勤买酒谢船师,千里劳君勤转橹。

系舟淮北雨折轴,系舟淮南风断桥。客行有期日月疾,岁事欲晚霜雪骄。山根浪头作雷吼,缩手敢试舟师篙。不用然犀照幽怪,要须拔剑斩长蛟。

骊　山

（眉批：哀歌宛转,亦殊可诵。）

君门如天深九重,君王如帝坐法宫。人生难处是安稳,何为来此骊山中？复道连云接金阙,楼观隐烟横翠空。林深谷暗迷八骏,朝东暮西劳六龙。六龙西幸峨眉栈,悲风便入华清院。霓裳萧散羽衣空,麋鹿来游猿鹤怨。我上朝元春半老,满地落花无人扫。羯鼓楼高挂夕阳,长生殿古生青草。可怜吴楚两醯鸡,筑台未就已堪悲。长杨五柞汉幸免,江都楼成隋自迷。由来留连多丧国,宴安鸩毒因奢惑。三风十愆古所戒,不必骊山可亡国。（眉批：此是宋人结法。）

次韵谢子高读《渊明传》

枯木嵌空微黯淡,（眉批："微"当作"徽"。）古器虽在无古弦。袖中正有南风手,谁能听之谁为弹。风流岂落正始后,甲子不数义熙前。一轩黄菊平生事,无酒令人意缺然。

沧洲亭怀古

湘水悠悠天际来,夹江古木抱山回。城中人物若可数,日晏市散多苍苔。九嶷巉天古云埋,遥想帝子龙车回。心衰目极何可望,九歌寂寂令人哀。

戏咏子舟画两竹两鹦鹆

风晴日暖摇双竹,竹间对语双鹦鹆。鹦鹆之肉不可食,人生不才果为福。子舟之笔利如锥,千变万化皆天机。未知笔下鹦鹆语,何似梦中蝴蝶飞。

赠山谷子

黄童三尺世无双,笔头衮衮悬秋江。不忧老子难为父,平生崛强今心降。我来喜共阿戎语,应敌纵横如急雨。生子还如孙仲谋,豚犬漫多何足数。黄家小儿名小德,眉如长松眼如漆。只今数岁已动人,老人留眼看他日。笑君老蚌生明珠,自笑此物吾家无。君当置酒我当贺,有儿传业更何须。

昭陵六马,唐文皇战马也,琢石象之,立昭陵前。客有持此石本示予,为赋之

天将划隋乱,帝遣六龙来。森然风云姿,飒爽毛骨开。飙驰不及视,山川俨莫回。长鸣视八表,扰扰万驽骀。秦王龙凤姿,鲁鸟不足摧。腰间大白羽,中物如风雷。区区数竖子,搏取若提孩。手持扫天帚,六合如尘埃。艰难济大业,一一非常才。维时六骥足,绩与英卫陪。功成锵八鸾,玉辂行天街。荒凉昭陵阙,古石埋苍苔。

题卢鸿一《学士堂图》

昔为太室游,卢岩在东麓。直上登封坛,一夜茧生足。径归不复往,恋

空在目。安知有十志,舒卷不盈幅。一处一卢生,裘褐荫乔木。方为世外人,行止何烦录。百年入箧笥,犬马同一束。嗟余缚世累,归来有茆屋。江干百亩田,清泉映修竹。尚欲逃世名,岂须上图轴。

李白谪仙诗

我居青空里,君隐黄埃中。声形不相吊,心事难形容。欲乘明月光,访君开素怀。天杯饮清露,展翼登蓬莱。佳人持玉尺,度君多少才。玉尺不可尽,君才无时休。对面一笑语,共蹑金鳌头。绛宫楼阙百千仞,霞衣谁与云烟浮。

饮酒四首

我观人间世,无如醉中真。虚空为销殒,况乃百忧身。惜哉知此晚,坐令华发新。圣人骤难得,且且致贤人。

左手持蟹螯,举觞瞩云汉。天生此神物,为我洗忧患。山川同恍惚,鱼鸟共萧散。客至壶自倾,欲去不得间。(眉批:此首有致。)

有客远方来,酌我一杯茗。我醉方不啜,强啜忽复醒。既凿浑沌氏,遂远华胥境。操戈逐儒生,举觞还酪酊。(眉批:此首粗野。)

雷觞淡于水,经年不濡唇。爱有扰龙裔,为造英灵春。英灵韵甚高,蒲萄难与邻。他年血食汝,当配杜康神。(眉批:此首浅拙。)

游山呈通判承议写寄参寥师

煌煌世胄余,夫子非碌碌。由来有诗书,所以能绝俗。得官本河朔,瓜期未易促。扁舟下南来,逸驾追鸣鹄。遇胜即徜徉,风餐兼露宿。嗟余偶倾盖,一笑外羁束。杖策每过从,相携访山谷。东风披鲜云,绣错出林麓。松门有时尽,幽景无断续。崖转闻钟声,林疏见华屋。衔山余落景,归迹犹踯躅。谁云邺下欢,往事不可复。吾曹二三子,取乐亦云足。愿公寄新诗,一一能见录。船头行北归,囊橐有美玉。尘埃京洛人,亦与洗心目。

辘轳歌

（眉批：却联缀得好。）

新系青丝百尺绳，心在君家辘轳上。我心皎洁君不知，辘轳一转一惆怅。何处春风吹晓幕，江南绿水通珠阁。美人二八颜如花，泣向花前畏花落。临春风，听春鸟。别时多，见时少。愁人一夜不得眠，瑶井玉绳相对晓。（眉批：韦縠《才调集》作《悲歌》六首，"新系"四句其第五首，"何处"四句其第六首，"春风"六句是第一首。）

白鹤吟留钟山觉海

（眉批：此首野调。）

白鹤声可怜，红鹤声可恶。白鹤招不来，红鹤挥不去。长松受秽死，乃以红鹤故。北山道人曰：美者自美，吾何为而喜？恶者自恶，吾何为而怒？去自去耳，吾何阙而追？来自来耳，吾何妨而拒？吾岂厌喧而求静？吾岂好丹而非素？汝谓松死，吾无依耶，吾方舍阴而坐露。

次韵张甥棠美述志

仲子甘心织屦避万钟，渊明不肯折腰为五斗。一年鸿雁识来往，终日沐猴谁去取。知甥诗意慕两君，读书要在存心久。平生所谈性命奥，长弃不忧金石朽。我今已习鹜子定，犹复晨朝怖头走。刳心先拟射声名，不作羊邹悲岘首。云梯雨矢集无方，我已中灰同墨守。恐甥自是禹门鳞，未可潜逃入吾薮。琢磨晚觉孟光贤，畏我放言时被肘。甥能锄我青门瓜，正午时来休老手。

卷五十

古今体诗四十二首

观开西湖，次吴左丞韵

伟人谋议不求多，事定纷纷自唯阿。尽放龟鱼还绿浦，肯容萧苇障前坡。一朝美事谁能纪，百尺苍崖尚可磨。天上列星当亦喜，月明时下浴晴波。

戏题巫山县用杜子美韵

巴俗深留客，吴侬但忆归。直知难共语，不是故相违。东县闻铜臭，江陵换夹衣。丁宁巫峡雨，慎莫暗朝晖。

答晁以道索书

阅世真难记，如公自不忘。其于书太简，正以懒相妨。

陈伯比和回字复次韵

田里冯生宁屑去，湖海陈侯犹肯来。诗书好在家四壁，蒲柳翁然城一隈。骑上下山亦疏矣，鯈从容出何为哉。市桥十步即尘土，晚雨潇潇殊未回。（眉批：三、四江西派之工者，五、六江西派之野者。）

与道源游西庄遇齐道人，同往草堂，为齐书此

桑麻已零落，藻荇复消沉。园宅在人境，岁时伤我心。强穿南埭路，遥望北山岑。欲与道人语，跨鞍聊一寻。

答子勉三首

君不登郎省,还应上谏坡。才高殊未识,岁晚喜无他。枥马羸难出,邻鸡冻不歌。寒炉余几火,灰里拨阴何。

惊人得佳句,或以傲王公。处士还清节,滑稽安足雄。深沉似康乐,简远到安丰。一点无俗气,相期林下风。

欧倩腰支柳一涡,小梅催拍大梅歌。舞余片片梨花落,奈此当涂风月何。

和子由次王巩韵,"如囊"之句可为一噱

平生未省为人忙,贫贱安闲气味长。粗免趋时头似葆,稍能忍事腹如囊。简书见迫身今老,尊酒闻呼首一昂。欲挹天河聊自洗,尘埃满面鬓眉黄。

元祐癸酉八月二十七日,于建隆章净馆书赠王觐

海上东风犯雪来,腊前先折镜湖梅。遥思禁苑青春夜,坐待宫人画诏回。

东　园

岑寂东园可散愁,胶胶扰扰梦神州。万竿苦竹旌旗卷,一部鸣蛙鼓吹收。雨后月前天欲冷,身闲心远地偏幽。杜门谢客恐生谤,且作人间鹏鷃游。

藏春坞

朱阁前头露井多,碧桃枝下美人过。寒泉未必能胜此,奈有银瓶素绠何。

次韵参寥寄少游

岩栖木石已蹯然,交旧何人慰眼前。素与昼公心印合,每思秦子意珠圆。当年步月来幽谷,拄杖穿云冒夕烟。台阁山林本无异,故应文字不离禅。

赠仲勉子文

雨昏南浦曾相对,雪满荆州喜再逢。有子才如不羁马,知君心似后凋松。闲看书册应多味,老傍人门想更慵。何日晴轩观笔砚,一杯相属更从容。

讲武台南有感

月明犹在搭衣竿,晓踏台南路屈盘。骑子雨中乘马去,村童烟外倚墙看。鸦啼宰木秋风急,鹭立渔船野水干。花似去年堪折赠,插花人去泪阑干。

移合浦郭功甫见寄

君恩浩荡似阳春,合浦何如在海滨。莫趁明珠弄明月,夜深无数采珠人。

题怀素草帖

人人送酒不曾沽,终日松间挂一壶。草圣欲成狂便发,真堪画作《醉僧图》。

仆年三十九在润州道上过除夜,作此诗。又二十年在惠州,追录之以付过二首

寺官官小未朝参,红日半窗春睡酣。为报邻鸡莫惊觉,更容残梦到江南。
(眉批:此首有余致。)
钓艇归时菖叶雨,缲车鸣处楝花风。长江昔日经游地,尽在如今梦寐中。
(眉批:此首蛇足。)

万州太守高公宿约游岑公洞,而夜雨连明,戏赠二小诗

肩舆欲到岑公洞,正怯冲泥傍险行。定是岑公闵清境,春江一夜雨连明。
蓬窗高枕雨如绳,恰似糟床压酒声。今日岑公不能饮,吾侪犹健可频倾。

送柳宜归

折脚铛边煨淡粥,曲腰桑下饮离杯。书生不是南迁客,魑魅无情须早回。

谢都事惠米

平生忍欲今忍贫,闭口逢人不少陈。俸薄身轻赵都事,也能作意向诗人。

绝句三首

(眉批:三首气韵俱佳。)

松柏萧森溪水南,道人只作两团庵。市区收罢豚鱼税,来与弥陀共一龛。
此身分付一蒲团,静对萧萧竹数竿。偶为老僧煎茗粥,自携修绠汲清泉。
天风吹月入栏干,乌鹊无声夜向阑。织女明星来枕上,乃知身不在人间。

睡 起

柿叶铺庭红颗秋,薰炉沉水度衣篝。松风梦与故人遇,同驾飞鸿跨九州。

秋思寄子由

黄落山川知晚秋,小虫催女献功裘。老松阅世卧云壑,挽著沧江无万牛。

侯 滩

江流激激过侯滩,更上山腰看打盘。百岁老人亲击鼓,城中忧乐不相干。

火星岩

火星岩下石崚嶒,殿阁相望止一僧。莫问人间兴废事,门前流水几前灯。

谢惠猫儿头笋

长沙一日煨鞭笋,鹦鹉洲前人未知。走送烦公助汤饼,猫头突兀想穿篱。

题净因壁

瞑倚蒲团挂钵囊，半窗疏箔度微凉。蕉心不展待时雨，葵叶为谁倾夕阳。

题净因院

门外黄尘不见山，此中草木亦常闲。履声如渡薄冰过，催粥华鲸吼夜阑。

同景文咏莲塘

塘上钩帘对晚香，不知斜日已侵床。江妃自惜凌波袜，长在高荷扇影凉。
（眉批：小巧而不入俗。）

竹枝词

自过鬼门关外天，命同人鲊瓮头船。北人堕泪南人笑，青嶂无梯问杜鹃。

寄欧叔弼

昔葬衣冠今在否？近来消息不须疑。曾闻圯上逢黄石，久矣留侯不见欺。

和黄龙清老三首

万山不隔中秋月，一雁能传寄远书。深密伽陀枯战笔，真诚相见问何如。
风前橄榄星宿落，月下桄榔羽扇开。静默堂中有相忆，清秋或遣化人来。
骑驴觅驴真可笑，以马喻马亦成痴。一天月色为谁好，二老风流各自知。

过土山寨

南风日日纵篙撑，时喜北风将我行。汤饼一杯银线乱，萎蒿数箸玉簪横。

跋姜君弼课册

云兴天际，欸若车盖。凝眸未瞬，弥漫霮䨴。惊雷出火，乔木糜碎。殷地爇空,万夫皆废。溜绠四坠,日中见昧。移晷而收,野无完块。

惠崇芦雁

(眉批:意本王季友诗,而韵高语简,青出于蓝。)

惠崇烟雨芦雁,坐我潇湘洞庭。欲唤扁舟归去,故人云是丹青。

后山集钞

〔宋〕陈师道 撰
〔清〕纪昀 编

编校说明

《后山集钞》是纪昀按宋人魏衍编辑的《后山集》所做的选编本。今按台湾新文丰公司镜烟堂影印本依次录入，参照《四库全书·后山集》进行校勘。

序

　　《后山集》二十卷，其门人彭城魏衍所编也，近云间赵氏刊行之。顾衍记诗四百六十五篇，编六卷；文一百四十篇，编十四卷。今本乃诗七百六十五篇，编八卷；文一百七十一篇，编九卷。又衍记《诗话》《谈丛》各自为集，而今本《谈丛》四卷，《诗话》一卷，又《理究》一卷，《长短句》一卷，皆入集中，则此本又非魏氏手录之旧矣。壬午六月，从座师钱茶山先生借阅，令院吏毛循钞之。循本士人，所钞不甚误。而原本讹脱太甚，九卷以后，尤不胜乙。因杂取各书所录后山作钩稽考证，粗正十之六七，乃略可读，因得究其大意。

　　考江西诗派，以山谷、后山、简斋配享工部，谓之一祖三宗。而左袒西昆者，则掊击抉摘，身无完肤，至今呶呶相诟厉。平心而论，其五言古劖削坚苦，出入于郊、岛之间。意所孤诣，殆不可攀；其生硬权桠则不免江西恶习。七言古多效昌黎，而间杂以涪翁之格。语健而不免粗，气劲而不免直；喜以拗折为长，而不免少开合变动之妙。篇什特少，亦自知非所长耶！五言律苍坚瘦劲，实逼少陵。其间意僻语涩者，亦往往自露本质。然胎息古人，得其神髓，而不自掩其性情，此后山所以善学杜也。七言律欹崎磊落，矫矫独行。惟语太率而意太竭者，是其短。五七言绝则纯为少陵遣兴之体，合格者十不一二矣。大抵绝不如古，古不如律，律又七言不如五言。弃短取长，要不失为北宋巨手。向来循声附和，誉者务掩其所短，毁者并没其所长，不亦慎耶？

　　其古文之在当日，殊不擅名，然简严密栗，可参置于昌黎、半山之间。虽师子固,友子瞻,而面目精神,迥不相袭,似较其诗为过之。顾世不甚传,则为诸巨公盛名所掩也。

余雅爱其文,谓不在李翱、孙樵下;又念其诗珠砾混杂,徒为论者所藉口,因严为删削,录成一编。非曰管窥之见,可以进退古人,亦欲论后山者核其是非长短之实,勿徒以门户诟争,哄然佐斗,是则区区之志焉耳。

乾隆甲申七月晦日,河间纪昀书于福州使院之镜烟堂

卷 一

诗

妾薄命二首

为曾南丰作。

主家十二楼,一身当三千。古来妾薄命,事主不尽年。起舞为主寿,相送南阳阡。忍着主衣裳,为人作春妍。有声当彻天,有泪当彻泉。死者恐无知,妾身长自怜。

叶落风不起,山空花自红。捐世不待老,惠妾无其终。一死尚可忍,百岁何当穷。天地岂不宽,妾身自不容。死者如有知,杀身以相从。向来歌舞地,夜雨鸣寒蛩。

送 内

麇麕顾其子,燕雀各自随。与子为夫妇,五年三别离。儿女岂不怀,母老妹已笄。父子各从母,可喜亦可悲。关河万里道,子去何当归。三岁不可道,白首以为期。百亩未为多,数口可无饥。吞声不敢尽,欲怨当归谁。

送苏公知杭州

平生羊荆州,追送不作远。岂不畏简书,放麑诚不忍。一代不数人,百年能几见。昔如马口衔,今为禁门键。一雨五日凉,中宵大江满。风帆目力短,江空岁年晚。

寄参寥

平生西方愿,摆落区中缘。惟于世外人,相从可忘年。道人赞公徒,相识几生前。早作步兵语，晚参云门禅。拾策孤山下，一室颇萧然。林昏出幽磬，竹杪横疏烟。昨日寄书至，坐想参寥泉。此泉如此公，遇物作清妍。一别今几时，绿首成白颠。子亦怜我老，我岂耍子怜。会逢万里风，一系五湖船。酌我岩下水，咽子山中篇。

还里

旷士爱吾庐，游子悲故乡。慷慨四方志，老衰但悲伤。虚名自成误，失得略相当。暮年还家乐，未觉道路长。闾里喜我来，车马塞康庄。争前借言色，草木亦晶光。向来千人聚，一老独徜徉。手开南阳阡，松柏郁苍苍。永愿守一丘，脱身万里航。平生功名念，倒海浣我肠。款段引下泽，断弦更空觥。尚恐北山南，有文移路傍。

和魏衍元夜同登黄楼

车马竞清夜，人物秀三楚。登临得免俗，兹楼岂时睹。同来两稚子，冠者亦四五。落落俱可人，颇亦厌歌鼓。山月出未高，潜鳞动寒渚。樯灯接稀星，夺目粲不数。魏侯转物手，百好趋就叙。得句未肯吐，秀气出眉宇。水净纳行影，山空谷悄语。夜气稍侵肌，鸟骇去其侣。清游岂有极，喜事戒多取。投静未免喧，于今岂非古。永怀寂寞人，南北忘在所。横岭限鱼鸟，作书欲谁与。情生文自哀，意动足复伫。凭楹共一默，望舒已侵午。

送魏衍移沛

积雨断行路，重江未安流。胡为冒艰险，迫此帛米谋。岁晏风作横，未宽为子忧。卒然托异县，所得如所求。主人如古人，待士礼亦优。人情乐新知，岂不怀旧丘。我贫无四壁，爱尔胡能留。子也尚不容，吾代诸公羞。勿云百里远，已作千山愁。念子舍我去，谁复从我游。诸石吾未识，因子卜可不？能此已可尚，终焉致绸缪。

寄黄充

俗子推不去,可人费招呼。世事每如此,我生亦何娱。黄生后来秀,纯茂静者徒。不见动经月,来亦不须臾。人事已好乖,可复自作疏。子虽向人懒,胜处不可孤。追此田事休,仍当秋雨余。深知阻泥泞,步屐意何如?

和寇十一同登寺山

度暑无好怀,凭危略幽致。衣冠蔚如林,从我才一二。兹山昔深登,岁月谁得记。尚有名胜流,不与金石悴。孰知千载后,我与子复至。烟昏倏见灯,洪发疑—作恐。无地。领略章句手,割据英雄志。兴坏容一瞬,今昔当几喟。围山缺西北,放目不可制。归怀纳清境,夜榻成良寐。零落壁间诗,岂特彼所愧。会逢南过适,不问西来意。

山口阻风

夕风朝未回,来云去为雨。系舟直山口,天意遽如许。风涛两方斗,丘原莫当怒。两山为俯仰,一鸟不得度。临深负高枕,偷生宁得所。历历数过帆,当途气如虎。快意亦适然,淹泊吾岂取。溯洄更去留,未易相尔汝。每登东山颠,壮观前来睹。九泽不满眼,五丈方一缕。兹山昔谁游,巨野传自古。菰鱼无凶年,末利犹不御。荷隞活万人,梨垺视千户。东方富丝麻,小市藏百贾。连樯自南北,行谈杂秦楚。向晚风力微,湖清鱼可数。空仓乌鸟乐,外舍窗扉语。身非天下惜,家无十金聚。欲留盗贼迫,欲去波涛怒。两者尔何从,一死吾未与。

登冥山

东山如覆盂,石塔仍数层。昔人行乐处,时过名不称。秋风变草木,樵径余薪蒸。四顾一水间,不复知淄渑。菰蒲万世利,烟火千人罾。平生登山脚,岁晚如不胜。求田君勿问,抚髀吾何能。飞鸿将目远,秋水留心澄。兹游岂不朽,作歌记吾曾。

次韵答秦少章

学诗如学仙,时至骨自换。缥缈鸿鹄上,众目焉能玩。子从淮海来,一喙当百难。师儒有韩孟,拭目互惊惋。老生时在旁,缩手愧颜汗。黄公金华伯,莞尔回一盼。彼方试子难,疾前应不愞。要当攻石坚,切作抟沙散。珪璧虽具美,砻错加璀璨。我老不足畏,后生何可慢。

次韵答子实、少章二首

英英黄金花,论时不论美。靖节骨已朽,弃捐乃其理。两公意有余,采采今未已。尚念白头生,临风嗅霜蕊。

交新情已故,室远人则迩。杯酒不相忘,一朝得二子。初花美无度,后时终可鄙。与汝卧秋风,看君双控鲤。

寄邢和叔

昔作梁宋游,幽忧废朝昏。闭门无往还,不应儿女喧。隔墙闻剥啄,暮夜谁叩门。知是邢夫子,低回过高轩。愿为布衣交,不顾年德尊。匆匆立谈罢,又见东南奔。江湖多病后,仅免饷鱼鼋。久废数行书,因人问寒暄。但爱孤山西,松筠数家村。便欲筑居室,插秧仍灌园。生前不自爱,身后何足论。草《玄》笑扬雄,赞《易》悲虞翻。文章徒自苦,纸笔莫更存。却寻南郭老,隐几学忘言。他日宦游客,误入桃花源。苇间见渔父,谁识王侯孙。

春酬应物

论世阙真是,憎好成愚贤。众手挽跛牂,拟度骅骝前。与子早相好,于今不知年。自从欲著帽,忧喜同华颠。生世如风花,高下亦偶然。填沟偶不死,挥刃忽自全。病马试春草,枯鱼纵奔川。稍思升斗禄,筦库未阙员。一饥尚可忍,百岁当复延。相余乘下泽,得句要子宣。此生期乐死,他日须诗传。缩手著袖间,弹棋一争先。

次韵苏公独酌

云月酒下明,风露衣上落。是中有何好,草草成独酌。使君顾谓客,老子兴不薄。饮以全吾真,醉则忘所乐。未解饮中趣,中之如狂药。起舞屡跳踉,骂坐失酬酢。终然厌多事,超然趋淡泊。功名无前期,山林有成约。身将岁华晚,意与天宇廓。醒醉各有适,短长听凫鹤。

次韵德麟植桧

种木待成林,聊为十年事。日中趋百里,宁问万年费。植桧三尺强,已有凌云气。生世能几何,拟作千岁计。众人笑拍手,君子用其意。萧萧孤竹君,忘言理相契。名以金石交,椿杨岂奴婢。缅怀万仞巅,千丈蔚苍翠。蟠根泉石底,用意霜雪外。宁须大厦才,坐待斧斤至。散为风雨声,密作牛马蔽。

龙　潭

清渊下无际,落日回风澜。凛然毛发直,敢以笑语干。陂陀百尺台,葱翠万木蟠。惊飙振积叶,清霜作朝寒。水旱或有差,精祷神其难。鱼龙同一波,信有水府宽。向来三日雨,赖子一据鞍。何以报嘉惠,寒瓜荐金盘。万口待一饱,归卧神其安。犹须雪三尺,盛意莫得阑。

赠二苏公

岷峨之山中巴江,桂椒楠栌枫柞樟。青金黄玉丹砂良,兽皮鸟羽不足当。异人间出骇四方,严王陈李司马扬。一翁二季对相望,奇宝横道骥伏箱。谁其识者有欧阳,大科异等固其常。小却盛之白玉堂,典谟雅颂用所长。度越周汉登虞唐，千载之下有素王。平陈郑毛视荒荒，后生不作诸老亡。文体变化未可量，万口一律如吃羌。妖狐幻人犬陆梁，虎豹却走逢牛羊。上帝惠顾被不祥，天门夜下龙虎章。前驱吴回后炎皇，绛旗丹毂朱冠裳。从以甲胄万鬼行，乘风纵燎无留藏。天高地下日月光，授公以柄扶病伤。士如稻苗待公秧，临流不度公为航。如大医王治膏肓，外证已解中尚强。探囊一试黄昏汤，一洗十年新学肠。老生塞口不敢尝，向来狂杀今尚狂，请公别试囊中方。

次韵苏公西湖徙鱼三首

穷秋积雨不破块，霜落西湖露沙背。大鱼泥蟠小鱼乐，高丘覆杯水如带。鱼穷不作摇尾怜，公宁忍口不忍脍。修鳞失水玉参差，晚日摇光金破碎。咫尺波涛有生死，安知平陆无滩濑。此身宁供刀几用，著意更须风雨外。是间相忘不为小，濠上之意谁得会。枯鱼虽泣悔可及，莫待西江与东海。

赤手取鱼如拾块，布网鸣舷攻腹背。岂知激浊与清流，恐惧骈头牵翠带。居士仁心到鱼鸟，会有微生化余脍。宁容网目漏吞舟，谁能烹鲜作苛碎。我亦江湖钓竿手，误逐轻车从下濑。生当得意落鸥边，何用封侯堕鸢外。不如此鱼今得所，置身暗与神明会。径须作记戒鲸鲵，防有任公钓东海。

诗成落笔骥历块，不用安西题纸背。小家厚敛四壁立，拆东补西裳作带。堂下穀觫牛何罪，太山之阳人作脍。同生异趣有如此，瓶悬罋间终一碎。流水长者今公是，雨花散乱投金濑。人言充庖须此辈，慈观更须容度外。赐墙及肩人得视，公才槃槃一都会。有怜其穷与不朽，我亦牵联书玉海。

舟中二首（录第一首）

恶风横江江卷浪，黄流湍猛风用壮。疾如万骑千里来，气压三江五湖上。岸上空荒火夜明，舟中起坐待残更。少年行路今头白，不尽还家去国情。

古墨行 有序

晁无斁有李墨半丸，云裕陵故物也。往于秦少游家见李墨，不为文理,质如金石,亦裕陵所赐王平甫所藏者。潘谷见之再拜,云:"真廷珪所作也,世唯王四学士有之,与此为二矣。"嗟乎!世不乏奇,乏识者耳。敬为长句,率无致同作。

秦郎百好俱第一,乌丸如漆姿如石。巧作松身如镜面,借美于外非良质。潘翁拜跪摩老眼,一生再见三叹息。了知至鉴无遁形,王家旧物秦家得。君今所有亦其亚,伯仲小低犹子侄。黄金白璧孰不有,古锦句囊那可敌?睿思殿里春夜半,灯火阑残歌舞散。自书细字答迁臣,万里风尘入长算。初闻桥山送弓剑,宁知玉碗人间见。夜光炎炎冲斗牛,会有太史占星变。人生尤物不必有,时一过目惊老丑。念子何忍遽磨研,少待须臾图不朽。魏衍注曰:少游之墨,当许先生为他日墓志润笔。先生尝语衍作此诗时,少游尚无恙,然终先逝去。明窗净几风日暖,有愁万斛才八斗。径须脱帽管城公,小试玉堂挥翰手。

蝇虎

物微趣下世不数,随力捕生得称虎。匿形注目摇两股,卒然一击势莫御。十中失一八九取,吻间流血腹如鼓。却行奋臂吾甚武,明日淮南作端午。

和魏衍闻莺

春力著人朝睡重,叶底黄鹂鸣自送。绿幕朱栏日观明,回廊侧户风帘动。昨夜春回到寒谷,好鸟飞来把修竹。整翰厉觜初一鸣,已落君诗专妙独。退红著绿春事残,后时独立知何言。侧听不尽已飞去,怀抱此时谁与论?

登凤凰山怀子瞻

蜿蜒曲龙腹,山间隐楼观。孤高伏龙角,浮图刺云汉。修林霜雪余,落叶青红乱。想见洞中人,不知时节换。咳唾落江东,江东两眼中。举头触浮云,失脚惊飞鸿。逢人自笑谋家拙,坐使红尘生白发。入山便欲弃人间,出山又与松筠别。数篇曾见使君诗,前后登临各一时。妙舞新声难得继,清风明月却相宜。朱阑行遍花间路，看尽当年题壁处。更有何人问使君，青春欲尽花飞去。
子瞻云：应问使君何处去，凭花说与春风知。

寄外舅郭大夫

巴蜀通归使，妻孥且旧居。深知报消息，不忍问何如。身健何妨远，情亲未肯疏。功名欺老病，泪尽数行书。

秋怀示黄预

窗鸣风历耳，道坏草侵衣。月到千家静，林昏一鸟归。冥冥尘外趣，稍稍眼中稀。送老须公等，秋棋未解围。

送杨侍禁兼寄颜黄二公二首（录第二首）

多问黄居士，终年欠一书。因人候消息，有使报何如。向晚逢杨子，真堪托后车。亲年方赖禄，不惜借吹嘘。

次韵春怀

欲作归田计，无如二顷何。折腰方赖禄，拭面未伤和。日下鸟声乐，尘生马迹多。渡头留小楫，乘兴得相过。

十五夜月

向老逢清节，归怀托素晖。飞萤元失照，重露已沾衣。稍稍孤光动，沉沉万籁微。不应明白发，似欲劝人归。

晚 出

应俗敢辞疾，冲风宁小驱。聊为一日役，不惮百金躯。雪路无行迹，冰枝有落乌。寒门闭萧瑟，穷里听歔吁。

智宝院后楼怀胡元茂

晚渡呼舟疾,寒城暮霭深。昏鸦明鸟道,风叶乱霜林。久客登楼目,中年怀旧心。犹须一长笛,领览自沾襟。

元 日

老境难为节,寒梢未得春。一官兼利害,百虑孰疏亲。积雪无归路,扶行有醉人。望乡仍受岁,回首向松筠。

放 怀

施食鸟鸢喜,持经鸟鼠听。杖藜矜矍铄,顾影怪伶俜。门静行随月,窗虚卧见星。拥衾眠未稳,难阻饱曾经。

后湖晚坐

水净偏明眼,城荒可当山。青林无限意,白鸟有余闲。身致江湖上,名成伯季间。目随归雁尽,坐待暮鸦还。

送孝忠二首

老眼元多泪,春风见此行。久为贫贱别,更觉急难情。斗食吾堪老,词场尔向荣。未须怜野鹜,家法付宣城。

经史三年学,聪明一旦开。把文甘潦倒,数日待归来。士患声名早,官今岁月催。有亲须薄禄,临路尚徘徊。

次韵无斁雪后二首（录第一首）

闭阁春云薄,开门夜雪深。江梅犹故意,湖雁起归心。草润留余泽,窗明度积阴。殷勤报春信,屋角有来禽。

河　上

背水连渔屋,横河架石梁。窥巢乌鹊竞,过雨艾蒿光。鸟语催春事,窗明报夕阳。还家慰儿女,归路不应长。

宿深明阁二首

窈窕深明阁,晴寒是去年。老将灾疾至,人与岁时迁。默坐元如在,孤灯共不眠。暮年身万里,赖有故人怜。

缥缈金华伯,人间第一人。剧谈连昼夜,应俗费精神。时要平安报,反愁消息真。墙根霜下草,又作一番新。

登快哉亭

城与清江曲,泉流乱石间。夕阳初隐地,暮霭已依山。度鸟欲何向,奔云亦自闲。登临兴不尽,稚子故须还。

秋怀四首(录第二首)

小雨断复续,回斜落晚风。寒心生蟋蟀,秋色傍梧桐。草与遥山碧,花欺晚照红。口须谈世事,目已失飞鸿。

元日雪二首(录第二首)

度腊阅三白,开正还积阴。炊烟茅舍湿,噪雀暮枝深。短发千方误,中年万里心。成书著岩穴,或有后人寻。

寄张大夫

只应青眼老,尚记白头翁。一别今何向,三年信不通。不应书字倦,未有北来鸿。肯作彭城守,何时马首东。

怀 远

海外三年谪,天南万里行。生前只为累,身后更须名。未有平安报,空怀故旧情。斯人有如此,无复涕纵横。

雪中寄魏衍

薄薄初经眼,辉辉已映空。融泥还结冻,落木复沾丛。意在千山表,情生一念中。遥知吟榻上,不道絮因风。

早 春

度腊不成雪,迎年遽得春。水开还旧绿,鱼喜跃修鳞。柳及年年发,愁随日日新。老怀吾自异,不是故违人。

元符三年七月蒙恩复除棣学,喜而成诗

老作诸侯客,贫为一饱谋。折腰真耐辱,捧檄敢轻投?早作千年调,中怀万斛愁。暮年随手尽,心事计盟鸥。

别乡旧

数有中年别,宽为满岁期。得无鱼口厄,聊复雁门踦。齿脱心犹壮,秋清意自悲。平时郡文学,邓禹得三为。

住 雁

断岸通横水,枯荷着早霜。一陂堪度岁,数雁不成行。市远无矰缴,年丰足稻粱。中原有佳气,不必到衡阳。

寒 夜

一夜风澎浪,中宵月脱云。到窗资少睡,远乡倦多闻。星火远相乱,江山

气不分。早鸡先得便,断雁屡鸣群。

山　口

重雾真成雨,疏帘不隔风。青林拥红树,家鹜杂宾鸿。渔屋浑环水,晴湖半落东。往来成一老,犹在半途中。

宿合清口

风叶初疑雨,晴窗误作明。穿林出去鸟,举棹有来声。深渚鱼犹得,寒沙雁自惊。卧家还就道,自计岂苍生?

颜市阻风二首(录第一首)

水到西流阔,风从北极来。声驱峡口坼,力拔岭根摧。突兀重重浪,轰豗处处雷。顺流看过舫,更着快帆催。

晚　坐

柳弱留春色,梅寒让雪花。溪明数积石,月过恋平沙。病减还增药,年侵却累家。后归栖未定,不但只昏鸦。

寒　夜

留滞常思动,艰虞却悔来。寒灯挑不焰,残火拨成灰。冻水滴还歇,风帘掩复开。孰知文有忌,情至自生哀。

宿齐河

烛暗人初寂,寒生夜向深。潜鱼聚沙窟,坠鸟滑霜林。稍作他年计,初回万里心。还家只有梦,更著晓寒侵。

次韵夜雨

暗雨来何急,寒房客自醒。骤看灯闪闪,拟对竹青青。声到江干尽,风回叶上听。更长那得晓,欹侧想仪刑。

晦 日

人老时情薄,春深花意微。暄寒南北异,风俗古今违。即事无同异,旁观有是非。食蔬如许瘦,饱肉未须肥。

登城楼

城郭春容晚,因行可当游。飞来双蛱蝶,自去一浮鸥。峡险山将合,江平水却流。同来端兴尽,且为小迟留。

和王子安至日三首

近节翻多事,为家不亦难。老成须药力,愁绝向谁宽。冻雨能妨梦,朝霜故作寒。颜衰心自了,不待镜中看。

物理有终极,人情从往还。阴阳消长际,老疾去留间。申白徒怀惠,巢由不买山。更歌吾和汝,风日稍侵颜。

晨起公私迫,昏归鸟雀催。百年忙里尽,万事醉间来。竹雨深宜晚,江梅半欲开。风灯挑不焰,寒火拨成灰。

除夜对酒赠少章

晚岁身何托,灯前客未空。半生忧患里,一梦有无中。发短愁催白,颜衰酒借红。我歌君起舞,潦倒略相同。

湖上晚归寄诗友四首

髭发难藏老,湖山稳寄身。却寻方外士,招作社中人。霜叶深于染,秋花晚自春。无人还有碍,诗卷莫辞频。

蓑笠宜多病,衣冠错致身。清愁偏待客,白发解禁人。江月深留雪,山梅借探春。兴从湖上发,诗为道人频。

功名违壮志,戒律负前身。刘德长欺客,王融却笑人。残年憎送岁,病眼却逢春。杖屦知何向,如公未厌频。

红绿羞明眼,欹斜久病身。年龄不待命,湖海却留人。点滴花间露,新鲜柳上春。情怀将底用,诗外不须频。

寄答颜长道二首

薄命犹多难,浮生未定居。故人忧已矣,千里问何如。白发羞明镜,青灯怯细书。不曾知史馆,何用索枯鱼。

贫病忧居士,雕虫累壮夫。不能羞齿颊,幸免葬江湖。疲马甘垂首,游鹰不应呼。为谁归未得,山水故乡殊。

夏日书事

花絮随风尽,欢娱过眼空。穷多诗有债,愁极酒无功。家在斜阳下,人归满月中。肝肠浑欲破,魂梦更无穷。

钱塘寓居

山水如相识,豪华异昔闻。声音随地改,吴越到江分。门闭萧萧雨,风催缓缓云。会随麋鹿去,长谢犬羊群。

还江山

夜夜沧州梦,归心剧斾悬。呼童买轻舸,拂榻下平川。溯浪潮如斗,凌云岸若牵。江乡厌回首,行及楝花天。

杂题二首

乱水交如线,群山翠作屏。寒轻春稍稍,雪尽麦青青。霜草犹疑滑,风林渐喜听。生涯鞍马上,岁月短长亭。

泥雪才通脚,烟云复结阴。迟留随处处,帘幕静沉沉。去雁怀归意,来禽欲好音。稍宽沟壑辱,不惮二毛侵。

再赠寇司户

仕宦诸儒底,名成一战中。酒为千日计,诗费几生功。戏马章台下,呼鹰上蔡东。少年豪侠窟,杵臼得梁鸿。

钜野泊触事

蒲港牵丝直,平湖坠镜清。顺流风借便,捷路雪初晴。鸟度欲何向,鸥来只自惊。有行须快意,安得易为情。

和董判官寺居作

共作东州客,同栖古寺深。论交非有旧,不见解相寻。冷过清明节,悲生故国心。此身随所寄,未足问升沉。

和贾明叔秋晚见怀

陋巷少行迹,故人车马稀。世情方汩没,吾道肯依违。万叶迎风脱,孤云带月归。独怜高义在,犹肯问柴扉。

夏 杪

一室青芜长,终朝静不哗。圣贤开美酒,子母破新瓜。绿筱初翻箨,红蕖稍荐花。咄嗟功业晚,览照鬓初华。

和彦詹题远轩

开窗得远意,兴出杳冥间。芳草日边路,片云天外山。好花和露剧,修竹夹藤删。每许南邻伴,时来一寄颜。

送张芝卿

相逢已偶尔,告别更苍然。离合惊时换,行藏乃世缘。君无学干禄,我亦赋归田。泗水秋山外,长安夕照边。

送晁奉议高邮判官

公族仍前辈,都城早与游。士穷须禄食,才大岂身谋。雪岭无归鸟,冰河有去舟。平生湖海志,不为有鱼留。

独　坐

文章平日事,风竹暮年须。衰疾悬知此,霜毛不更除。一丘吾欲往,百亩有如无。魑魅须游子,乾坤著腐儒。扣门闻啄木,劝酒有提壶。门径无行迹,秋来不遣锄。

九日寄秦观

疾风回雨水明霞,沙步丛祠欲暮鸦。九日清樽欺白发,十年为客负黄花。登高怀远心如在,向老逢辰意有加。淮海少年天下士,可能无地落乌纱。

次韵李节推九日登南山

平林广野骑台荒,山寺鸣钟报夕阳。人事自生今日意,寒花只作去年香。巾欹更觉霜侵鬓,语妙何妨石作肠。落日无边江不尽,此身此日更须忙。

寄侍读苏尚书

六月西湖早得秋,二年归思与迟留。一时宾客余枚叟,在处儿童说细侯。经国向来须老手,有怀何必到壶头。遥知丹地开黄卷,解记清波没白鸥。

别黄徐州

姓名曾落荐书中,刻画无盐自不工。一日虚声满天下,十年从事得途穷。白头未觉功名晚,青眼常蒙今昔同。衰疾又为今日别,数行老泪洒西风。

次韵春怀

老形已具臂膝痛,春事无多樱笋来。败絮不温生虮虱,大杯覆酒著尘埃。衰年此日仍为客,旧国当时只废台。河岭尚堪供极目,少年为句未须哀。

次韵黄生

入竹投窗夜有声,似违残腊作初正。三更爽气侵危坐,万里回风逼发生。呵笔小吟撩我老,闭门高卧见君情。只今剩作惊人句,颇觉吟边意未平。

东山谒外大父墓

土山宛转屈苍龙,下有槃槃盖世翁。万木刺天原自直,丛篁侵道更须通。百年富贵今谁见,一代功名托至公。少日拊头期类我,暮年垂泪向西风。

次韵晁无斁冬夜见寄

寒窗冷砚欲生尘,短枕长衾却自亲。老子形骸从薄暮,先生意气尚青春。覆杯不待回丹颊,危坐独能作直身。城郭山林两无得,暮年当复几沾巾。

次韵晁无斁春怀

城郭朝阳散积阴,郊原注目日青深。年衰鸥鹭如今是,梦断邯郸何处寻。

语鹊飞乌春稍稍,重帘深院晚沉沉。不辞杖屦冲泥雪,未有琼琚报好音。

和颜生同游南山

竹杖芒鞋取次行,琳琅触目路人惊。当年此日仍为客,病目今来喜再明。筋力尚堪供是事,登临那得总无情。已知名世徒为尔,可复缘渠太瘦生。

寄泰州曾侍郎肇

八年门第故违离,千里河山费梦思。淮海风流真有道,麒麟图画岂无时。今朝有客传何尹,是处逢人说项斯。三径未成心已具,世间惟有白鸥知。

和黄预七夕

盈盈一水不斯须,经岁相过自作疏。坐待翔禽报佳会,径须飞雨洗香车。超腾水部陈篇上,收拾愚溪作赋余。信有神仙足官府,我宁辛苦守残书。

九日不出,魏衍见过

九日登临迫闭藏,老怀无限自凄凉。山头落帽风流绝,壁面称诗语笑香。南山有二谢诗石。冲雨肯来寻此老,拂床聊待熟黄粱。独无尊酒为君寿,正使秋花未肯黄。是日无菊。

寄答泰州曾侍郎

千里驰诗慰别离,诗来吟咏转悲思。静中取适庸非计,林下相从会有时。生理只今那得说,交情从昔见于斯。含毫欲下还休去,怀抱何由得细知。

送提刑李学士移使东路

襟抱从前相向开,倡酬于此未多陪。身更宠辱谈弥胜,路别东西意自哀。隐几忘言终不近,白头青简两相催。孰知衰老难为别,声问应须续续来。

寄曹州晁大夫

东方千骑贵当年,白发居头也自贤。肯费精神修客主,稍回功誉入章篇。虚名不救空一作饥。肠厄,晚岁仍遭末疾缠。死去不为天下惜,镜中当有故人怜。

早　起

邻鸡接响作三鸣,残点连声杀五更。寒气挟霜侵败絮,宾鸿将子度微明。有家无食惟高枕,百计千穷只短檠。翰墨日疏身日远,世间安得尚虚名?

和黄充小雪

度腊侵春亦未迟,纷纷款款意犹微。沾衣自湿元无见,著物还消不待晞。剩欲打窗连夜听,未须迷雁断行飞。老来才尽无新语,只欲烦君急手挥。

春怀示邻里

断墙著雨蜗成字,老屋无僧燕作家。剩欲出门追语笑,却嫌归鬓著尘沙。风翻珠网开三面,雷动蜂窠趋两衙。屡失南邻春事约,只今容有未开花。

和寇十一晚登白门

重门杰观屹相望,表里山河自一方。小市张灯归意动,轻衫当户晚风长。孤臣白首逢新政,游子青春见故乡。富贵本非吾辈事,江湖安得更相忘?

再和寇十一二首(录第一首)

南山楼观插穹苍,林杪青灯出上方。形胜自如诸老逝,功名随尽二流长。马游从昔哀吾老,王粲当年赋异乡。少日幼心今净尽,多生绮语未全忘。

和李使君九日登戏马台

登高能赋属吾侪,不用传杯击钵催。九日风光堪落帽,中年怀抱更登台。江山信美因人胜,萸菊逢辰满意开。二谢风流今复见,千年留句待公来。

寄寇十一

邻里相望信不通,时因得句寄匆匆。画楼著燕春风里,杨柳藏鸦白下东。度日守窗惊节换,经旬无使觉门空。锦囊佳丽邻徐庾,剩欲同君赋恼公。

送郑祠部

持节还家未白头,有亲八十更何求。又随急诏朝天去,不为寒香尽岁留。四著儒冠甘送老,数经奇运得销忧。拟登碣石临朝日,浩荡沧溟没白鸥。

送晁尧民守徐

中年为别不堪忧,束发登门到白头。南省望郎仍国士,东方千骑更吾州。彭翁老寿终遗骨,燕子飞来只故楼。知己难逢身易老,烦公置醴我归休。

寄文潜、无咎、少游三学士

北来消息不真传,南渡相忘更记年。湖海一舟须此老,蓬瀛万丈自飞仙。数临黄卷聊遮眼,稳上青云小著鞭。李杜齐名吾岂敢,晚风无树不鸣蝉。

次韵敬酬元弼三兄

冥冥雨力及时来,冉冉春光作意回。白发尚堪供语笑,青衫不惜着风埃。林庐要自家家到,尊酒宁辞日日开。只恐未便文字饮,人间无梦到阳台。

和贾耘老春晚

萦萦袅袅几丝飞,榴叶千灯照晚晖。紫翠园林莺欲懒,黄昏帘幕燕初归。

花明西苑将迎幸,草绿平原正打围。一卧海城春又晚,不妨闲处得真机。

陈询秀才归徐

千里相从愧子心,未堪归路马骎骎。更能作意怜衰病,肯复重来道古今?三岁有期看一举,百年聊待到千寻。行逢净社论余习,为说登临久废吟。

登彭祖楼

城上危楼江上城,风流千载擅佳名。水兼汴泗浮天阔,山入青齐换眼明。乔木下泉余故国,黄鹂白鸟解人情。须知壮士多秋思,不露文章世已惊。

谢赟阇黎见访

好在谈经老上人,冲风踏雪到江滨。百篇出箧自新得,一钵随身依旧贫。终岁杜门逃俗士,为师设榻对修筠。蒲团藜杖焚香坐,此意此时无点尘。

和蒲左丞有美堂座上观雪二首

高牙大纛晚登山,卷帐飞觞不避寒。十二玉楼横阁道,三千铁甲壮师干。封条已验遗蝗化,平陇宁虞宿麦干。预喜丰年惟太守,旋追宾从促杯盘。

破晓初惊失旧山,瑶台化出坐中寒。江心冻合愁蛟蜃,匣里冰生吼莫干。门闭洛阳人迹绝,指穿东郭履痕干。凤池不比梁园客,咳唾珠玑落玉盘。

和秦太虚湖上野步

晓风疏日乍相亲,黯黯轻寒拂拂春。触目渐随红蕊乱,经年不见绿条新。宁论白黑人间世,懒复雌黄纸上尘。十里松阴穷野步,暂时留得自由身。

和刘元乐月夜寄贾耘老

胡床欲上庾公楼,那复周南叹滞留。皓魄光连鲛室午,疏星冷浸洞庭秋。

锦袍有兴思姑孰,桃楫无心问莫愁。唤取长江来入社,不劳牛渚问行舟。

和王明之见寄

末路相逢首重回,紫芝眉宇向人开。老来惟有风情在,事去空怜岁月催。憔悴不堪临楚泽,栖迟无路上燕台。少陵肺病疏杯斝,想负花前载酒来。

和酬施和叟宣德

山阴倾盖两绸缪,十载重来鬓已秋。往事侵寻如昨日,故人牢落半沧洲。流离道路生涯拙,芜没田园岁计休。久要尚怜君子在,为言鸡黍亦迟留。

送泽之过维扬

梦里扬州十载间,青楼陈迹故依然。袍争烂锦催诗笔,雨溅明珠落酒船。顾我老无骑鹤兴,羡君行及看花天。囊中秀句归应满,不负韦郎五色笺。

次韵秦少游《春江秋野图》二首

翰墨功名里,江山富贵人。倏看双鸟下,已负百年身。
江清风偃木,霜落雁横空。若个丹青里,犹须著此翁。

夜句三首(录第二首、第三首)

老树仍孤秀,秋蟾只独明。何须夜来雨,却听枕前声。
短短长长柳,三三五五星。断云当极目,不尽远峰青。

双 樱

并蒂随宜好,连心著意红。只堪惊老眼,持此与谁同?

江湖堂

莫爱西湖好,涓涓去不回。无情是江水,犹解及时来。

拟李义山柳枝词五首

江青沙日暖,雄鸭雌鸳鸯。相看不相识,花晚褪红香。
袅袅东门柳,重重小苑花。为谁须落子,著意莫藏鸦。
雨叶不自持,风花故入衣。飞花已无定,忍著恶风吹。
伏雌将沙鹜,水陆不相直。鸭鸭横波去,嗝嗝呼不得。
莫解丁香结,从教长苦辛。却因千种恨,别作一家春。

晚游九曲院

和章秀才。

冷落丛祠晚,回斜狭路赊。平荷留夜雨,惊鸟过邻家。云暗重重树,风开旋旋花。病身无俗事,待得后归鸦。按:《瀛奎律髓》收此诗入五律,以文意求之,亦相属。《集》本分为二首,误。

即　事

老觉山林可避人,正须麋鹿与同群。却嫌鸟语犹多事,强管阴晴报客闻。

斋　居

青奴白牯静相宜,老罢形骸不自持。一枕两窗深闭阁,卧听丛竹雨来时。

题柱 并序

永安驿廊东柱,有女子题五字,云:"无人解妾心,日夜长如醉。妾不是琼奴,意与琼奴类。"读而哀之,作二绝句。录第一首。
桃李摧残风雨春,天孙河鼓隔天津。主恩不与妍华尽,何限人间失意人。

绝句二首(录第一首)

密密丹房叠叠花,一枝临路为人斜。丁宁语鸟传春意,白下门东第几家。

谢赵生惠芍药

九十风光次第分,天怜独得殿残春。一枝剩欲簪双髻,未有人间第一人。

绝　句

云海冥冥日向西,春风欲动意犹微。魏衍云:丙稿涂二字未注,王子飞云赵诚伯本作"欲动",一云:"春风着意力犹微。"无端一棹归舟疾,惊起鸳鸯相背飞。

拟汉宫词三首

叶叶霜林着意红,翩翩行骑语墙东。黄金拟买长门赋,未信君恩属画工。

月与秋期特地圆,花随人意作春妍。却因姊弟争珠凤,更欲君王意外怜。

帐底吹烟香自薰,镜前含笑意生春。经年不道君恩薄,却是恩深更误人。

卷 二

文

上苏公书

师道启。散从还，辱书，伏承经暑起居万福。师道奉亲如昨，惟方托芘赖，复尔违阔，不能不动念耳。盖士方相从时莫知其乐，及相别亦不为难；至其离居穷独，默默自守，然后知相从之乐、相别之难也。士方少时，未来之日长，视天下事意颇轻之，亦易为别。至其晚暮，数更离合，方以为难。此盖志与年衰，顾影惜日，畏死而然耳。谢太傅尝谓：中年以来，一与亲友别，数日作恶。谢公江海之士，违世绝俗乃其常耳。顾以别为难者，岂酣于富贵而习于违顺也耶？由是观之，以别为难，皆非士之正也，士亦安能免此，当以老为戒，以富贵为畏耳。承谕人须久而后知。诚如来示，知人固未易，未易之中又有甚难。范文正公谓：王荆公长于知君子，短于知小人。由今观之，岂特所短，正以反置之耳。古之所谓腹心之臣者，以其同德也。故武王曰："予有乱臣十人，同心同德。"而荆公以巧智之士为腹心，故王氏之得祸大也。闻狙诈咸作使矣，未闻托之心腹也。夫君子无弃人，巧智之士亦非可弃，以为手足可也；耳目且不可，况腹心乎？盖势在则欺之以为功，势同则夺之以自利，势去则背之以违害。使之且难，况同之乎？无德而智，以智营身而不及事，智之所后，不得不欺以卫身也。此十六字疑有讹脱，然《文鉴》所刻亦如此。天下之事，又岂巧者所能乎？士终始不相负，非由义则畏义耳。势在而真不负耶，末疾偏废，不害为生，膏肓之溃，吊之可也。尝窃悲之，故谓知士当如范公，用士当以王公为戒也。不审阁下以为如何？近见赵承议说得阁下书，欲复申理前所举刺文广狱事，闻之未以为然。窃谓阁下必不出此，而愚虑所及，亦不能忍也。君子之于事以位为限，居位而不言则不可，去位而言则又不可。其言之者，义也；其不言者，亦义也。阁下前为颍州，言之可也；今为扬守，而与颍事，其亦可乎？岂以昔尝言之而不置耶？此取胜之道也。近岁士大夫类皆如此，以为成言，而非阁下之所当为也。苟不公言而私请之，又不如已也。天下之事，行之不中理，使人不平者岂此一事？阁下岂能尽争之耶？争之岂能尽如人意耶？徒使呫呫者以为多事耳！尝谓士大夫视天下不平之事，不当怀不平之意。平居愤愤，切齿扼腕，诚非为己；一旦当事而发之，如决江河，其可御耶？必有过甚覆溺之忧。前曰王荆公、司马温公是也。夫言之以行义耳，岂效冯妇攘臂下车，取众人之一快耶！窃惟阁下必不出此，而宁一陈之，以效其愚耳。秋益高，惟为朝重慎，不胜区区。师道再拜。

答李端叔书

师道启。前日秦少游处得所惠书，教以空灶舐鼎之说，勤恳甚厚。窃怪足下无父兄之好，邑里之旧，面目相谁，何声气不接？顾知而赐之，足下安得此哉！此殆少游有以欺足下，足下信之过矣。少游之文，过仆数等，其诗与楚词，仆愿学焉。若其杰才伟行，听远察微，仆终不近也。足下以为少游何取而誉仆耶？顾尝与仆有游居之好，以仆之老且病，诚不忍其穷而死也。嘘濡挽摩，借之声光，以幸百一，期以取信于人，而曾不知自累于不信。惟足下察焉，毋为所欺，以重其过。夫以一人之誉而收之不疑，可谓勇矣。至其弃之，必以一人之毁，此列御寇、季将军之所惧也，仆又甚焉。足下谓仆之文类两苏，人情喜于自伸，蔽于自知；至其拟之非其伦，誉之非其情，亦知避矣。两公之门有客四人：黄鲁直、秦少游、晁无咎，长公之客也；张文潜，少公之客也。仆自念不敢齿四士，而足下遽进仆于两公之间，不亦怵乎？如前所称，过于因人；如后所称，足下自取之矣。仆闻周人之言，以石之韫玉者为朴；郑人之言，以鼠之腊者为朴。郑谓周曰："欲朴乎？"周人大悦，愿属目。出而示之，死鼠也，唾之而去。足下不惟其愚，辱先以书，而愿见焉。其词益下，则其求益厚。有如循名而督实，仆将不胜其责,而惧足下誉未绝口,而唾骂继之。敢告不敏。师道再拜。

与秦少游书

师道启。辱书喻以章公降屈年德,以礼见招。不佞何以得此？岂侯尝欺之耶？公卿不下士尚矣,乃特见于今,而亲于其身,幸孰大焉！愚虽不足以齿士,犹当从侯之后,顺下风以成公之名。然先王之制,士不传贽为臣,则不见于王公。夫相见所以成礼,而其弊必至于自鬻,故先王谨其始以为之防,而为士者世守焉。某于公,前有贵贱之嫌,后无平生之旧。公虽可见,礼可去乎？且公之见招,岂以能守区区之礼乎？若昧冒法义,闻命走门,则失其所以见招,公又何取焉？虽然,有一于此,幸公之他日成功谢事,幅巾东归,某当御款段、乘下泽,候公于上东门外,尚未晚也。拳拳之怀,愿因侯以闻焉。某再拜。

答张文潜书

师道启。近者足下来京师,不鄙其愚,辱贶以友,卒卒一再见,怀不得吐。既别,欲一致问,因以自效,方事之间,竟后足下,大以为恨。及读足下书,乃仆所欲言者。君子之所存,夫人不远,惟设之于仆为不当耳。嗟乎！足下诚知我矣,亦既爱之矣,不识足下何从而得之？其得之于人耶？其有以自得之耶？得之于人耶,誉者可信,则毁者又可信矣。有以自得之耶,则仆言未效而迹未接,窃有疑焉。岂足下使人可疑,乃仆之不敏,不能不疑耳。古有之,目逆而道存,而仆不足当也。以仆之愚,有以知足下,而谓足下何从而得之,仆过矣。夫众口铄金,三人成虎,仆惧足下有时不自信而信人,不待人毁而人自毁矣。仆以小人之怀,为君子之心,则又过矣。然所以言者,虽君子不可不戒也。足下悯仆无以事亲畜妻子,宜从下科以幸斗食。疑仆好恶与人异情,足下于仆至矣,仆何以得之,何以受之耶？仆家以仕为业,舍仕则技穷矣。故仆之于仕,如瘖者之溺,声气不动而手足乱矣。世徒见其忍而不发,遂以为好恶异人。此殆谈者过情,听者过信耳。虽然,仆病且老矣,目有黑子而昏华,瘰疬于颈领,隐起而未溃,气伏于胸腹之间,下上不时,痔形于下体者十年矣。志强而形愈,年未既而老及之。足下虽欲进之,而仆不能勉也。闰月甲子,诏以河内公为相。是时自九月不雨,有司传诏未竟而雨。贵贱贤不肖,下至于漆室女子,欢然相庆,天人之意如此。仆方卧,闻之起立,尚可勉也。足下视此时如何,仆独得不勉耶？羊鼎之侧,饥者吐舌,但未染指耳。足下欲与仆居,将坐仆而沐薰之耶？岂意其逃世而加束缚焉,抑爱之过厚而欲常常见之与？李聃家于濑乡,庄周老于蒙,田邑之间,复有昔时怀器而隐处者乎？愿一览焉。仆于书如贪者之嗜利,未尝厌其欲也。谯祁氏多书,称号外府太清老氏之藏室,愿与足下尽心焉。春益暄,惟为道重慎。师道再拜。

答江端礼书

师道启。学始于身而成于性。欲善其身而不明于善,所谓徒善者也。徒善者非善之正也,是故学者所以明善也。学,外也;思,内也。学以佐行,思以佐学,古之制也。若其自得,则在子矣。士之所戒,其惟名乎？声实相从,如影之于形,短长曲直惟形之使。无实之名,黎人贬焉,善人畏焉,得且畏之,况求之乎？言以述志,文以成言,约之以义,行之以信。近则致其用,远则致其传,文之质也。大以为小,小以为大,简而不约,盈而不余,文之用也。正心完气,广之以学,斯至矣。辱问非所及,敬诵所闻,足下其择焉。仆之不成,勤无成能,惟于修文,"惟于"二字未详,疑有讹脱。略无师法,愧无异闻,虚辱盛意。若曰量子以为教,如医之量药以当病,如工之量才以当用,子曾子盖能之矣,仆非其任也。嗟乎！子之不逢夫子也。与仆游者众矣,莫有问焉,子何问之下耶？嗟乎！夫子之失子也,尚幸来临,愿言其详。师道再拜。

答秦观书

师道启。辱书谕以志行事贤大夫,友良士,斯至矣。复有意于不肖,何也？再惠诗,雍雍有家法,诵之数日不休。固为足下贺,不图过意,责以师教,阙然无以为报,惟愧而已!夫百金之货,不陈于市,走原逐鹿,跛者不试也,世固有之。足下所谓彦士名大夫是也,从之当得所欲,乃以责仆则过矣!又惟足下博问而择,亦以见及,敢不略陈其愚?仆于诗初无师法,然少好之,老而不厌,数以千计。及一见黄豫章,尽焚其稿而学焉。豫章以谓譬之奕焉,弟子高师,一著仅能及之,争先则后矣。仆之诗,豫章之诗也。豫章之学博矣,而得法于杜少陵,其学少陵而不为者也。故其诗近之,而其进则未也。故仆常谓:豫章之诗如其人,近不可亲,远不可疏,非其好莫闻其声。而仆负戴道上,人得易之,故谈者谓仆诗过于豫章。足下观之,则仆之所有从可知矣,何以教足下?虽然,仆所闻于豫章,愿言其详,豫章不以诗,原本注缺一字,以文势详之,所脱不止一字。仆从,亦不能为足下道也。而足下歉然,欲受仆之言,其何求之下耶!昔者能仁以华示其徒,而饮光笑之,能仁曰:"吾道付是子矣!"其授受乃如此。虽大可以喻小,子其懋焉。吾将贺子之一笑也。师道再拜。

答晁深之书

师道启。辱书教以先觉之觉后觉,其说信美,而仆不足当也。古之人量而后言,言而不类,言之失也,子其慎之。仆闻之,施者不困,守者不给。士之好为师旧矣。子问而不以告,岂其所有不足于施,而莫知所以告耶?士能致诚殚敬而刳其心,以求于世,未有不告者也。不诚不敬,则不足以得之;有以得之,而心不至焉,则又不足受之也。虽然,教自外至者也,外以导内,于是有以自得之,则至矣。自是而观,士何以教子,子何待于士耶?子其懋之。子之兄弟,足以先人,而未足以相先。子之才如牧野之驹,乘之则奔,近之则踶,虽未就御,而脱然有千里之气。子之成才,仆莫量也。子兄之才如良马,行则中节,止则中度,御以大辂,鸣以鸾和,而行九轨之道,其至有日矣。故仆不虞子兄之居后,而惧子之难成也,子其驱之。士方盛时,气血动于内,容色挑于外,得之则惑,失之则悲。气冒其心,性乱于习,百废一存,惟欲之知。夫才如水焉,窒而挠之则浊,牛马污秽日滋,而科斗生焉,可不畏乎?夫少而好色,仆与子同,而今悔之。以仆之悔，故不愿子为之也，子其戒之。始仆以文见曾南丰，辱赐以教曰：爱子之诚，不知言之尽也。仆行方内，才得此尔。夫言之不尽非不能也，其心以为不足与之尽尔，不者有所畏而不敢也。愚者无以告智者，告之而不敢尽也。言之难，其若是乎？尝试考之，尽言不讳，其于子如何耶？不绝其愚，请继以告，子其图之。师道再拜。

与黄预书

师道叩头启。昨暮始闻有丧子之戚，此世事中最难堪者。父子之私，耳目之玩，熟见而骤失，念之不堪，况当之乎？往岁失一七岁男子，扣天拊地，欲有所诉，殆不可以至理夺也。往还深熟，数见开谕，又勉读方外书以自解。俯而听其言，如耳边过风；读其词，如目前空华，视听虽接而心不随。晋惠帝谓饥者何不食肉糜，此虽甚愚，然世内事非身经之，虽智者有所不解也。而谏者责其不听，亦已过矣。久而后念，死者不更生，生者无所致力，欲诉则无从，欲怨则无归，究竟无得而后已也。念足下少年，初经此变，宜有甚于老者。然有一事似可道，太夫人齿发衰，视足下夫妇日夜不寝食，击床倒席，相向涕泣，谕之不解，禁之不止，无如二人何，则必郁悒不平。有如太夫人一不食，足下何以自处耶？幸少拨哀，一思愚言。王夷甫言：太上无情，其下不及情，情之所钟，正在我辈。民虽愚，至于父子夫妇则知之矣，此未为知人者。衍又自谓，有道第一等人。夫道者，性也，而钟于情，何在其有道耶？上下之间众尔，衍不异众，何在其绝出耶？而晋之士大夫，共推衍为第一，则下衍者从可知矣。思解足下之忧，不觉及此，亦以当一纵谈也。师道再拜。

与鲁直书（第三首）

无咎向过此，服阕赴贬所，相从数日，颇见言色，他皆不通问矣。师道有诗文数篇，在王立之处，托渠转致，必能上达也。迩来起居何如？不至乏绝否？何以自存？有相恤者否？令子能慰意否？风土不甚恶否？平居与谁相从？有可与语否？仕者不相陵否？何以遣日？亦著书否？近有人传《谒金门》词，读之爽然，便如侍语。不知此生能复相从如前日否？朱时发能复相济否？师道素有脾疾，近复暴得风眩，时时间作，亦有并作时，极以为苦。若不饥死寒死，亦当疾死。然人生要须死，宁校短长？但恨与释氏未有厚缘，少假数年积修香火，亦不恨矣。师道上。

《茶经》序

陆羽《茶经》，家书一卷，毕氏、王氏书三卷，张氏书四卷，内外书十有一卷，其文繁简不同。王、毕氏书繁杂，意其旧文；张氏书简明，与家书合，而多脱误；家书近古，可考正。自"七之事"，其下亡。乃合三书以成之，录为二卷，藏于家。夫茶之著书自羽始，其用于世亦自羽始，羽诚有功于茶者也。上自宫省，下迨邑里，外及戎夷蛮狄，宾祀燕享，预陈于前。山泽以成市，商贾以起家，又有功于人者也，可谓智矣。《经》曰：茶之否臧，存之口诀。则书之所载，犹其粗也。夫茶之为艺，下矣。至其精微，书有不尽。况天下之至理，而欲求之文字纸墨之间，其有得者乎？昔先王因人而教，因欲而治。凡有益于人者，皆不废也。世人之说，曰先王诗书道德而已。此乃世外执方之论，枯槁自守之行，不可群天下而居也。史称羽持具饮李季卿，季卿不为宾主，又著论以毁之。夫艺者，君子有之，德成而后及，所以同于民也。不务本而趋末，故艺成而下也。学者慎之。

《王平甫文集》后序

欧阳永叔谓梅圣俞曰："世谓诗能穷人，非诗之穷，穷则工也。"圣俞以诗名家，仕不前人，年不后人，可谓穷矣。其同时有王平甫，临川人也，年过四十始名，荐书群下士。历年未几，复解章绂归田里，其穷甚矣，而文艺蔚然，又能于诗。惟其穷愈甚，故其得愈多，信所谓人穷而后工也。虽然，天之命物，用而不全，实者不华，渊者不陆。物之不全，物之理也。盖天下之美，则于贵富，不得兼而有也。诗之穷人又可信矣。方平甫之时,其志抑而不伸,其才积而不发,其号位势力不足动人。而人闻其声,家有其书,旁行于一时,而下达于千家,虽其怨敌不敢议也。则诗能达人矣,未见其穷也。夫士之行世,穷达不足论,论其所传而已。平甫孝悌于家,信于友,勇于义而好仁,不特文之可传也。向使平甫用力干世,荐声诗于郊庙,施典策于朝廷,而事负其言,后戾其前,则并其可传而弃之。平生之学,可谓勤矣,天下之誉,可谓盛矣,一朝而失之,岂不哀哉!南丰先生既叙其文以诏学者,先生之后,彭城陈师道因而伸之,以通于世。诚愚不敏,其能使人后其所利,而隆其所弃者耶!因先生之言,以致其志,又以自励云尔。

元丰四年七月五日

送邢居实序

始吾来京师,得邢生。于时吾不为今学,隐约俗间,游居解散,族党不亲。生不顾计世所好恶,数从重客过下里,穷日而后去,如是者数岁。士之从吾游者,始若慕向,继以怒辱,昔欲唾其面,而今愿交,去来纷然,生固自若也。生既出游于世,师儒达人,皆大父行,天下望至,忘齿屈势,与之交好,誉闻甚伟。元祐元年春,生从其亲出于汉东,世之知生莫吾先,于其别,请以言赠。夫君子之取人原其本,其弃人待其定,故取之于始达,弃之于始衰。吾始得生,年十五六,识度气志已如成人,有其质也。如木之始生,玉之始斫,顾其所成就何如耳?生可不勉乎?士之不能自成,其患在于俗甚矣。德之盛也,士志于善,以成其德。德者,道之本也。行者,道之用也。行始于身而及其亲,因亲以君,因君以国,行至于民则尽矣。故为道必始于身。公输子之技,不以规矩,无所用其巧,是之谓法。法者,古之制也。君子以法成身,以身成法。言以古为师,行以古为则。虽然,因人而言也,譬之宵行,假明于烛,而烛非明也。而学者以为明,谓之已矣。言者自言也,行者自行也,谓之成德。譬之日焉,升高临下,物无遁行,故无择焉。故为善必始于法,士莫患于伪,而徒善次之。名在于善而实不至,谓之盗。身在于善而意不至,谓之伪。意在于善而义不至,谓之徒善。徒善者,非古之制也,可不择乎？君子学而后行,以成义也。故为法必始于学。以下文不相属,疑他篇之文误窜置于此。于是明古之制,与其疑谋贰行,隐志晦德,而论著其合否？考之其世,稽之于经,质之于友,而定其论,使学者有考焉。

仁宗御书后序

人皆有所好,其上胜之,其次任之,其下蕴崇之也。惟至人无好,有所好者,同于人也。神文圣武皇帝,其好之与人同,其胜之与人异。同以为德,异以为法。迩声色而欲不胜礼,宝珠玉而利不胜义,时游田而逸不胜度。故其在位四十余年,而四方百物无所损益。顾好飞白书,明窗净几,时一为之,以侈其好。于是将相宗戚,家有藏焉。臣不知书,不能颂其美,而窃有所叹也。凡艺不滞古则徇今。滞古,则舍己而就规矩；徇今,则略法而逐世好。故其弊,君臣争名,而祸乱从之。臣窃窥观皇帝,会法而忘世,会理而忘法,故工拙偏正,不足论也。所谓有其道而进于技者,王者之于艺,盖如此。彭城王氏,世为贵将,故其家有传焉,其从孙万寿主簿臣有基,以皇帝所书六大字示臣,臣盖望而知之也。臣不知书,然望而知之者,臣以理得之也。臣惟皇帝却天下之好而留神翰墨,乃帝者之懿德,来世之伟闻。而臣实惧焉。臣闻故老言,当斯之时,三府百吏,内宗外姻,下逮近习莫不好书。夫士大夫阿主之好而为书,未害于政,而臣惧小人因书以进之也。故君子于其所好又有慎焉。臣惟皇帝之知此,故世无其传,而臣之愚不得不惧也。

元祐七年二月二十五日,颍州教授臣陈师道谨序

颜长道诗序

万物者,才之助。有助而无才,虽久且近,不能得其情状。使才者遇之,则幽奇伟丽,无不为用者。才而无助,则不能尽其才。然待万物而后才者,犹常才也。若其自得于心,不借美于外,无视听之助,而尽万物之变者,其天下之奇

才乎！比出东都门，沙行数百里，夹河而城者，今澶州之治也。平林旷野，荒坟故垒，甲士介马，无修阻丽华之观。颓垣弊庐，棘荆沮洳，无池台苑囿、鸟兽鱼鳖之美。吏不胜事，一饭再起，经年相逢，交马顾揖，不通劳苦，无饮食歌舞游从之乐。征商榷酤，号称职官，身杂徒吏，下争细微，无闲燕之乐。彭城颜夫子居既逾年矣。元丰四年，邑子陈师道西游京师，遂见夫子于北门，请于左右，得其应用之诗若干篇，应用二字未详，疑误。罗络隐遁，穿穴险怪，遇事以发愤，因难而见奇。如在岩崖之下，洲渚之上，阴林丛竹、空旷莽苍之野，月星风露、烟云杳霭之际，渔钓弋猎，樵苏耕稼之间，不知其居弊陋之内，市井之中，瓮盎之侧也。昔闻其语，今见其人，可谓美矣，而于夫子犹其粗也。孔子曰：莫我知也夫。又曰：诗可以怨。君子亦有怨乎？夫臣之事君，犹子之事父，弟之事兄，妾妇之事夫也。为人之子而父不爱焉，为人之弟而兄不爱焉，为人之妾妇而夫不爱焉，则人之深情皆以为怨。情发于天，怨出于仁，舜之号泣，伯奇之履霜，周公之鸱鸮，孔子之猗兰，人皆知之而不怨有二焉。东邻之子，西邻之父不爱也，人虽褊心，莫以为意，谓之路人。夫妇之恩穷，君臣之义尽，然后为路人，路人则不怨。责全于君子，小人则不责也，谓其不足责也。致怨于明主，昏主则不怨也，谓其不足怨也，则又不怨。故人臣之罪莫大于不怨，不怨则忘其君，多怨则失其身。又有义焉，此其所以异于小人者也。夫子之诗，仁不至于不怨，义不至于多怨，岂惟才焉，又天下之有德者也。夫才者，德之用也。德成于心而后才为用，才尽于身而后物为用，吾于夫子见之矣。又为之序，以诏学者。

徐州学记

夫祭之有报，以反本也。是故食则祭先饭，饮则祭先酒，耕则祭先穑，桑则祭先蚕，畜则祭先牧。祭夔于乐，祭龙于社，祭弃于稷，祭皋陶于理，祭周公、孔子于学。祀周公非也。治始于伏羲，更虞、夏、商至周而大备，行始于伊尹，更夷、叔、柳下惠至孔子而大成。盖治成于周公，行成于孔子，故学者主焉。自唐改礼孔、颜，及今元丰继以邹、孟，与其后之学者，从祀而礼成。徐故无学，天禧几年,丞相濮阳李公迪来守,改庙为学,置师弟子,请名与田,以教养之,徐人始兴于学,而仕者众矣。徐地东近齐鲁,北属赵魏,南引江淮,西通梁宋,四冲六达之郊,南北之亢颈也。南守则略河南、山东,北守则瞰淮江,故于兵家为守,攻之不克。时民亦连年历战,力极而亡。以上二十一字文意不属,有讹脱。故进则可攻,退则可守,形利势便,先发后从。故项氏常都,临制四方;宋武常守,并护南北。晋隋之间,实以重兵,称谓大府。盖古用武之国,故其人悍坚,恃气尚力,易为剽窃。然质直,谨言诺,宁死不隐,故犯者虽众而易治,盖可抚而教也。熙宁几年,始置官师,广弟子员。元祐四年,中书舍人番阳彭公出守,使其从事告于庙而新之,又加其旧。明年学成,公率其属文武之士,祭以告焉。于是州之学士大夫,耆老子弟,乐公之承上而报本也,合而为诗,以侈后观。其词曰:

获泗之间,大彭之国。霸者之余,以武为俗。雄桀之气,乐于盗贼。亦有仁政,莫救其成。国之有学,王教以明。示之好恶,靡有不承。庙学崇新,自我两公。皇化其东,徐方攸同。桓桓三圣,七十其徒。俯偻而趋,有严其初。有堂有亭,居有室庐。右弦左书,伐鼓于于。成则有毁,物惟其常。前者不已,后者其忘?

彭城县令石记

庆历初,西边弛兵,益修政事,谓吏之近民莫如令,始出王官行县事,以休其民。盖自选人三考,用举者为令;令三考,用举者为京官;京官满三岁,为朝官。盖世之选者,以选士治剧县若相宜,然而犹有不合者,岂法使然哉?徐为州,部五县而四用选令,县故为难治,而彭城其尤也。昔汉宣帝责成郡国守相,班班声迹可纪。今选士为令,于古为加详,而吏治不尽如古,其故何耶?盖汉承秦弊,纲目疏阔,吏自为治,故易为功,而非王制。今法令备具,上下维持,中才可以守,而智者常患不尽其用,故其治难,无赫赫之功。虽然,善其身,明其视听,使民有所恃而不冤,亦可谓良有司矣。司马迁、班固传循吏而不列县令,岂以令非王官不登简策,略而不书耶?今皆天子命吏,可不自勉,使史氏有述焉:令厅故无记,承议郎梁君始追纪其名氏列于石,凡十九人,记与不记,不足为吏能否,而梁君力能及之,为有余也。

元祐七年八月十四日,陈师道记

披云楼记

曹,故周之城,国亡而为邑,陶之故城是也。陶之西南有丘焉,《禹贡》所谓陶丘,《墨子》《竹书纪年》所谓釜丘,《图记》所谓南右山,而州人所谓南鲁大师之墓者也。汉哀帝由定陶王而为天子,尊其父恭王为皇帝,置寝庙如祖宗,周丘而城,以为陵邑,今州治是也。州之北数里而近,两丘相属,六国魏王之墓也。有冈自东北屈而西南,隐如伏龙,魏之所以葬也。择地而葬尚矣,而曰"魏隧王墓"者,以其始隧而葬也。其后名州曰左城,墓曰左山,冈曰左冈,《记》曰:"左山,其下多左姓,故名。"然莫得而考也。余谓《尔雅》,丘再成为陶,釜者负也,犹陶也。而皇甫谧云"舜陶河滨而名",郭璞又云"在定陶城中者",皆误矣。然则州之所治,犹曹国之旧也。朱公谓:"陶,天下之中,诸侯四通,货所交易。"班氏亦谓:"尧作成阳,舜渔雷泽,汤居亳。"故其土有先王之遗风,重厚多君子,好稼穑,恶衣服,以致畜藏。秦汉去今未久,而幽僻荒虚,商旅不出其途。五代承唐之乱,田里壮少弃本业,酒食歌舞,驰狗马,饰冠履,强悍喜攻劫,佩刀引强,指人之藏以为费,至杀吏士,冒城郭,皆与古异,世亦多变矣。故常选用武吏,重法厚赏,击伐斩杀,狱市无虚日,号曹濮为盗区。吏常日夜讯掠证验,省文书,出购募,调兵选将,期会赴告,不得休息。故郊无台池、苑囿,而府无门馆,宾不劳赠,吏无燕赐。号为辅州大府,而威重不称,岂上所崇极而下所观听者哉!曹近京师,皇化所先,承平百年,风俗移易,金鼓不作,狱市屡空。吏始于其间兴筑除饰,以待四方之宾与闾巷之士,而来者继焉。堂馆相望,如诸侯居,而连檐曲室,坐者挥汗,每盛夏常闭阁谢客,于礼犹有阙也。

朝请大夫郭侯之为是州,不忍盗贼其民,必以仁恕。而人益劝振其纲目,百职具举,而府益无事,又连岁大穰,家有藏积。其明年之春,始因其旧广而新之,为披云之楼。其地之宜与登望之乐,栋宇之制,为一州之胜,而其费盖不及民也。夫人不可以久劳,亦不可以久逸。逸者所以大劳也,劳逸相济,然后身安而事治。《礼》曰:"仲夏之月,可以居高明,可以远瞩望。"昔吕不韦与其客记其所闻,以为《月纪》,则居高瞩远,乃先王之政也。而世之吏道,致期会、程文书以为治,盖亦其一焉。台池苑囿,燕射畋渔,虽非政之所先,亦非其所不为也。今失先后之序,与不勤其事而受其养者,则有愧矣。虽然,吏之所以能有此者,岂非世之承平,岁之丰穰,而政之暇豫也耶?则居其职者可不知乎?余常从侯而登,极目四顾,则昔之范蠡、慎到,穰侯、宁武子与夫汉魏之墓也。其人非万乘之君,则其相也。其功誉、富贵、文学、辩议,皆惊世而绝俗。而今日之风霜荆棘,狐貉之与穴也。河济之间,禹之所治,声烈赫然,而通川广泽皆失其故处,使人悲伤慷慨而兴起,盖可采而赋。顾吾老矣,力不足以及此,而为之记。

绍圣四年十一月五日,彭城陈师道记

汳水新渠记

汳句于萧,其阙如玦。《水经》谓:"河至荥阳莨荡渠出焉。渠至阳武,其下为沙蔡水是也。其出为阴沟,仪至浚,其下为涡,别为汳。汳至蒙别为获,余波迤于进阳,东历萧、彭城入于泗。"《注》谓:"鸿沟、官渡、淄获、丹浚与渠一也。禹塞荥泽,而通渠于莆田,其后河绝,旃然入焉,即索水也。"《汉书·地理志》:"荥阳既有汴水,又有莨荡,而受沛;蒙有获水,首受淄获,至彭城入泗。"以余考之,《河渠书》云:"自禹之后,荥阳引河为鸿沟,以通宋、郑、陈、蔡、曹、卫,与济、汝、淮、泗会于楚。"而《竹书纪年·梁惠成王》:"入河于莆田,又引而东,明非禹之旧也。"《书》曰:"济入于河,东出于陶丘北者,入而复出也。溢为荥者,济之别也,荥波既潴,障而东之也。"《周官》又谓:"豫之川,荥、洛、幽、兖之川,河沛,则河南无济矣。其谓莨荡受济,禹塞荥泽而用河者,皆失之。"《汉志》:"莨荡无出,淄获无始,盖略之也。"余谓与《经》合。而荥水,诸书皆不载。

又疑渠、汳为二,而荥有一焉。杜佑以《经》作于顺帝之后,诡诞无据,而《注》叙渠源,或河,或汳,或河汳合,其说不一;次其所引《经》,纷错悖戾,而《志》亦阔略不具,辨始末,盖皆不可考也。自汉末河入于汳,灌注兖、豫。永平中,导汳自荥阳别而东北,至千乘入于海,而河复于是。故渎在新渠之南,《注》所谓绝河而受索,自此始。隋开皇中,因汉之旧,导河入汳。大业初,合河、索为通济渠,别而东南入于淮,而故道竭。今始东都,受退水为臭河,于畿为白沟,于宋为长沙,于单为石梁,于徐为汳,而入于南清。南清,故泗也。盖自王都而东、畿、宋、亳、宿、单、济之间,千里四来,而故道浅狭,春夏不胜舟,秋水大至,亦不能受也。萧,故附庸之国,城小不足居,民又列肆于河外。每水至,南里之民皆徙避之,庐舍没焉。率数岁一逢,民以为病。绍圣三年,县令朝奉郎张惇始自河西因故作新支为大渠,合于东河以导滞而援溺。于是富者出财,贫者出力,日劝旬劳,既月而成。邑人相与语曰:"渠议旧矣,更数令不决,而卒成于吾侯,孰有惠而不报者乎?"于是不谋而同,欲纪于石,以属余。余谓张侯其居善守,行峻而言直,以成其名;其任善义,不畏不侮,以登于治,其可纪者多矣。而诸父兄独有见于此者,何也?夫善为治者,人知其善而已;至其所善,盖莫得而言也。渠之兴作有迹,其效在今,此邑人之所欲书也,遂为之书。

八月二十五日,彭城陈师道记

是是亭记

刘子佐巨野架室以居,名曰是是之亭。而语客曰:"吾刚不就俗,介不容众,而人亦不吾容也。故吾勉焉,是其所是,而不非其所非。又惧与时而忘之也,以吾居耳目属焉。亦盘盂几杖服佩之类也,吾其免乎!"客笑之曰:"是是近谄,非非近讪,不幸而遇,宁讪无谄。"以病刘子。晁子闻而作曰:"事无常是,亦无常非。使天下举以为非,而子独是之,何所取正?使天下举以为是,而子独非之,安得力而争诸?常与子问津于无可无不可之途,而弭节乎两忘之圃,夫安知吾是之所在?"又为之赋,以砭刘子。

陈子见而叹曰:"夫三子之言,其皆有所激乎！今夫是非参于前,子将称其所是,而默其所非,自以为得矣。而曾不思默而不称,则固已非之矣。使世皆愚也,其有知之者矣。吾惧子之不免。夫是其所非则为谄,非其所是则为讪。是非不失其正,二何有焉？客之笑,非子之病也。夫道二,理与事是也。是非两忘者,理也;有是与非者,事也。事待理而后立,理待事而后行。今使刘子忘而不有,于事犹有关乎！晁子之砭,非子之药也。"刘子名某,一本云刘子名义仲。南康人,其大父凝之,有所不顾,举世挽之不能回也。仕不合而去,老于庐山之下。庐陵文忠公为赋《庐山高》也。其父道原,面数人短长,不避权贵,群居聚语,是是非非,公无所隐,闻者至心掉手失,掩耳疾走,而略不以为意,卒穷以死,而天下归重焉。今刘子博览伟辩,刻身苦思,既嗣其世,向善仇恶,亦不减其二父,而能沉潜摧折,以成其材,故士君子皆乐告以善也。孟子曰:"是非之心,智之端也。"又曰:"无是非之心,非人也。"赍萊之知,黑白之不分,固士之所弃。而尽言以招过,又昔人之所戒也。然则何施而可乎？夫明天下之是非者,智也。正天下之是非者,仁也。进则见于世,退则见于书,子姑明之,二者必有一矣。

绍圣四年二月五日,彭城陈师道记

观音院修满净佛殿记

物有盛衰,人有向背。向盛背衰,人则逐物。虽然,向则盛,背则衰,物亦有待于人焉。吾州之南山太平兴国寺,山之南北凡十有七院,其东南隅,别有胜果禅院。始时寺之卧佛、罗汉、观音为盛,金罄之施,门无虚日。其后胜果兴而三家替,以故像毁不饰,室毁不补,革金不鸣而突无烟,使人一视而等施,则盛不极而事毕。虽然,人所避就,物所丰悴,岂智力所能！元祐八年,比丘某始合众施,既新其殿,又载于石,使人请者累至。余学于释氏,愿自效使,不请且强与之,况其请之勤耶！夫始之非难,而述之难。积土为址,伐山出木,虚日费财,世以为能而竞焉。易故为新,就下而高,事半功倍,谓因人成事而不为也。

惟然，故天下之事莫不皆然，岂特浮屠氏之役乎？故其说以起废为胜福，则彼固知之矣。院故有阁，当诸山之冲，属雨洪之声，余从居者登而乐焉。已而，少者壮，壮者老，老者逝矣。而前者之乐又为今之悲也。身既与物同，其盛衰心亦与时而迁谢，则其所异者何乎？览者其自知之。淳化初，知制诰孙何以布衣来，于时曹武忠王得罪右府，以节来守，门不纳谒，而一府无过之者。院之楞严讲师惠泉，召而至馆，且为治行，明年而登上第。其次路杙来，贰使事而属之，且曰："急穷而忘报，交素而远名，僧之英乎？"路未以为然也。泉知其意，去游吴，遂不还。路至之明日，过则亡矣。于是赋其堂，则其所以兴坏，盖可知矣。

元符元年九月己酉，东里陈师道撰

御书记

　　仁宗皇帝御书两纸四字，其文曰："法善行政。"其玺文曰："帝篆。"皇祐、嘉祐之间，以赐其臣江休复，于是休复为集贤校理、御试详定官。休复以文义诵说，明习世务，奉使有迹，列于名臣，遂蒙显扬。能以翰墨归藏于家，而世守之，其为平生之观，学者之荣至矣。休复后为刑部郎中，修起居注以卒。其孙端礼以示臣师道，使纪载皇帝所以照临江氏，假宠子孙，明示来今，臣盖不得辞。臣愚，敬惟皇帝之于书极矣。在位四十余年，外被四夷，下逮百世，口耳所传，纸墨所载，德政道化有不胜言，其不习而能者，岂圣人优为哉！臣亦不敢赞也。臣生于皇祐四年，被蒙恩泽，上下田里，不畏不夭。至于成人，而不得望前驱之尘，蹈后车之躅，臣不胜至恨。乃今幸得伏览圣制，见至人之用心，附于不忘，臣亦与有荣焉。端礼学而不息，文而又能世，其家将复受赐矣。

元祐元年闰月己丑，徐州彭城县王乡任化里臣师道昧死谨记

忘归亭记

　　熙宁七年，尚书水部郎中开封刘君刺守金州，政平岁丰，士民康乐，乃作亭于北城之上。以望牛山而临汉水，以乐府僚，属四方之游士，名之曰：忘归之

亭。又使其客彭城陈师道记其意曰：西城治汉上游，庐舍弊陋，市肆落莫，名虽为州，实不如秦楚下县。山林四塞，行数百千里，水道阻险，转缘山间，悬流递折，触石破舟。回洑平渊，深昧不测，射工水蛭，中人多死。陆行凭陵，因山梯石，悬栈过险。修林丛竹，悍蛇鸷兽，卒出杀人，家有蛊厉，乘间行止。邻里无过从，行路不敢饮食。拥掩荫郁，日月隐蔽。夜长昼短，暄寒无时。又多雾雨，疾疢易作，土疏河润，地气发泄，人多病脚。废丘故宫，颓城败冢，建于四境。狐鸣鸟声，日夜间作，使人怅然怀归，凄然发叹，挥然出泪。于是相与登斯亭以向坐，则又志意舒徐，气血和平，蘧然而笑，栩然而歌，超然而忘归。其山川之美、临观之乐，不言可知，言不能尽也。士大夫去坟墓，背田庐、祖宗，因友旧从戍于异域，故虽君子无厌苦之志而有归心。居官有守，义不得去，念岁月之永而忧不可极，作为斯亭，与人同乐以居，而忘怀其志，壮哉！公以治人，私以养生，古之政也，师道敢不承君之命！

卷 三

文

学试策问四首

问：子曰："盍各言尔志？"又曰："言之不出，耻躬之不逮也。"言不远志，行不违言，古之学也。愿闻二三子之志，以观德焉，敬在下风。

问：河出积石，行地万里，至赵魏而为患，岂其势之然耶？自禹治水，更商周，至汉而为患，汉之后复无闻焉，至今而为患，岂其时之然耶？今自小吴之决，失其故道，议者多矣，或谓故道可复，或以谓因其势而顺导之，二者何施可也？禹之治水，其事见于《书》，其理见于《孟子》，诸君讲之详矣，愿闻其说，以施于今。

问：水旱有常数，虽尧汤不能免，而谈者以谓能为之备也。夫损上以益下，非惠而不费之道。而古语有之：三年耕，有一年之食。三十年计之，则有九年之水，七年之旱，无足忧者，此岂所谓备耶？国家承平百年，而效未臻此，其故何也？究观古今儒者之论富之之道，无夺其时，今田里之民，以时耕敛，则其弊安在？愿闻二三子之说，以观政焉。

问：夷虏之为患旧矣，《诗》《书》所载，唐虞三代治外之道，盖可考也。惇德允元，而难任人，蛮夷率服，舞干羽而有苗格，舜之事也。以国予人，太王之事也。以大事小，文王之事也。通道蛮夷，武王之事也。薄伐猃狁，至于太原，宣王之事也。其事同而治异，何也？岂其时之异乎？择于数者，孰宜于今？严尤以谓古无上策，则数君者皆非也耶？文王既圣矣，顾不能顺之而事之，何也？舜既能之矣，则何畏乎有苗？何忧乎蛮夷猾夏耶？岂《诗》《书》所载，不可尽信与？二三子以谓何如？

京东转运司试进士策

问：《史》称汲黯之戆，而武帝以谓近古社稷之臣，何其异也？黯固武帝所不悦，而敬礼不衰，不冠不见。夫人臣而屈其主，何以得之？黯闭阁不事事，而所临三郡皆以治称，楚地盗铸不禁，宜用文吏以武胜，而独用黯，何也？淮南君臣谓丞相可说，大将军可刺，而独畏黯。黯不可说也，亦不可近乎？愿闻其说。

策问十五首

陈之为州旧矣。而近岁以来，以水为忧。秋夏之间，四顾百里，不见涯涘。议者以谓浚八丈之渠，达之于淮，可纾今日之忧，而颍人不善也。议者又谓，颍不与陈同利共患，过为异论。岂其然哉？愿闻颍之所以不利，以告有司，而定其论。

君子之道同，而其所以异者，人异师，学异术也。孟子之学出于子思，子思出于曾子。庄子之学出于田子方，子方出于子贡。疑作子夏。荀子之学出于子弓，子弓者，仲弓也。杨子之学出于庄君平，君平出于老庄。韩子之学出于子舆。五家同出于孔氏，而其说相反。孔子称夷惠而子舆非之，子休誉子方而毁仲尼，荀卿非子思、孟子，杨云下老、庄而尊孟子，退之谓荀、杨大醇小疵，而孔、墨同道，然则孟子拒之，非耶？夫诸子之相非，其相存而相违耶？其屈人而自伸耶？抑亦喜攻人之短与？不然，其有说乎？二三子明于六经，而通古今之志，愿有闻焉。

政莫大于祭，天地又祭之大者，学者详焉。古者祭天于南，祭地于北，王者临之，父母之义也。国家三岁一郊而不及地，于是合祭焉。元丰之间，罢合祭而议北郊之礼，而未及行，今复合天地于太坛。而礼官以为非，欲修方丘之祭，而有司议其费。然则何施而可也？其详著之。

孟子曰："仁政自经界始，经界既正，分田制禄，可坐而定也。"井田之法，既失其详；而唐之制，授以口分、永业，赋以租庸调，号称近古，尚可考也。夫时异则事异，事异则法异。为今之政，其所先者，岂亦经界也耶？使如孟子之言，则唐氏之制愿闻其详。其戾于古与宜于今者，其说有几？推而行之，亦必有道，吾子其毋隐焉。

人生而善，犹须学以成之。故自唐虞三代，国乡党家，莫不有教，而其教之之道，后无传焉。今自京师，外及郡府，皆置师弟子，而又为之学，以教宗子，可谓盛矣。夫世禄之家，鲜克由礼，谓其居之然也。与夫自奋闾巷，约身苦志，明习世故者，固有异矣。则教之之道宜何先焉？昔孔子之教，先诗、礼而成于乐，而周官国子听于司乐，何其先后之戾耶？二三子以谓如何？

士有志同而行异，又有志异而行同，故君子论其本也。东汉之末，天下之士危言高行，忘生以正世，而李膺为之冠，卒至丧身破族，而国随之亡。徐孺子隐身逃世，默然自守，以全其生。行既不同，志亦异趣，君子何取焉？二三子其详言之。

太史公之论六家，班固之序九流，知其各有所长，亦各有所短也。至荀卿之非十二子，则咸无取焉。庄休之语道术，又皆出于圣人，其故何也？乌有同出于道，而无一可取。其相违戾，莫甚于此。岂其固相反耶？抑亦各有在与？折衷于《经》，君子何取？愿闻其详。

史称相必曰萧、曹，将必曰卫、霍。何佐汉信有功矣，参不事事，荒酒无度，而与之等。夫守而不失，庸人之所能，而称贤，何也？青、去病不学兵法，以力取胜，如史之称，特天幸耳，安得贤？二三子讲之详矣，其著明之。

韩非本道德而号刑名，为《说难》而卒死之，何其用之异耶！李斯自谓不及非，使秦用之，其所成就与斯何如？愿闻其说。

司马迁称子贡一出，五国有变。今考其词，反覆变诈，好战纵横之士耳。又称好废举，列之《货殖》。夫子贡，孔门之高弟，而其行如此，迁之言疑不可信。考之《论语》，以言语称。而又讥其《货殖》，则迁之言不为妄，而孔子何取焉？其明辨之。

商放桀，武王伐纣，《书》载其事；伯夷、叔齐扣马而谏，《论语》贤之。四人之行不同，而孔子皆取焉，是非不明，学者莫知所从。孟子以为伊尹、伯夷，皆圣人也，而其所为若是之异乎？岂清任之行不同如此，则其所同者何也？韩子曰："若伯夷者，特立独行，穷天地、亘万世而不怨者也。"夫以伯夷为是，则武王、周公舍己而从人矣。以武王、周公为是，则伯夷行怪矣。二者不得皆是也。至其耻食粟而饿死，岂真违世而取名者乎？二三子何取焉？

昔之取士以行，后之取士以言。举之以行，则患其饰智而竞利；试之以言，则又患其不能行也。然则何施而可乎？今欲使天下之士，行而不伪，言而能行，其亦有道乎？二三子其详言之。

孔子不居圣，而亦未尝与人也。伯夷、叔齐，贤人也；博施济众，尧舜病诸，柳下惠则降志辱身矣，而孟子皆以为圣。夫孟子，学孔子者也，而其言异，何也？愿决疑于二三子，其详陈之。

吏之近民，莫如守令，故选法尤谨。历岁察廉而后得进，宜得其人而反不称所举，其弊何出？其法何施而可也？古称得人，必曰汉唐，号称循吏，所举其何人？选用其何法？其明著之。

昔周公之为用，其致君成俗则有德，其传世遗后则有政。政者，法制是也。故周虽衰，有中材可以振起之，而卒不振者，无其人也。后之君臣相与成国而一民，功则多矣，至其为治，例多草创，后无以守之。惟管子之于齐，房、杜之于唐，虽阙于教化，而作为一代之制，则几于周，不亦善乎？夫文公、敬仲之法，略见于《周官》《国语》，其详不可推究，而世变俗移，恐亦难于行也。而唐去今未远，其书具在，尚可考也。孟子曰："经界既正，分田制禄，可坐而定。"则天下之治，莫先于地法，而唐之制，授以永业、口分，敛以租庸调，学者之所知也。愿闻其说，而施之于今，何所因革？推而行之，以何道也？其明著之。

宋处士墓铭

处士讳豫，字微之，世家彭城白鹤里。曾大父惟干，谏议大夫；大父说，赠工部侍郎；父仲容，驾部郎中，两妻姚氏，太常少卿坦之孙。治平二年，年三十以卒。熙宁五年，从葬大彭乡之清东里。始，处士昆弟四人，以行艺为名人，始大其门。其后，伯仕不偶，叔、季皆早死，处士亦疾废，而宋氏微矣。处士始学，忘寒暑寝食，博闻强记。而疾既病，屏事绝客，读老、释氏书，穷名理，外死生，时以诗自娱，人谓处士寿矣。而卒夭，天之报施非耶！既卒，子章始生，姚夫人年尚富，以礼自誓，志成其子。元祐二年，仕为登州司户参军。而夫人卒，年四十八。于是，兄子清亦既仕矣。能世其业，继其声，天之报施非耶！始，处士葬不及铭。明年闰月，祔夫人之丧，乃来请铭。铭曰：

宋氏之兴，自君兄弟。孰厚其德，而啬其位。谓天不臧，亦既有子。归安其居，千岁之始。

李夫人墓铭

夫人，连昌人，李姓，溧水尉赠特进之子，大理丞知康州黄庶之妻，集贤校理佐著作庭坚之母也。初，特进贤其子，不妄与人。久之以归康州，佐大臣幕府，持议不挠，大臣外敬内怀憾，以故官不达，夫人安之以相焉。康州卒，子稚而贫矣。夫人以丧，还葬豫章，遣子就学。或劝以利，夫人曰："自我家及儿父时，未尝不贫，何用利？"其后校理佐于朝，名人伟士倾下之，然亦以是致毁者。校理谢不谨，为夫人忧。夫人曰："大者，吾望汝细，何忧焉。"夫人始封寿光县君，校理辞所拜官，进封安康郡太君。元祐六年，年七十二，卒于东都。五男，大临、叔献、叔达、仲熊，校理其次也。四女有妇行，长为洪氏妇，其死不幸，校理是以赋毁璧也。于是大临为梁县尉。而仲熊卒，诸子名文行，而梁县法度之士也。世以是贤夫人。明年，合于康州之墓。在分宁之台，平实双井，梁县与其群弟使来言曰："先实知子，子其铭以寿吾先。"师道学于校理，贫不自食，又客焉，知其私为详，不辞而铭。铭曰：

妇患不德，不患不能。惟其身之，孰不承之。特进之子，康州之妻。善于其身，内外具宜。翁姑如亲，夫夫妇妇。盍监其子，则知其母。孰汝五子，雍雍如一。敬而不怠，以有其室。娣姒之间，庸庸坦坦。不愧以长，覆护其短。内仁族姻，外事宾客。哭有余哀，室无余帛。孰不贵富，以亡为存。孰不老寿，以死为生。死而不腐，何有于文。我其矢之，以累斯人。

魏嘉州墓铭

魏氏望巨鹿，自汉兖州刺史衡之曾孙始居魏之馆陶，五世而至郑公，辩毅慈明，为唐宗臣，馆陶之魏始大，甲于国谱。又五世而至司徒缺一字。之子，别居歊之婺源。其后四世而至尚书礼部侍郎，讳羽，为太宗、真宗三司使，十有八年。而生龙图阁直学士，讳瓘，见微致大，功昭南邦，以吏部侍郎归老下蔡，葬寿春八公山下，仍父子赠太尉，在名臣之数。别为下蔡之魏，太尉两娶刁氏，有子十一人。君乃第十子也，讳绍，字奉之，任为将作监主簿，尝知虞城县，禁捕而盗止，留守下其法焉。勾当合流，镇岁大饥，君叹曰："朝请而夕报，亦不及矣。"振廪出以下，佶而后闻，傍近赖之。通判绛州，事新庙学，其师徒士，故沉浮俗间，檄县论出之，讲试以时，君与其属过焉。后以朝散郎知嘉州，自唐开元献荔子，而今乐用朱桑，人始病之，久而微矣。不给其求，而刑者众。嘉祐中，有良守哀之，作二诗，刻石以讽。君将行，要贵有求者，既至，摹其石诗以报。黠贾夺人盐井，更数守讼不决，君行按而还之。君孝友慎和，而不受私。君无子弟过出，有吏能，常有劳，再登格，而赏不及，君亦不自告也。绍圣元年二月己未卒，年五十七。明年二月甲子，从葬寿春。两母并封崇、荣二国夫人，而所生何氏，别封旌德县太君。娶李氏左金吾卫大将军忠告之女，封寿安县君。三子男，二女嫁蔡州助教刁宝臣、濠州参军晁载之。将葬君，夫人曰："葬铭，臣之行治，不可不书也。"使晁载之具其事，曰："君常谓不及用，循职而已，毋异也。"既具，合宗而谋曰："其谁铭？"晁妇曰："其陈氏乎，否则没吾父矣。"晁载之曰："士求铭于陈氏，辞者屡矣，吾所见也，其可冀乎？"其妇曰："盍索其词，以固请乎？"于是汶来，及余颍水之上以请。晁与余交，又与俱来，其何辞？铭曰：

魏氏再显，惟其有继。有继有承，以有其位。再登公师，有子之致。君伏不兴,亦保其世。犍为之政,不侮不畏。更四十年,良有其二。事惟其常,亦何以异。夫人之云,铭则不愧。

朝奉郎魏君墓铭

朝奉郎魏君,讳涛,字信卿。其先自魏徙徐,为彭城人。父吉,赠宣德郎,母王氏,寿安县太君。元祐二年四月六日卒于家,年五十七。娶刘氏,昌乐县君,有子曰衍。绍圣三年十月几日葬于白鹤乡立德里之故茔。衍有文行,力贫以葬大父而下几丧。乡里既共其事,而师道又考次君之志行,张施而石铭之。君始以进士为濮州参军。贾以赂冒官族脱市版,州下其事,君不受。其为河东从事,佐经略使刘庠。契丹与河东争界,而廷议欲割畀之,遣使临议。庠以属君,使不能屈,则临以威,君不为动。于是复宪州,筑惠宁、肃定、神木三堡,声势益张,契丹亦不竞也。庠由是益知之,谓可当赠而后使刑,八字上下不相属,疑有误脱。君独不可,使武吏明怒。明字疑误。僚吏却愕,君又独曰:"希意顺事,为自计耳,于公何有,又况非某之能也。"使虽不喜,而竟屈焉。其知承县,两仇斗而伤,决遣而伤者死,仇不自冤。而君疑之,求其故而未得,死者之子诉于监司,怒有恶语。君叹曰:"官可夺,囚不可杀,不为具狱,复得其实。"是夕罢归,两骑及门,两字疑误。坠乃死,验其邻,果然。其治明毅,所至不冤,而承人思之至今。衍常至其县,一县之人喜相告曰:"吾著作之子也。"著作,吾故官也。其监团柏,镇军与运夫过其郭,突门劫库,君出告曰:"尔去家度塞,父母妻子,数日待还,今虽挟利器,怀重宝,何所乎?""所"下疑脱"往"字。众喻稍去,遂定。君生十年而丧父,哭之过哀。十八试礼部,闻母疾而还,其孝盖天资也。家产万金委群弟,不问所在。后争分,君又多予之,有难之者,君不答,召衍,而指其书曰:"读此不患贫矣。"君以不欺为心,亦不以告人。问,其说曰:"不自欺耳。"而人信之。徐守见而贤之,数荐宰相用矣。君辞,或问之,曰:"班固以事窦氏,为后所笑,可使后人笑我耶?"铭曰:

魏氏隐微,及君而兴。得价不出,亦古之曾。凡君之行,出于不欺。邑人之传，我则著之。

比丘理公塔铭

绍圣元年九月癸丑，比丘理公卒汝阴之荐福院，年八十一，腊四十三。戊午，葬于西郊。始余为府属，闻其声数过之，与语敬焉。其后去官如东都，往问其疾。且别，于是疾久矣，貌言如初。既别，且曰："公老而疾，有如尽缘，我其铭公。"默然归，则葬矣。其属永圆既治其丧，又具石以请。公名悟理，赵郡袁氏子也，去家居东都宝安院，持律严密，遍习相性，圆教始出汝阴，证悟敬焉。使如瑞光，又事圆照禅师，久而还居荐福。日诵《金刚》《行愿》两经，阖户禅观，不近人事，凡二十年，颍人向焉。晚谓禅者普仁曰："明年吾往矣。"既望坐逝，后三日而用火，盖先期焉。使以所诵经与所著书从葬。问故，曰："葬有塔，诸天致敬，我不足当也。得此，则免矣。"既化，舍利五色，骨如积雪。铭曰：

理公詻严也詻谐也，既平以直。且学且业，以究其极。下席散徒，行其所难。阖门谢事，二十其年。两林孤图，过者敬之。有经有传，以及我师。

昌乐县君刘氏墓铭

师道既铭魏君而葬，葬后再岁，君夫人卒，卒之三十六日，合于君之墓。其葬速，不及铭。岁之八月，其子衍，始撰其行与事以请，将著之石而纳于隧，以明年之三月。师道既与为礼，遂略其词曰：刘氏之先自咸阳而东，留彭城。其后有防，娶高氏。高有行，能以五行逆顺知人衰旺休咎。子孙数十，谓夫人与其女孙必大，以归君与郑氏。君讳涛，卒朝奉郎，而郑丞秘书，皆有封邑。夫人事姑如母，视诸子如生，接微如上。君为濮狱掾，里豪有狱，因乳医献大珠，直数万。夫人不取，遂绝医。君强直，数以事忤上官，夫人谏曰："子以禄为养，其以行直。"原本讹脱。负君文，偿以禄，夫人不以为难。君卒而家敝亦不戚，视其子之学否？与其客之，贤不肖以喜忧。曰："尔父尝谓，保身如保器，但虞伤缺尔。"师道于是知君夫人。元符元年秋，从其子，依沛之石氏。明年二月乙酉卒，年六十六。其敛与归，费出石氏。其葬也，邑人共之。夫人一子，衍也，来学，故其葬不以铭属人。铭曰：

呜呼夫人，而有衍也。其学方兴，与其善也。身立名扬，亲则显也。呜呼夫人，其无远也。

仲父陈君墓铭

仲父，讳某，字某。先大父为怀州，有相者过之，使视诸子，谓君不宜仕。庆历中，君以仕为试秘书省校书郎，调荥之资官尉，不赴。京兆之鄠，临潼主簿，举监环之折博务，皆不终。谓君非不仕，特不宜尔，何妙耶！然则形骨可以知其贵贱，气色可以知其休咎，而荀子非之，何也？元丰几年，年五十有几而卒。有一子曰师中，三女嫁李某，邵敏修今为临淄主簿。建中靖国元年五月某日，叔父前昆山丞珣，葬于彭城吕栅之大茔。君娶解氏，光禄卿程之女，亦不终，故其葬不祔。铭曰：

昏宦不卒，则归之天。如何不淑，又不得年。兄弟之怀，葬从先人。归安其居，宜尔子孙。

季父通直郎陈君墓铭

先大父有五子，君其季也。讳某，字粹父。皇祐元年，大父为三司盐铁副使，行视河还而卒。仁宗怀之，官其一子七品京职，复诏有司毋以为例。君由是为将作监簿，迁太常奉礼郎、大理评事卫尉、大理两丞、太子中舍，改通直郎，监杭、楚、沂三州之酒税。元丰四年，年四十矣，卒于下邳。娶庄氏永和县君，生三女，嫁叚辩、耿寿恺、高友谅。大父有命世材，故其子皆长于吏。君所试小，未足观能否，亦无传闻。然杭于今，号繁剧视天府，而孙威敏、沈文两公为先后守之最。某至杭，问其所治，莫能称说君事，沈公独能记之，由是不试知其能。君无子，其兄昆山丞珣用，建中靖国元年五月几日葬于彭城吕栅，祔先兆之丙。铭曰：

材则不试,生则不年。天耶人耶,孰知其然。葬之者兄,铭之者子。谁啬其存,而厚其死。

魏府君墓表

君讳宗讷,字景仁,彭城安德里人。治平几年,东人饥,天子出使振业之,募民粟而赐以官,君于是为州助教。其先累富,父齐,为洋州司理参军。娶胡氏,有五男子,君以季,少任事,矜恤内外,敬士而亲,"亲"下似脱一字。缓急叩门,不以事辞,有报者未尝不辞也。凡贷而后,则倍期而不倍息。或损之,曰:"人一而吾二尔,何损？"凡质,不问当否,惟所欲。有来以箧,使自验而一发,或疑焉,曰:"虽妄,何惮！且一失不复,人必不为也。"及疾,属其子于母兄以学,度不可偿与偿而后者,皆焚其券。后其兄病,胡夫人复行之,人谈之至今。君以熙宁三年八月甲子卒,年三十有三。娶高氏,一男四女。绍圣五年七月甲子,其子涤谋于其宗,自大父而下与君,凡几柩,别葬于大彭乡之新城村。涤举进士,方质谨厚,不谈人之短,有谈者弗应。至巨恶,人所唾骂,一叹而已。家虽贫,不苟受。将葬,宗不共其费,或问之,曰:"葬,吾责也。使不同,吾且专之,况有助乎？"余由是与之游。始葬,欲余铭而不敢请,既闻而哀之。昔阮思旷有好车,人欲以葬而难之。思旷曰:"车而使人惮借,何以为也！"遂焚之。念感思旷之车之事,乃书以叙之,使陈诸墓。古者葬以死,祭以生,谓鬼有知而尸无知也,故不封而庙。后之人薄祭而厚葬,既封殖之,而又识之。既掩诸幽,而又扬于道；既守之子孙,而又以累人,其为不朽,极矣。虽然,韩退之为铭文数十,去今几时,穹石伟书,顾无存者。而其人之事功,烨烨在人心目,如今日事。是以知金石之不足恃也。今魏氏欲显其亲而必余之述,岂不悖哉？岂不悖哉？

元符元年九月辛亥,东里陈师道撰

先君事状

先君讳某,字宝之,徐州彭城人。大王考讳承敏,妣李氏。王考讳宗旦,赠工部尚书,妣董氏,仙游县君。考讳泊,三司盐铁副使赠工部侍郎,妣张氏,仙源县太君。庆历元年,以外舅颍公任为太庙斋郎,历徐州之师、开封府之雍丘主簿,以父忧去。复为雍丘主簿、忠武军节度推官,以母忧去。复为冀州观察支使。治平二年,迁大理寺丞,知陇州汧阳县。神宗即位,加太子中舍,以殿中丞通判金州,以国子博士通判绛州,待次于雍丘。熙宁九年四月戊申卒,年六十。故事,选人用荐者五人为京官,先君罢雍丘,举者十有七人,仁宗怪其多也。于是颍公为枢密使,务伸寒士,抑势家,乃报罢。其后罢忠武幕府,举者亦十余人,其上吏部如法,余不以闻也。将见而举者免,乃谢冀州支使,吏部奏帖,而举者还故官。英宗即位,始正京官,君子以为有命。先君罢汧阳,人有荐君于宰相。荆公书其姓名于便坐,既至,使相度百司利害。久之,罢归吏部。省吏谓君曰:"固知君不辨此,善事吕嘉问,其进久矣。"先君善事亲,导意顺色,亲无忧劳。既孤,读其书,过其旧馆,流涕不食。葬其三世二十余丧,举必亲焉。教养诸弟,嫁娶之,视其子犹子也。盐铁囊中装直数百万,尽以与其弟。仲弟悖悍,语每侵君,君不校也。数至京师上书,又讼于有司,巧诬丑诋,期以中君。又欲杀其子,君徙妻避之,不怒且怨也。其后尽其产,君至无以归,终不一言。及坐事系狱,君数千里收其孥以归老。君为人仁而敬慎,意廓如也。曰:"行而畏人知者,吾不为也。"常笞吏肉溃而死,终身不用小杖。先君资廉俭,以利交,推多与人,曰:"宁损我,毋损人也。"所至正其圭田。金州有漆林之征,使视无木者罢之,十去七八。君为汧阳,承乏秦中,于阗人在幕府,檄君阅其贡实。还,过县见君,视之曰:"官人在秦州,谢部有献,摇手不受也。"既罢汧阳,凤翔人范长史请问,出袖中金,君避之。金为州阻远,多货吏以致富,至君,知有廉吏。先君在汧阳,人有讼其令阴事,后令常畏恶之。或谓,君可因事以去之,君曰:"士不畏义而畏人耶!吾知守身而已。"先君居官如家,用财如私,事无难易,行无寒暑,昼夜无寝食。遇事丛错,人不胜其烦,意益自得。治狱不以考掠,能得其情。所至以能闻,去则有思。其治雍丘最久,思最深,见者指目,闻者举手。其佐冀州,守者任之,州以治,市人歌之。先君为雍丘主簿，上奏曰："雍丘、尉氏六县，凡田百亩，赋薪以束，束为钱二十文，为粟三升。始县陶瓦以缮营舍，使民居，废地伐薪以钱输，遂以为长久之计。牧马于其地，马人乃与民，其后马人焚其草以肥地，而赋入如故。易薪以钱，易钱以粟，今陛下哀畿内之民，困于厚敛，损其租十之三，而无名之赋自如，有司不以闻，是上仁而下暴也。"又曰："军出戍边，妻子病无医药，死则弃之如犬马然。咈士心，害仁政，宜加恤焉。"先君在雍丘，都巡检使严酷，人有告其军变。先君行令事，诏语尉曰："大事不可竟，众心一动，则祸大矣，非静，乱乃助之也。间其始事者十人，得而诛之足矣。然不可力致，可计得也。今声言盗发境上，过其门，使人谕之，而云计必遮留，教其行罢，吏士治行，留乱人守，则成擒矣。"既获，是夕狱具。明日，谕其军曰："罪人得矣，余毋恐。"一军乃安。先君在冀州主和籴，商车合而钱竭，故常闭籴，居者操其权，贱售而须厚价。由是商者不行，官费数倍。君尽入之，自为券以质，如期而偿，公私便之。娶庞氏，颍庄敏公之女，封安康郡君。生三男，师黯监寿州酒税，师仲前下邳主簿，师道颍州教授；二女，淑嫁左司员外郎张舜民，媛嫁章琪。以元祐七年五月，葬于彭城县白鹤乡吕栅村。

先夫人行状

先夫人庞姓，郓成武人。曾考文进，妣陈氏。王考格，国子博士，妣邢氏。故事，宰相，追爵三世，皆赠三师、两令，秦、魏国公，楚、燕国夫人。考籍，皇祐初平章两省事，昭文馆大学士。来西平南，完好两边，登降良否，百职具举。其后以太子太保致仕，封颍国公，谥庄敏，赠司空、侍中。始，魏公宦徐，颍公与曲阜孔道辅从先大父游。魏公语颍公曰："陈氏子，君子也，必与之好。"颍公娶边氏，封秀国夫人，枢密直学士肃之女，生夫人而归于陈氏。夫人慈俭勤直，苟尊矣，虽贫贱必敬；微矣，虽富贵不下言色。由是内外向之。时日祭祀，虽老不懈，然方质不然怪神。虞氏女传二世以为仙，名人伟公皆降下之，而夫人不以为可，后而果然。仲父侵君、夫人，至辱夫人之亲，夫人不校也。其后仲父坐罪系狱,先君取其孥,而夫人与之有恩。及仲父死,不幸旁无妻子,其死事皆亲焉。曰:"先姑之私,何敢怨!"颍公娣弟赵氏妇及夫人居郓之东阿,年七十七而卒,绍圣二年三月二十九日也。始次东阿,未及步,并于商舟,夜有火星,如丹如橐,出芒下,尾堕于商舟之上、夫人之前。夫人晚奉释氏,修净土行,自疾至终,卧必西向,病不知人,诵弥陀不绝。皇祐六年,颍公奏封安南县君。嘉祐八年,公薨,加诸子,进封安康郡君。先大父讳泊,三司盐铁副使,赠工部侍郎。先君讳琪,国子博士,通判绛州。三男子:师黯光州光山令,师仲河中司录参军,师道江州彭泽令。两女子:淑嫁从母之子左司员外郎张舜民;媛嫁章琪。皆先卒。先君之丧,高邮秦观为铭焉,而不克葬。及夫人卒,以其年七月甲子,奉两亲之柩,葬于彭城白鹤乡龙山之阴先大父之兆次。于是,秦公在淮、江、河、浙之南,关、越之两界,以日月之不余,不克附于先君之铭。其不肖子师道,茹哀忍死,敬具其大者,请铭于儒先生,而书之异石,置诸石之右云。

光禄曾公神道碑

宝元、康定间,属羌叛乱,西边荼苦。天子恤劳吏民,制诏二府,谋于众庶,而协大同。士争论战守,计利害,以希幸润泽。于是时,儒者曾公从江南来,上书曰:"羌夷盗边,病在肤革,非国之患,以幸天下。"原本脱讹。明年,又上书曰:"今东宫未建置,宜选宗子入侍帷幄,以须嗣子之生,以代皇嗣。备师傅官,承天而行意,以定大分,为万世计。"是岁,庆历几年,士大夫方冀幸未发也,故进议者皆出其后。又为时议数十篇,纵论天下事,学者向之。公学博而守约,思深而见远。观古治乱,明习当世之务,故其论伟然,协于法义而达时之变,可举而行。是时,公以诬家居十余年,人知其冤,哀其穷,而公不自讼。方以天下为忧,其言后多施用,言者亦自为功,蒙褒显。而公已卒,世皆莫知也。公讳易占,字不疑,建昌南丰人,故属抚州,以荫为太庙斋郎,历抚州、宜兴、临川尉,轻侠少年戒其党与毋犯禁。公之皇考治寿州,其政如此,而人莫知其所出。夫人之所难为,而公父子之所易,盖人以刑,而公以德,能服人之心,而不知其然,所以善察能否。徙司法参军,迁镇东节度推官,举监真州仓,以课迁太子中允、太常博士,知泰州如皋、信州玉山二县。兴学校以进善,新官守以临众,治梁缮道,置驿以奉行旅。疑有脱误。岁一登,然居者未完,亡者未复,而赋役如平时,与凶年等,愿缓一载。如皋赖公保其生业,而近县不胜其弊。公事亲将顺其志。有女死,家贫不能归,逆丧此有阙文。以危法申公,请御史出验治,仙芝坐诬,公得罪,而公卒不免也。公祖延铎,散骑常侍。祖仁旺,赠水部员外郎,考此有阙文。凡女九人此有阙文。历七年,公年六十九,道病,卒于南京。皇祐元年,葬龙池乡清风里源头。公以子贵,累赠光禄卿,夫人分封夫人吴氏、朱氏,一封文城郡太君,一封仁寿郡太君。京兆、文城、仁寿郡太君。公子舍人谓其门人陈师道:"公之葬,既以铭载于墓中,今幸蒙恩追荣三品,复立碑于墓道,以显扬其芳烈,明示来今,是以命汝为之铭。"师道幸以服役奉明命,虽愚不敏,其何敢辞?退考次其行治,慨然兴叹:其试何小,其效何大耶! 及读其书,又有大者而未试也。因书以逆志,而又知其怀之有言,言之有不尽,则其雄深伟奇,惊世而善俗者,犹其余也。世徒见其仕而不遇,仁而不年,以为公恨。此固命之适而士之常,岂足道哉!

贺水部传

贺充世,莫知其年与其邑里,仕石晋为郎。章圣皇帝东封,有布衣巾帻谒于道左,称晋水部员外郎贺某。帝故知其仙者,夜阅榜,子得之,大惊,使求之不获,每为庄献皇后言之,以为恨。天圣中,贺使其弟子喻澄诣阙,献金、银、铜道、释像,直数千万。后怪之,召问澄,澄以师对。问,曰:"贺也。"后亦大惊,问:"今安在,可得耶?"澄求之淮南,与俱来,后为幸洪福寺见之。其言皆人所难切于时者,后不乐,罢之,亦不罪也。沂人乔仝得恶疾,且死,遇贺得药,曰:"服之可不死,然欲不止,疾当复作。"仝富家子,年少,既疾愈即娶妇,疾果复作。仝大悔,乃出其妇,去家求贺,数岁乃见澄。方仝见贺时,澄在旁,故识之,澄曰:"贺不得见也。"仝涕泣随澄,冀复见贺。岁余,澄曰:"贺使复与汝约,可复相见。"仝叩头如约，澄乃引仝见之东山，使给薪水，久之疾愈。熙宁中，东坡居士为密州，岁大旱，请雨常山，既而雨，居士却盖以行，贺从道旁见之，以为可授道也。欲往而疑无索，乃止行。元祐二年，仝年八十余矣，见居士于东都，曰："贺不忘君，语数及之。"已而求去，曰："贺约岁首，过我于龟蒙，不可失也。"居士因仝以诗寄之，后仝复来，出贺书曰："将使若人通言于君。"居士向所见异人，而人无知者。世言道家为方之外，而贺犹喜与人事，岂世之所称目为不足，而贺之道又以反人耶！不然，老氏之道同杨、朱，难儒、释并矣。贺一见东坡，欲强授之。士之求仙，自修足矣。而世方区区弊精神，卑词厚币以致四方之士，而幸一得，是果足以得之耶？其不为贺笑，寡矣。

刘道原画像赞

是非贤否，一世所同，既久则反，岂同时皆愚，而后之人皆智？盖利害好恶出焉，则毁誉不得其正。以是而言，则前私而后公也。汉之人谓公孙丞相为贤，汲黯为戆，至于今则公孙谀而汲直也，其相反，盖如此。庐山刘道原，豪杰名节之士，黯之流者，以义正利，以直正曲，危言特行，别其是非白黑，丝发不贷。如权衡量度，如水之鉴，如绳之度，既不可欺以私，又不得逃其目。虽一时贵权，气焰势力排山倒海不屈也，死生穷达不到其心，故终其身亦不变。当道原之时，识与不识，相随诋之，如复仇施。其逝未几，而念慕叹咏，恨其生之晚矣。更千百岁，日远一日，公则宜如何也耶！虽然，武帝奴视卫大将军、傲丞相而敬黯，淮南诸子其怨汉，至不沐浴三十年，犹畏黯不敢发。又为之寝谋，其君臣相谓：丞相可说，大将军虽不可说，盖可刺也，至黯复不敢刺，则其时固有知之者矣。其所谓憨，以其不知利尔，利非黯所知也。丞相利之矣，故可说而下也。道原遭时承平，故其效莫见。虽然，小人之为不善，盖有畏而不发者矣，其补于世岂少哉！绍圣四年春，过巨野，佐有义仲者，其子也。始拜其像而叹曰：晋人有云"廉蔺虽千载，凛凛有生气，曹李虽在，已如九泉下人"。士虽后之，其何恨！为之赞曰：

　　孰屈不伸,有亡有存。有一其得,曷校后前。其刚斯何,宁折不靡。其直斯何,正人如己。贤则过之,有张不弛。维利不嗜,不侮不畏。貌不逾中,气盖一世。维死不亡,子立特起。黄范司马,既叙且铭。自足以达,况兹其人。千载之下,凛然其生。载之丹青,益永厥闻。

黄楼铭 并序

　　熙宁十年,京东路安抚使臣某、转运使臣某、判官臣某稽首言:河决澶州,南倾淮泗,彭城当其冲,夹以连山,扼以吕梁,流泄不时,盈溢千里,平地水深丈余。下顾城中,井出脉发,东薄两隅,西入通沰,南坏水垣,土恶不支,百有余日而后已。守臣苏某,深惟流亡为天子忧,夙夜不怠,以劳其人,兴发戍兵,固弊应卒。外为长楗,乘高如虹,以杀其怒。内为大堤,附城如环,以持其溃。筑二防于南门之外,以适南山,以安危疑。发仓庾,明劝禁,以惠困穷,以督盗贼。宣布恩泽,巡行内外,吏民向化,兴于事功。法施四邑,诚格百神,可谓有功矣。宜有褒嘉,以劝郡县。十月二日甲子,奏京师。明年元丰正月甲子,制诰谕意。臣某惟念祗承谟训,人神方同,敢自为功,以速大戾,而明扬褒大,无以报称,乃作黄楼于东门,具刻明诏,以承天休而明德意,使其客陈师道以为之铭。臣师道伏惟吕尚、南仲,内抚百姓,外平诸侯,《诗》美文武。尹吉甫、召虎南伐淮夷,北伐猃狁,功歌宣王。君能使人以尽其才,臣能有功以报其上,古之义也。臣师道又惟感而通之者道也,行而化之者德也,制法明教者政也,治人成功者事也。昔之诗人歌其政事,则并其道德而传之。后王有作,可举而行。顾臣之愚,何与于此,诚乐君臣之尽道云。臣不佞,冒死上《黄楼铭》。其词曰:

　　皇治惟成,修明法度。协和阴阳,十有一年。天灾时行,河失其防。齐、鲁、梁、楚,千里四达。溃乱散亡,皇仁隐忧。临遣信臣,以惠东方。羸老困穷,安慰抚养。发散积仓,流人如归。居人忘危,完聚靡伤。天叙地平,明圣成能。人神效祥,灵平告成。百谷丰盈,万邦乐康。郡县祗畏,允迪圣谟。终事无荒,皇功不居。归休臣民,迩昭远扬。守臣拜手,夸大休嘉。使民不忘,改作黄楼。以临泗上,述修故常。庶臣无佞,原始要终。铭之石章,以告成功。以扬德声,永永无疆。

诗　余

木兰花

阴阴云日江城晚,小院回廊春已满。谁教言语似黄鹂,深闭玉笼千万怨。蓬莱易到人难见,香火无凭空有愿。不辞歌里断人肠,只怕有肠无处断。

木兰花减字

清尊白发,曾是登临年少客。不似当年,人与黄花两并妍。　　来愁去恨,十载相看情不尽。莫更思量,梦破春回枉断肠。

南乡子

急雨打寒窗,雨气侵灯暗壁缸。窗下有人挑锦字,行行,泪湿红绡减旧香。往事自难忘,更著秋声说断肠。曲渚圆沙风叶底,藏藏。谁使鸳鸯故作双。

清平乐二首

休休莫莫,更莫思量著。记著不如浑忘著,百种寻思枉却。　　绣囊锦帐吹香,雄蜂雌蝶难双。眉上放开春色,眼前怜取新郎。

藏藏摸摸,好事争如莫。背后寻思浑是错,猛与将来放著。　　吹花卷絮无踪,晚妆知为谁红？梦断阳台云雨,世间不要春风。

木兰花减字

赠晁无咎舞鬟。

婷婷袅袅,芍药枝头红玉小。舞袖迟迟,心到郎边客已知。　　当筵举酒,劝我尊前松柏寿。莫莫休休,白发簪花我自羞。

清平乐二首

秋声隐地,叶叶无留意。冰簟流光团扇坠,惊起双栖燕子。　　夜堂帘合回廊,风帷吹乱凝香。卧看一庭明月,晓寒不耐初凉。

秋光烛地,帘幕生秋意。露叶翻风惊鹊坠,暗落青林红子。　　微行声断长廊,熏炉衾换生香。灭烛却延明月,揽衣先怯微凉。

魏衍《陈后山集记》

先生姓陈,讳师道,字履常,一字无己,彭城人。幼好学,行其所知,慕古作者,不为进取计也。年十六,谒南丰先生曾公巩,曾大器之,遂受业于门。元丰四年,神宗皇帝命曾典史事,且谓修史最难,申敕切至。曾荐为其属,朝廷以白衣难之。方复请而以忧去,遂寝。太学又荐其文行,乞为学录,不就。枢密章公惇高其义,冀来见,特荐于朝,而终不一往。元祐初,翰林学士苏公轼与侍从列荐,乃官之,俾教授其乡。未几,除太学博士。言事者谓:先生尝谒告,诣南都见苏公为私,遂罢,移颍州教授。绍圣初,又以余党罢,换江州彭泽令。未行,丁母忧,寓僧舍,人不堪其贫。及外除,犹不言仕者凡四年。左右图书,日以讨论为务。盖其志,专欲以文学名后世也。元符三年,除棣州教授,随除秘书省正字。将用矣,殁于建中靖国元年十二月之二十九日,年四十九。友人邹公浩买棺以殓,朝廷特赐绢二百匹,尝与往来者共赙之,然后得归。

初,先生学于曾公,誉望甚伟。及见豫章黄公庭坚诗,爱不舍手,卒从其学,黄亦不让。士或谓先生过之,惟自谓不及也。先生既殁,其子丰、登以全稿授衍曰:"先实知子,子为编次而状其行。"衍既状其行矣,亲录藏于家者,今十三卷,顾未敢当也。衍尝谓唐韩愈文冠当代,其传门人录汉所编。衍从先生学者七年,所得为多;今又受其所遗甲乙丙稿,皆先生亲笔。合而校之,得古律诗四百六十五篇,文一百四十篇。诗曰五七,杂以古律;文曰千百,不分类。衍今离诗为六卷,类文为十四卷,次皆从旧,合二十卷,目录一卷,又手书之。窃惟先生之文，简重典雅，法度谨严，诗语精妙，盖未尝无谓而作，其志意行事班班见于其中。小不逮意则弃去，故家之所留者止此。昔汉扬雄作《太玄》《法言》、箴、赋，如刘歆号知文，始敬之，后而短毁，谓其必传者，桓谭一人而已。先生之文早见称于曾、苏二公，世人好之者犹以二公故也。今贤士大夫竞收藏之，则其传也，奚待于衍耶？后岂不有得手写故本以证其误者？则不肖之名因附兹以不朽为幸焉。其阙，方求而补诸。又有解《洪范》《相表》，阐微彰善，《诗话》《丛谈》，各自为集云。

    政和五年十月六日，门人彭城魏衍谨记